被低估的聖王

楊堅

隋文帝

雲淡心遠◎著

目錄

目錄

目錄

目錄

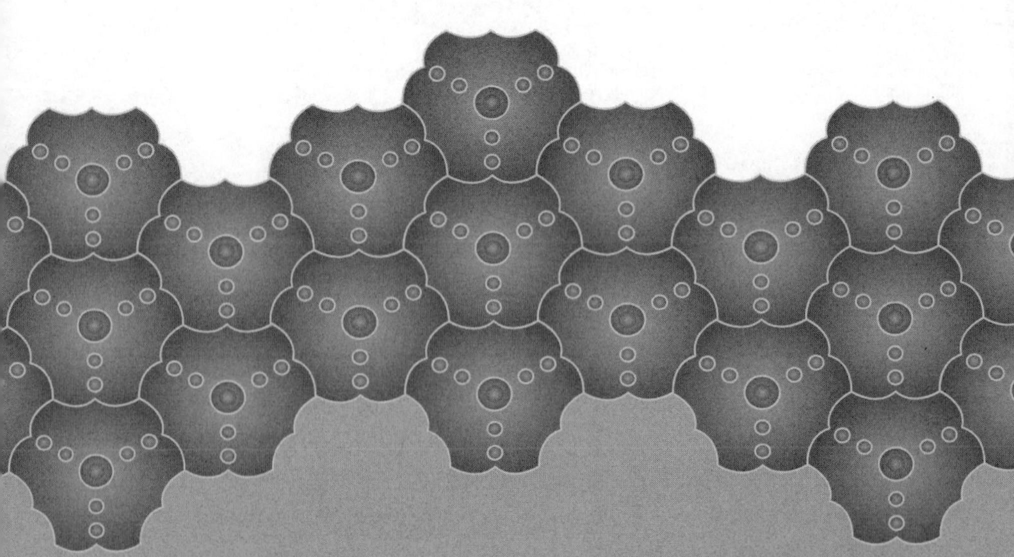

引子

世界歷史上最有影響的一百人都有誰？

這個問題，向來見仁見智，莫衷一是。

美國學者麥可．哈特的排名是最有名的，也是被公認為最具權威的。在他的榜單裡，只有兩位中國皇帝入圍。

一位是秦始皇嬴政，另一位是誰呢？

漢武帝劉徹？唐太宗李世民？明太祖朱元璋？抑或是清聖祖康熙？

都不是。

正確答案是隋文帝楊堅。

恐怕大多數人都會對此感到不解和不服：楊堅？怎麼可能？

是呀，憑什麼是楊堅？

說文，楊堅似乎不怎麼樣——他的文化水準並不高，《隋書》就稱他「素無學術」、「不悅詩書」，不要說和文采出眾的曹操比，就是比起他的兒子楊廣，似乎也差得很遠。

論武，楊堅好像也不怎樣——他的軍事水準並不突出，雖然他也曾帶兵上過幾次戰場，但基本

都是打醬油，沒什麼說得出來的戰績，沒有任何人會把他稱為名將。

至於魅力，楊堅更是嚴重缺乏，據說他這人嚴肅刻板，從來不開玩笑，既不風趣，也不風流，更不風騷。

再有，楊堅這人似乎刻薄猜忌，他手下的大臣好像很少有善始善終的，按照《隋書》的說法就是：草創元勳及有功諸將，誅夷罪退，罕有存者。

另外，楊堅上位的過程也被人詬病，說客氣點是得國不正，說難聽點是竊國大盜——他是憑藉外戚身分，靠欺負孤兒寡母當上皇帝的。

中國數千年歷史上由外戚篡位成功當上皇帝的，只有王莽和他兩人。更何況他欺負的寡母還是他的親生女兒，感覺簡直連王莽還不如。清代著名學者趙翼就曾很不以為然地說，古來得天下之易，未有如隋文帝者。以婦翁之親，安坐而登帝位……

不止於此，在人們的印象中，楊堅的缺點似乎還有很多很多，比如多疑、易怒、無情、毒辣、外表不帥……

嗯，對了，他好像還怕老婆……

總之，這個人看起來既沒有高尚的道德，也沒有出眾的才華，更沒有迷人的魅力，可謂是德才兼不備、文武全不精、品貌都不行。

然而正是這樣一個人，結束了近三百年的大分裂，完成了統一中國的偉業，實現了復興中華的夢想，把歷經劫難的中華民族帶入了繁榮富強的隋唐盛世。

然而正是這樣一個人，開創了科舉制、三省六部制等一系列影響深遠的制度。

然而正是這樣一個人，被西方人普遍認為是中國古代最偉大的皇帝。

楊堅，這樣一個看起來資質平平的男人取得了如此輝煌的成就，當然更是令人難以信服。

為什麼？

難道他真的只是運氣好？

當然不是。

如果只是偶爾一次在股市賺錢，那叫運氣。

一輩子一直在股市賺錢，那就不叫運氣，那叫實力。

如果楊堅只是偶爾成功一次，那叫運氣。

可是他一輩子一直都那麼成功，那就不叫運氣，那叫能力。

那麼，楊堅究竟有什麼過人的能力？

他的成功之道到底是什麼？

看完本書，相信你一定會明白，一定會有所收穫。

第一章

低調是高調的前奏

廟裡長大的怪孩子

武川鎮（今內蒙古武川縣）位於巍峨的大青山北麓，是北魏時期為防範柔然而建立的邊防六鎮（其餘五鎮分別是沃野、懷朔、撫冥、柔玄、懷荒）之一。

這裡鮮卑人、漢人、匈奴人等各民族混居，天野蒼茫，水草豐茂，牛羊成群，一派塞外風光。

楊堅的父親楊忠就出生在這個邊陲小城。

按史書的記載，楊堅家族出自關中著名的世家大族弘農楊氏，是東漢太尉楊震的後代。

不過，這恐怕只是附會而已。

原因很簡單。

楊堅的父親楊忠，與楊震的曾祖同名，其子楊廣和楊俊，則分別與楊震的九世孫和七世孫同名，而當時的士族對這方面有極其嚴格的規定，不會出現這種冒犯祖先名諱的現象。

另外，當時世家大族互相婚配，絕對不會和庶族通婚——比如出自弘農楊氏的楊侃把女兒嫁給了另一個關中大族京兆韋氏的韋孝寬，而弘農楊氏另一位代表人物楊素的妻子則來自頂級名門滎陽鄭氏，但楊忠的妻子也就是楊堅的母親呂氏卻來自名不見經傳的寒門。

所以，大多數史學家認為，楊堅家族和真正的弘農楊氏之間的關係，幾乎沒有任何關聯。

事實上，楊堅家族可追溯的先祖是十六國時期的北平太守楊鉉，其子楊元壽在北魏初年被任命為武川鎮司馬，從此楊家一直生活在這裡，到楊忠已經是第五代了，算得上是土生土長的武川人。

本來，楊忠可以和他的祖輩一樣，在大草原上當兵、戍邊、娶妻、生子，平凡、平淡、平安地度過一生。然而生活卻總是充滿了意外。

一場變故徹底改變了幾乎所有武川人的命運，也徹底改變了楊忠的命運。

這就是始於西元五二四年，席捲整個北魏帝國北方邊境的六鎮大起義。

這場變故導致包括武川鎮在內的六鎮地區成為一片廢墟，楊忠和其父楊禎也被迫隨著大批流民一起流落到了河北。不久，楊禎戰死，楊忠成了孤兒，只得繼續流浪。

在山東泰山一帶，十八歲的楊忠邂逅了寒門女子呂苦桃——從這個苦字的名就能看出呂苦桃也是個苦命人。兩個苦命人同苦相憐，很快就結成了夫妻。

楊忠終於感覺生活有了盼頭，他多麼想在這裡安定下來呀！

然而，他的壞運氣如同失控的貨車根本就剎不住。

婚後沒多久，南方的梁朝趁北魏帝國內亂，出兵北上到了山東，結果，倒楣的楊忠又被梁軍擄掠到了江南。

在異鄉孤獨而鬱悶地過了五年後，楊忠被編入梁朝名將陳慶之的北伐軍，隨軍北上到了洛陽。陳慶之的北伐失敗後，楊忠留在了北方，被任命為統軍。

此後他被派到了荊州，成為武川老鄉獨孤信的部下，兩人並肩作戰，結下了很深的友情。

西元五三四年，北魏正式分裂為西魏和東魏。

東魏定都鄴城（今河北臨漳），由丞相高歡控制；西魏則定都長安（今陝西西安），實權掌握在權臣宇文泰的手裡。

宇文泰和麾下很多大將如李虎（唐高祖李淵的祖父）、趙貴、侯莫陳崇、梁禦等人都是武川

人，因此楊忠自然加入了西魏一方，之後他又和獨孤信一起奉命南征，和東魏爭奪荊州，失利後投奔梁朝，兩年多後才重返西魏國內。

由於楊忠有勇有謀，很快就得到了宇文泰的賞識和重用。

楊忠長得高大威猛，其勇武非常有名，據說他在跟隨宇文泰一起狩獵時，曾經徒手制服一頭猛虎，他左手抱其腰，右手拔其舌，猛虎當場斃命。北朝人稱猛獸為「掩贍」，宇文泰為表彰楊忠，還特意把「掩贍」兩個字賜給他作為他的字。

除了有萬夫不當之勇，更難能可貴的是，楊忠還很有韜略，史載其「識量沉深，有將帥之略」。此後，楊忠跟隨宇文泰參加了多次會戰，屢立戰功，成為西魏最知名的大將之一。

西元五三八年，東西兩魏在洛陽北郊的河橋再次大戰，最終西魏落敗，但東魏也元氣大傷，無力發動新的進攻，從此兩國出現了短暫的和平時期。

隨後的幾年，楊忠率軍駐紮在靠近潼關的同州（今陝西大荔），以防備東魏的進攻。

由於之前一直漂泊不定，和妻子聚少離多，除了有一個女兒外，楊忠至今還沒有子嗣，現在他終於暫時穩定下來，可以抓緊時間進行自己的造人計畫了。

正所謂天道酬勤，經過一番努力，人近中年的他終於迎來了生命中的第一個兒子——楊堅。

在中國古代的各種史書中，幾乎每個開國皇帝出生的時候總是有很多神異的現象，以表示他們是天命所歸，天生不凡。

關於楊堅的出生，《隋書》《北史》等史書是這麼記載的：

西魏大統七年（五四一年）農曆六月十三日的晚上，楊堅出生在同州（今陝西大荔）一座名叫般若寺的寺廟內。他出生的時候，赤光滿室，紫氣充庭——室內充滿了紅得發紫的光芒，照得每個人的臉上都跟茄子一樣。

由於當時正值盛夏，天氣極為炎熱，臥房就像桑拿房一樣讓人渾身冒汗，呂苦桃趕緊給嬰兒扇扇子降溫，沒想到卻把孩子搞得幾乎氣絕，命懸一線。就在這緊急時刻，忽然來了個神尼，自稱法號叫智仙，剛從河東（今山西西南部一帶）趕來，是特意來救小楊堅的。

果然，智仙略施法術，就救活了奄奄一息的嬰兒，隨後她對楊忠夫婦說：這孩子是個怪胎！

楊忠的臉一下子就綠了。

智仙連忙改口：我的意思是，這孩子的來歷與眾不同，絕對不能讓他在俗世生活！

聽了她的話，楊忠夫婦便將自家宅院的一部分改為佛寺，讓神尼智仙在那裡撫養楊堅。

過了一段時間，呂氏去寺裡看望小孩，抱在懷裡仔細端詳，突然看見小楊堅頭上長出了兩隻角，身上則長滿了鱗片，頓時她嚇得花容失色：哇，這孩子果然是個怪胎！

驚恐之下，她的手一軟，把孩子摔到了地上。

智仙慌忙把小楊堅抱了起來，埋怨地說：已驚我兒，致令晚得天下。——哎呀，這次已經嚇到我的孩子了，推遲了他得到天下的時間。

從此，呂苦桃再也不敢隨便去看孩子了。

就這樣，在十三歲前，楊堅一直跟著智仙在寺廟裡生活。在智仙的精心照顧下，楊堅慢慢地長大了。

智仙給他取了個小名叫那羅延，那羅延取自梵文 Narayana 的音譯，是指金剛力士的意思。她認

為他是護法金剛轉世，注定會成就一番偉業，還鄭重其事地對他說，兒當大貴，從東國來。佛法當滅，由兒興之——你從東方來，將來會大富大貴。佛法會被滅，但還會由你重新興盛。

對智仙的話，楊堅深信不疑。

他知道自己不是一般人，因為他的外表也與常人不同。

具體來說就是：

龍頷——下巴像龍一樣往前突出；

目光外射——目光銳利得像剛淬過火的刀鋒一樣；

有文在手曰「王」——手掌的生命線、愛情線、事業線，正好組成了一個「王」字。

長上短下——上身長，下身短，蹲著和站著一樣高；

最奇葩、最讓人難以置信的是：他的額上有五柱入頂——額頭上有五個隆起的肉瘤像山峰一樣綿延起伏一直貫通到頭頂。

這些記載是真實的嗎？事實上，這些東西大多是虛構出來的。

《隋書．禮儀一》裡的一句話也許說明了一切：「初，帝既受周禪，恐黎元未愜，多說符瑞以耀之」——當初，隋文帝剛當上皇帝的時候，怕黎民百姓不服，便編造出很多神話來美化自己。

可見，楊堅相貌的奇特、出生時的奇事，都是楊堅稱帝後為了讓大家相信他有天命而杜撰出來的。由於他是通過政變上台的，得位不正，所以編造出來的傳說也特別多、特別離奇、特別不靠譜。

當然，楊堅出生在寺廟裡，由尼姑智仙撫養長大，智仙給他起的小名叫那羅延，這些應該都是事實。其實這也很好理解，在那個時候，佛教極為盛行，上到皇帝，下到普通百姓，大多是佛教信徒。楊忠夫婦也不例外，好不容易才中年得子，為了保佑孩子的平安，他們選擇在佛寺生產也是符合常理的。

而當時東西魏勢不兩立，連年大戰，楊忠戎馬倥傯，行蹤不定，呂氏有時也要隨軍照顧丈夫，所以他們把兒子託付給智仙這樣一個自己信得過的尼姑，完全是可能的。

而按照《佛祖歷代通典》的記載，智仙其實並不是專門從河東趕來的什麼神尼，而是一直在般若寺修行的普通尼姑，和篤信佛教的楊忠夫婦本來就非常熟悉。呂氏分娩後，楊忠感覺智仙為人可靠，便決定把小孩交給她培養。

我覺得，這也許才是事實的真相。

時間的洪流滾滾向前，世間的萬物時時在變。

就在楊堅在清冷的寺廟裡一天天成長的時候，外面的世界也發生了翻天覆地的變化。

西元五四三年，東西魏在洛陽北面的邙山大戰了一場，此役最終西魏落敗，損兵折將，元氣大傷。戰後，宇文泰不得不打破北朝一直以來只用鮮卑人當兵的老規矩，大量招募漢人入伍，為了把胡漢士兵融合在一起，宇文泰開始改革軍制，對後世影響深遠的府兵制就此誕生。

府兵制的頂端設立了八大柱國，分別是宇文泰、元欣、李虎、李弼、獨孤信、趙貴、于謹、侯莫陳崇。

八柱國中，宇文泰是三軍總司令，當然不會只統一軍；元欣則是北魏皇族的代表，有名無實，純粹是用來裝點門面的。

其餘的六大柱國則每人督帥兩位大將軍，共有十二位大將軍。

十二位大將軍分別是：元贊、元育、元廓、宇文導、侯莫陳順、達奚武、李遠、豆盧寧、宇文貴、賀蘭祥、楊忠、王雄。

由於戰亂頻仍，當時的西魏政權是軍政合一的，因此這八柱國加十二位大將軍不光是軍隊的統帥，還是國家的領導核心。一個後來創造了西魏、北周、隋、唐四個朝代的、被史學家稱為關隴軍事貴族集團的新集團也就此橫空出世！

楊忠作為十二大將軍中的一位，也成了這一集團的重要成員，成為當時西魏最顯赫的二十人之一！之後，宇文泰又對部分漢族出身的高級將領賜予鮮卑姓，楊忠被賜姓普六茹，從此楊堅的官方名字就變成了普六茹堅。

不過外面世界的巨變，並沒有對寺廟中的小屁孩楊堅產生太大的影響，他每天依然是暮鼓晨鐘，吃齋禮佛。

安靜的環境，無邊的孤獨，讓年少的他形成了深沉寡言、喜怒不形於色的內向性格。清苦的生活，刻板的作息，讓年少的他形成了堅忍不拔、不向困難低頭的剛強意志。父親的激勵，智仙的鼓勵，讓年少的他形成了積極進取、渴望建功立業的萬丈雄心。

雖然他的外表看起來像湖水，平靜得沒有一絲波瀾；但他的內心卻像雄鷹，時時都渴望一飛沖天！他無時無刻不渴望能夠早日離開佛寺，去闖蕩、去打拼，拼出自己的一番天地！

這一天終於來了。

西元五五三年，十三歲的楊堅走出了佛寺的大門，進入太學讀書，邁向了他日夜期盼卻又有些陌生的世界。

春風得意馬蹄疾

西魏的多數大臣都和楊忠一樣出自邊鎮，起自行伍，文化程度不高，受其影響，他們的子弟也從小學習騎射，對於讀書大多沒有興趣。

但宇文泰清楚地知道，用武夫去治國，就和用大刀去繡花一樣，完全是行不通的。要想讓國家長治久安，沒有知識是肯定不行的，因此他一方面重用蘇綽、盧辯等漢族知識份子，一方面也大力提倡貴族子弟進入太學讀書，提高他們的文化素質。

楊堅就是在這樣的背景下進入太學的。

楊堅這個人少年老成，寡言少語，目光堅毅，儀表威嚴，看上去總是一副大義凜然、不可侵犯的樣子，按《隋書》的說法就是：雖至親昵不敢狎也——即使是最親密的人也不敢和他開玩笑。

不過，楊堅天生就具有吸引豪傑的領袖魅力。他志向遠大、雄心勃勃、頭腦清晰、舉止果斷、處事冷靜、出手大方，一舉手一投足，氣場十足，因此很快就成了同學中的核心人物。在太學，楊堅的朋友很多，其中最有名的是王誼、元諧、鄭譯和崔仲方。

王誼，和楊堅一樣出自武川，此人和宇文家族淵源匪淺，他的祖父是宇文泰的親舅舅，父親王顯時任鳳州刺史。王誼博覽群書又精於騎射，堪稱文武雙全。

元諧是北魏皇族後裔，性格豪爽，膽識過人。

鄭譯出身於漢人大族滎陽鄭氏，他從小就被過繼給堂祖父鄭文寬，其繼母是宇文泰正妻元氏的妹妹，因此他經常出入宇文泰的家中，和宇文泰的幾個兒子關係都非常好。此人博學多才，尤其善

於音樂。

崔仲方則來自另一漢人大族博陵崔氏，能文能武，頗具才華。

楊堅和他們四個人非常投緣，交情很好。幾個人都是頂級的官二代，年少氣盛，心比天高。對他們來說，未來是充滿希望的，前途是不可限量的。他們經常在一起指點江山，激揚文字，糞土當年萬戶侯；也經常在一起抒發豪情：問蒼茫大地，誰主沉浮？

至於楊堅在太學的學習成績如何，因為史無記載，我們不得而知。但我個人估計應該是很一般的，雖然不一定是學渣，但肯定不會是學霸，否則按照官修史書拍馬屁的傳統，肯定會記下如「聰慧過人」、「天縱英才」、「過目不忘」、「出口成章」等一堆高大上的讚語。

不過，雖然楊堅的學習不怎麼樣，但他不凡的儀表、出眾的氣度卻還是很引人注意的。據說連西魏的最高統治者宇文泰也曾經讚歎他說，此兒風骨，非世間人——這孩子的模樣氣質，不像是世間的凡人！

然而，楊堅的太學生涯並沒有持續多久，一年後的西元五五四年，他就被京兆尹（京城長安的最高行政長官）薛善看中，徵召為功曹（相當於助理）。這一任命雖然只是象徵性的，卻標誌著十四歲的他從此正式走上了仕途。

西元五五五年，楊堅又被加封為散騎常侍、車騎大將軍、儀同三司、成紀縣公；翌年，他再上一層樓，升遷為驃騎大將軍，加開府銜。

在西魏的官職系統中，驃騎大將軍這一職，僅次於柱國和大將軍，全國僅有二十四位，按級別來算是最高一級的九命（西魏當時依據周禮恢復古制，九命相當於後來的一品）。

一個乳臭未乾的少年卻身居如此高位，楊堅到底有何德何能？

這一定是拼爹的結果！

小小年紀的楊堅能如此官運亨通，完全是其父楊忠的功勞。近幾年，楊忠立下的戰功在整個西魏帝國都是數一數二的。而這也是與國際形勢的劇變分不開的。當時天下三分，北方是東魏和西魏並立，南方則是梁朝。

西元五四七年，東魏最高領導人丞相高歡去世，大將侯景反叛，失敗後逃奔梁朝，不久侯景又起兵叛梁，並很快攻下都城建康，八十六歲的梁武帝蕭衍被活活餓死。此後梁朝陷入了無政府狀態，各地諸侯紛紛割據一方，互相攻打，亂作一團。

宇文泰審時度勢，決定渾水摸魚，擴大西魏的地盤。自西元五四九年到五五五年，他多次派兵南征，梁朝的梁州（治所今陝西南鄭）、益州（治所今四川成都）、荊州（治所今湖北江陵）、雍州（治所今湖北襄陽）等地先後落入西魏手中，西魏的地盤幾乎擴充了一倍，實力大增。

在南征的過程中，楊忠大放異彩，立下了大功。

由於楊忠曾在梁朝生活多年，對南方非常熟悉，因此多次被宇文泰委以重任，領兵出征。

西元五四九年十一月，他奉命掛帥南侵，一舉攻克了梁朝的隨郡（今湖北隨州）、安陸（今湖北安陸）、竟陵（今湖北天門）等地，生擒梁朝大將柳仲禮，接著又俘殺梁武帝第六子邵陵王蕭綸，威震江漢。西元五五四年十月，他又作為副帥，與柱國于謹等人一起攻下了江陵，俘殺梁元帝蕭繹（**梁武帝第七子**），全取荊襄之地。

大河漲水小河滿，老子立功兒升官。

正是因為楊忠立下了如此大的功勞，楊堅作為他的嫡長子，也連帶著步步高升，年紀輕輕就步入了高官的行列。楊堅在這段時間也是春風得意，喜事不斷。就在他被加封為驃騎大將軍的那一年，十六歲的楊堅迎來了事業愛情雙豐收——他結婚了。新娘是柱國大將軍獨孤信的女兒。

獨孤信是楊忠的老上級、老戰友，也是歷史上著名的美男子。也許是遺傳的關係，他的七個女兒個個都長得如花似玉，長女嫁給了宇文泰的長子宇文毓；第四女嫁給了柱國李虎之子李昞（唐高祖李淵之父）；楊堅娶的是他的第七女，也是最小的女兒獨孤伽羅。

獨孤伽羅絕非一般的貴族女子，雖然她嫁給楊堅的時候才十四歲，但卻已經顯示了她非同尋常的一面。

新婚之夜，洞房之內，紅燭搖曳，暗香湧動，一對新人緊緊地擁在一起。

楊堅的臉上，滿滿的都是幸福。

獨孤氏的臉上，滿滿的都是喜悅。

她含情脈脈地看著自己的丈夫，一字一句地說道，你發誓，除了我，你永遠不能和別的女人生孩子。

這個要求可不簡單。要知道，在那個年代這樣的承諾，就相當於永遠都不能和別的女人有染。更何況，那時並不是一夫一妻制，稍微有點錢有點地位的男人，誰沒有三妻四妾呢？然而，楊堅卻毫不猶豫地答應了這個在當時看來非常過分的要求：沒問題，我發誓……

獨孤氏性格堅強，目光遠大，和楊堅可謂是志趣相投。在之後幾十年的日子裡，她對楊堅幫助很大。

在楊堅失意的時候，獨孤氏給他的是鼓勵。在楊堅猶豫的時候，獨孤氏給他的是激勵。在楊堅鬆懈的時候，獨孤氏給他的是動力。在楊堅自滿的時候，獨孤氏給他的是壓力。總之，獨孤氏不僅是楊堅最親密的愛人，也是他最堅實的後盾，還是他最信得過的戰友。

新婚後的楊堅躊躇滿志，豪情滿懷，立志要幹一番事業。然而，彩虹易散，好日子易逝，很快，他的考驗就來了。

韜光養晦

楊堅婚後不久，西魏政壇風雲突變。

西元五五六年十月，一代梟雄宇文泰突發疾病，很快就去世了。由於其世子宇文覺（**宇文泰第三子，也是唯一的嫡子**）當時才十五歲，臨死前他把後事託付給了四十二歲的侄子宇文護。

宇文護是宇文泰的長兄宇文顥之子，此前的名望並不太高，也沒有太大的戰功，因此雖然有宇文泰的遺命，但仍然難以服眾。不過宇文護頗有手段，他馬上找到了當時年紀最大的也是宇文泰最信任的柱國大將軍于謹，取得了于謹的支持。于謹德高望重，有了他的鼎力相助，宇文護終於控制了局面。

然而，他依然惴惴不安。

考慮再三，宇文護覺得，只有趁宇文泰剛死不久，餘威仍在的時候篡奪西魏政權，建立新的王朝，才能讓自己以新朝皇族的身分名正言順地凌駕於各位柱國之上，才能徹底奠定宇文家族和自己的地位。說幹就幹，很快，在宇文護的安排下，西元五五七年正月初一，宇文覺接受西魏恭帝拓跋廓的禪讓，正式稱帝，國號周，史稱北周。

西魏就此被北周取代，表面看起來似乎波瀾不驚。其實不然。

當時西魏國內，除了宇文家族，地位最高的是六大柱國李虎、李弼、獨孤信、趙貴、于謹和侯莫陳崇。

這六個人中，李虎已經於五五一年死了；李弼此時也已得了重病，不久於人世；剩餘的四人中，于謹和宇文護結成了同盟，侯莫陳崇屬於騎牆派，態度不明；趙貴則是心懷不滿，史載其「每懷怏怏，有不平之色」；獨孤信對西魏頗為忠誠，加上北周建立後，自己的職位明升暗降，由掌握兵權的大司馬被改任了掌管禮儀的大宗伯，顯然已被架空，因此也感到非常失落。

而宇文護又極為跋扈，他執政後很快就規定所有與軍事有關的決策都要得到他的許可。這讓趙貴更為不滿，於是他找到了獨孤信商量，打算發動政變剷除宇文護。獨孤信生性謹慎，竭力阻止，最終政變計畫胎死腹中。

但這事卻被鹽州（今陝西定邊）刺史宇文盛告發了。隨後宇文護先發制人，在趙貴入朝時將其誅殺。

對於威望更高的獨孤信，宇文護沒敢馬上下手，只是以同謀罪罷免其職務，但僅僅十多天後，就逼令其自殺。一代美男就這樣飲恨而死。

獨孤信身後的名氣更多的卻是因為他的女兒們。北周明帝宇文毓登基後，其妻子也就是獨孤信的大女兒被立為皇后，史稱明敬皇后；他嫁給李昞的四女兒則在其子李淵稱帝後被追封為元貞皇后；而在楊堅建立隋朝後，他的小女兒獨孤伽羅自然也成了皇后，史稱文獻皇后。

一門三后，獨孤信是當之無愧的史上最牛岳父，史稱「三代外戚，何其盛哉」！

趙貴、獨孤信謀反被殺這事，其實疑點頗多，比如，宇文盛遠在鹽州，和趙貴、獨孤信他們也沒有什麼深交，怎麼會知道他們的密謀？再比如，以獨孤信和趙貴的老道，怎麼會這樣只謀劃而不行動？真相到底是什麼，我們不得而知。

但無論如何，趙貴和獨孤信這兩個對自己有嚴重威脅的人死了，宇文護終於鬆了一口氣。

獨孤信死後，考慮到北周初建，人心未穩，宇文護沒有對其家人大開殺戒，只是把他的妻兒都流放到了蜀地。獨孤伽羅因為一年前已經出嫁，才避免了被流放的命運。

看著曾經權傾天下的岳父，轉眼間就家破人亡，十七歲的楊堅第一次感受到了政治的殘酷。他徹夜難眠，不停地想：岳父為什麼會有這樣的下場？因為他太傑出了，戰功太大、威望太高、品德太好，長得還那麼帥，怎麼能不惹人猜忌？

鹿若沒有滋補的鹿茸，貂若沒有漂亮的毛皮，又怎麼會死於獵人之手？

所以，在政治的舞台上，低調才是硬道理。

低調是政壇的通行證，鋒芒是官場的墓誌銘。

他一定，一定，一定要低調。

對北周帝國來說，西元五五七年是個多事之秋。這一年九月，血氣方剛的小皇帝宇文覺不滿宇文護專權，暗中與身邊的近臣李植、孫恆等人謀劃，想要誅殺宇文護。沒想到宇文護耳目眾多，他們還沒來得及動手，陰謀就敗露了。宇文護果斷處置，馬上廢掉了宇文覺（不久被宇文護殺害），處死了孫恆等人。

對於李植，他的處理方法卻有所不同。因為李植是大將軍李遠的兒子，而李氏家族在當時勢力很大，李遠和哥哥李賢、弟弟李穆很早就追隨宇文泰南征北戰，立下了大功，是宇文泰的鐵杆親信。李穆曾經在戰場上救過宇文泰的命，而李賢與宇文泰的關係更是親如兄弟——宇文泰曾把自己的第四子宇文邕、第五子宇文憲寄養於李賢家。

因此宇文護沒有殺李植，而是把他交給了李遠，對他說，你兒子參與謀反，你看著辦吧。

其實這句話的意思就是：只要你讓兒子自殺，我就保全你的全家。然而李遠愛子心切，犯了糊塗，他不但沒有殺掉李植，第二天還帶著兒子來向宇文護求情。這可惹惱了宇文護。他立即殺掉了李植和幾個弟弟，隨後又逼迫李遠自殺，連李賢、李穆也受到了牽連——兩人都被削職為民，直到幾年後才先後恢復職務。

新皇帝立誰呢？

當然是宇文泰的庶長子——二十四歲的宇文毓。因為這一年宇文護得罪的人實在太多，他不可能冒天下之大不韙立一個幼主。很快，宇文毓正式登基，是為周明帝。

宇文毓是楊堅的連襟，按道理，他當皇帝對於楊堅來說是件好事；但在這種非常時期，道理往往不管用——他當皇帝對楊堅來說卻未必有什麼益處。

伯。

就在楊堅努力權衡利弊、考慮對策的時候，他突然接到了一紙任命書——他被任命為右小宮伯。

按北周官制，宮伯是掌管皇宮宿衛的，右小宮伯相當於副侍衛長，可以經常接觸到皇帝，也很容易飛黃騰達——古往今來，無論是文死諫還是武死戰，他們提拔的速度往往不如宮內近臣；但另一方面，按北周官制，宮伯的直接領導卻是大塚宰（**北周官制，相當於宰相**）宇文護，需要經常向宇文護彙報。

顯然這一職務夾在皇帝和權臣中間，其實蠻尷尬的。楊堅剛一上任，就發現了問題。宇文護多次對楊堅主動示好，暗示他只要願意投靠自己，一定會前途光明。

該怎麼辦呢？楊堅回去諮詢父親。楊忠只說了一句話：兩姑之間難為婦，汝其勿往！——夾在兩個婆婆之間最難相處了，你別去！

做這樣的比喻，楊忠的意思非常明確，如今皇帝和權臣之間矛盾重重，勝負未卜。你要離他們遠一點，千萬別捲入進去，否則的話，那就是滅頂之災。

聽了父親的話，楊堅沒有回應宇文護的拉攏，而是小心地在皇帝和宇文護之間保持著一定的距離，保持著微妙的平衡，保持著中立的態度，不偏不倚，恰到好處。事實上，楊忠也是這麼做的。

當然，宇文護心裡對他們這樣的作派肯定是很不滿意的。然而楊家父子看上去沒有任何野心，而且謹言慎行，對當時發生的各種事件都保持沉默，他也抓不到什麼把柄，對他們無可奈何。

這段時間，據說還發生了一件奇怪的事。按照《隋書》的記載，這件事的過程是這樣的：由於楊堅長相奇特，皇帝宇文毓懷疑他將來有可能當皇帝，對他很不放心。於是他特意派著名的術士趙

昭去給楊堅看相。看過之後，趙昭回去向皇帝彙報說，看他的相貌，不過是做到柱國而已。宇文毓放心了。

然而，過後趙昭卻又偷偷對楊堅說，公當為天下君，必大誅殺而後定——您將來一定會做皇帝，但一定會大開殺戒才能安定。

不過，我覺得這事似乎非常不合理。因為楊堅當時還不到二十歲，無論從哪一方面看，他都不存在做皇帝的實力，對宇文毓完全沒有任何威脅，宇文毓此時最大的對手是宇文護，他怎麼可能會去猜忌楊堅呢？

也許，這根本就是「本故事純屬虛構」。

也許，這只是楊堅稱帝後為證明自己是天命所歸而編造出來的徹頭徹尾的謊言，「必大誅殺而後定」這幾個字，則是為他後來大肆屠殺宇文皇族做開脫。

不管這事是真是假，但有一點是真的：楊堅這幾年一直擔任著右小宮伯這一職務，幾年如一日兢兢業業地在皇宮侍衛，幾年如一日地與皇帝和宇文護都保持著距離，也幾年如一日一直沒有得到任何晉升。

他很鬱悶，心裡空蕩蕩的。但他依然很淡定。因為他不得不淡定。他知道現在他不是主角，也不應該去做主角，在這種紛亂複雜、前景不明的情況下去做主角，風險實在是太大了。他知道他現在的職責不是演戲，而是看戲，因為皇帝和宇文護之間的矛盾越來越激化了。

其實宇文毓剛一上台，就和宇文護產生了嚴重的分歧——在立后的問題上。宇文毓的正妻是獨孤信的長女，照理是皇后的必然人選，但宇文護卻不同意，因為獨孤信是死在他手裡的，他怕獨孤氏會對他不利，故而極力阻撓。宇文毓卻堅決不讓步，和宇文護抗爭了整整四個月，最終還是把獨孤氏扶上了皇后的寶座。

可惜獨孤氏紅顏薄命，僅做了三個月的皇后就不幸去世了——是正常死亡還是另有蹊蹺（有人**懷疑她是被宇文護毒死的**），我們不得而知。

宇文毓這種強硬的表現讓宇文護感到非常不安。為了試探皇帝的態度，他想到了一個以退為進的方法。西元五五九年正月，他主動上表歸政，把權力還給皇帝——當然，這不包括軍權，調動軍隊的權力依然掌握在宇文護手中。

宇文毓毫不客氣，照單全收。他工作勤奮，思路清晰，把政事處理得井井有條，很快獲得了群臣和百姓的認可。之後，他又大刀闊斧地進行了人事任免，甚至開始插手軍隊將領的任命。

這下子，宇文護沉不住氣了：我對你假裝客氣，你當我是軟弱可欺；我對你假裝禮貌，你當我是癡呆傻帽。現在你居然還敢干涉軍中事務，這是奪我兵權的節奏哇！

既然你不把我放在眼裡，那我只能把你送進墳裡。他下定決心，一定要把宇文毓拉下馬。

然而，宇文毓很得人心，宇文護不可能像之前廢掉宇文覺一樣名正言順地廢掉他。但這難不倒權術高手宇文護。明的不行就來暗的，他派人在宇文毓的食物中下毒，毒死了宇文毓。

臨終前，頑強的宇文毓強撐著病體寫下遺詔，要求傳位給四弟宇文邕。

西元五六〇年，十八歲的宇文邕正式即位，成為北周帝國第三任皇帝，是為周武帝。宇文邕是宇文泰第四子，自幼聰明過人，據說宇文泰生前就對他非常欣賞，曾這樣誇獎過他：成吾志者，此兒也。

這樣一個人當了皇帝，宇文護當然是不放心的。其實，本來他的如意算盤是打算在宇文毓死後立他年幼的兒子為帝的，但沒想到宇文毓死前竟然當眾立了這麼個遺詔。他打定主意，如果宇文邕不聽話的話，就毫不猶豫地幹掉他。

但宇文邕上台後的表現卻讓宇文護大感意外。一上任，宇文邕就主動加封宇文護為都督中外諸軍事，把所有的軍國大事統統交給宇文護掌管，自己從不過問。

之後，他又下詔說，大塚宰晉國公，克成我帝業，安養我蒼生，親則懿昆，任當元輔。而可同班群品，齊位眾臣。自今詔誥及百司文書，並不得稱公名——大塚宰晉國公，助我完成帝業，安養天下百姓，而且既是我的兄長，又是國家的首輔，怎麼可以和一般大臣一樣的待遇呢？從今以後，所有詔令和百官文書都一律不能直稱他的名字。

而宇文邕本人對宇文護也特別尊重，每次陪宇文護去見太后，他總是讓宇文護坐下，自己則恭恭敬敬地站在旁邊。但宇文護對宇文邕依然存有戒心。這傢伙會不會是裝出來的呢？

西元五六三年正月，宇文邕出巡原州（今寧夏固原），卻在當晚就匆匆忙忙趕回了長安。

百官都覺得很奇怪：到底是怎麼回事呢？

大司徒、梁國公侯莫陳崇偷偷對親信說，我聽算命的人說過，晉國公今年不吉利，皇帝今天突然回來，估計是晉國公死了。

宇文護死啦？這個消息實在是太勁爆了，很快就在京城傳得沸沸揚揚。然而侯莫陳崇這次顯然判斷錯了。宇文護身體健康得很，宇文邕這次回京其實另有他事。

消息很快傳到了皇帝的耳朵裡。宇文邕得知後，立即高度重視，馬上召集群臣，當眾對侯莫陳崇嚴加斥責。侯莫陳崇惶恐不已，趕緊跪下謝罪。但宇文護卻依然不肯放過他。當天夜裡，他就派兵包圍了侯莫陳崇的宅邸，逼其自盡。

侯莫陳崇是西魏開國元勳，六柱國之一，功高望重，是當時唯一可能和宇文護抗衡的人物，但宇文護要殺他，宇文邕卻連氣也沒吭一聲。這下，宇文護對宇文邕算是放心了，宇文邕真的是個軟得不能再軟的軟蛋。

到此時為止，西魏六大柱國，除了于謹比較識相，已經告老不問世事。李虎、李弼因死得較早得以善終外，其餘的三人都死在了宇文護的手裡。北周的創業元勳，這時已經所剩無幾，可見當時鬥爭的慘烈。

而楊家雖然過得也很壓抑，但卻依然倖存了下來。這段時間，無論是楊忠還是楊堅，都表現得非常低調，非常沉默，只是埋頭於本職工作，對朝政表現得漠不關心，也從不亂表態，以免被抓到口實。楊忠父子的表現讓宇文護覺得，雖然他們不一定十分可靠，但還是有一定利用價值的，對他們要有時冷有時熱，有時打壓有時重用。

西元五六三年九月，宇文護決定聯合突厥，出兵討伐北齊（東魏已於五五〇年被北齊取代），第一個想到的帶兵將領就是楊忠。此時楊忠已經升為柱國大將軍，爵位是隨國公，時隔多年，他終於再次得到了統兵出征的機會。

楊忠督帥大將軍李穆等人，統領一萬精銳，繞道塞北，勢如破竹，連克北齊二十餘城，接著又與突厥軍會合，繼續揮師南下，直逼晉陽（北齊別都，今山西太原）。隨後，楊忠率軍與北齊軍主力在晉陽城下決戰。

儘管楊忠和他的部下十分英勇，但由於盟友突厥人的臨陣脫逃，北周軍寡不敵眾，最終失利，無奈只得退兵。不過，此戰雖然沒有取得預定的戰果，在周齊關係史上卻是一大轉折。

自從西元五三四年東西魏分裂以來，整整三十年中，一直都是北齊（東魏）佔據主動，北周（西魏）軍從來沒進入過北齊腹地，但此次周軍竟然可以長驅直入地兵臨晉陽城下，這是歷史上從來沒有過的事！這讓當時的北齊皇帝高湛嚇破了膽。

之前每到冬天，只要黃河一結冰，北周生怕北齊軍會過河攻擊，就要專門派人鑿冰；從現在開始，情況反了過來，輪到北齊軍在每年冬天鑿冰了。

顯然晉陽一戰意義十分重大，周武帝宇文邕對楊忠的突出表現大加讚賞，打算加封其為太傅（榮譽職務，三公之一），但宇文護卻橫加阻撓，堅決不同意——因為楊忠至今沒有向自己表態效忠，當然要繼續壓制他，直到他改變態度為止。

就這樣，楊忠不僅沒得到任何封賞，反而被趕出了京城長安，外放為涇州（今甘肅涇川）刺史。對這樣的不公正待遇，楊忠毫無怨言，立刻打點行裝上任。

西元五六四年十月，宇文護決定再次伐齊，這次他親自掛帥，齊國公宇文憲（宇文泰第五子）、柱國達奚武、王雄、尉遲迥（宇文泰的外甥）等周軍大將悉數出動，總兵力達二十萬，聲勢浩大，進攻洛陽。而楊忠則被有意冷落——他只是奉命率偏師出塞北策應。

然而這次出征的結果讓宇文護大失所望：北周軍主力在洛陽城北的邙山被段韶、斛律光、高長恭率領的北齊軍擊敗，傷亡慘重，還損失了老將王雄，最終狼狽逃回關中。楊忠也只得隨之退兵，回到駐守的本鎮涇州。

這幾年，楊忠仕途不順，楊堅呢？

如果說楊忠是不被重視的話，楊堅則是徹底被忽視，被無視。自從五五七年他被任命為右小宮伯以來，整整八年的時間，他就一直都沒挪過窩——除了在周武帝即位時改為左小宮伯，換了一個位置而已。

這八年，他每天的工作就是帶著侍衛們在皇宮站崗，春去秋來，寒來暑往，日復一日，年復一年，除了重複，還是重複……

這八年，很多當年和他一起出道的夥伴們早已經節節高升，可他卻像沉睡在水底的文物一樣毫無動靜，不僅得不到任何升遷的機會，還要時時刻刻提防宇文護的迫害。

父親屢建功勳，卻屢屢都被打壓；自己恪盡職守，卻從來沒人注意。可想而知，楊堅的心情有多麼苦悶，有多麼失落！

在這段失意的日子裡，唯一能給他慰藉的是溫暖的家，妻子獨孤氏對他非常體貼，他的長女楊麗華也在西元五六一年出生，讓他嘗到了做父親的快樂。

射雞奇遇記

西元五六五年，在被冷落了整整八年後，楊堅這條鹹魚總算翻了一下身——他被晉升為大將軍，出任隨州（今湖北隨州）刺史。隨州是個小州，隸屬於襄州（今湖北襄陽）總管府，時任襄州

總管的是衛國公宇文直，楊堅上任，當然要先去拜見這個頂頭上司。

宇文直是宇文泰的第六子，周武帝宇文邕的同母弟，但他卻刻意投靠宇文護，成了宇文護手下的紅人。他眼高於頂，目空一切，對楊堅這樣的小角色根本就不屑一顧，甚至連見面的機會都沒給，只不過是出於禮貌，派了個下屬龐晃去回訪楊堅。

龐晃出身將門，很早就得到宇文泰的器重，擔任大都督，統領親兵。但他性格剛直，不善搞關係，因而在宇文護執政後他就一直沒有升遷，此時在宇文直的帳下擔任驃騎將軍。與楊堅一番交談下來，龐晃對他驚為天人，覺得此人相貌不俗，見解非凡，將來必能幹一番大事，遂傾心交結，兩人一見如故，成為密友。

之後楊堅來到隨州上任。隨州是楊忠當年南征打下來的地盤，也是楊忠隨國公這個爵位的封地，因此楊堅對這裡很有感情，他躊躇滿志，摩拳擦掌，打算在這裡好好地大幹一場，他要讓這裡一年一個樣，三年大變樣……

沒想到到隨州沒幾個月，屁股還沒坐熱，他就接到了上面的調令，徵召他馬上回京城，另有任用。才過了這麼短的時間就又把他召回去，這不是在調戲他嗎？

楊堅的心裡鬱悶到了極點。然而，君命難違，無奈他只得收拾行裝，悻悻離去。

回程的路上再次經過襄州，楊堅意外地發現，龐晃竟然在城外迎接他。在人得意的時候，有朋友迎來送往不稀奇，但在人失意的時候，依然有這樣不離不棄的朋友，這怎麼能不令人感動？楊堅頓時感覺心頭一熱。

龐晃邀請他到自己的府邸，好酒好菜，熱情款待。酒逢知己千杯少，不知不覺，兩人喝了整整一個通宵。酒酣耳熱之際，龐晃悄悄對楊堅說，公相貌非常，名在圖籙。等將來當上皇帝的時候，可千萬別忘了我呀。

這種話在當時可謂大逆不道，但龐晃這人向來都是膽大包天，心直口快，他就敢這麼說。

和龐晃不同，楊堅生性謹慎，很少流露真情。然而一個人內心的想法，在適當的時候、適當的地點，面對適當的人，總是想要表達出來的。楊堅早已把龐晃視為知心朋友，對他來說，此時，此地，此人，就是那個適當的時候，適當的地點，適當的人。所以他並沒有表現出特別驚訝的樣子，只是微微一笑：你可別亂說話呀。

說這話的時候已是黎明時分，有隻大公雞在院子裡報曉。聽到雞鳴，楊堅靈機一動，便拿出一支箭，對龐晃說，射那隻公雞。如果以後你的話應驗了，這支箭就是證據。

龐晃拈弓搭箭，一箭射去，公雞應聲而倒。楊堅撫掌大笑：這真是天意呀。

隨後龐晃把這支沾了雞血的箭收好，兩人像打了雞血一樣更加亢奮，又繼續暢飲，直到盡興為止。臨走之前，楊堅把兩個婢女作為禮物送給了龐晃，這才依依惜別。

回到長安後，楊堅發現他的遭遇比他預想的還要糟糕——朝廷遲遲沒有給他新的任命，他竟然被晾在一邊了。毫無疑問，這一切都是宇文護設計好的。

對楊家父子那種若即若離、不陰不陽的態度，宇文護早就十分不滿，所以他玩了現在這個把戲——先把楊堅提拔為刺史，再把他召回來，卻一直都不給他安排工作。先給你嘗點甜頭，再讓你吃點苦頭，讓你意識到不跟我合作，就沒有事情可做。他相信，楊堅遲早會忍受不了，遲早會來找自己。

以楊堅的智商，他當然知道宇文護的用意——只要他肯主動登門攀附，高官厚祿肯定隨之而來。然而，他清醒地知道，宇文護雖然大權在握，可樹敵太多，不得人心；加上近年來連續幾次外戰都以失敗告終，威信大降，所以他對宇文護的前景並不看好。他相信，宇文護將來肯定會垮台，而且這一天不會太久。

君子不立危牆之下，因此他一直沒有去主動找過宇文護。但年紀輕輕就賦閒在家，總得找個理由吧。

這當然難不倒楊堅。沒過多久，楊家傳出消息，楊堅的母親呂苦桃生病了，楊堅在家侍奉母親呢。這一侍奉，就是整整三年。三年中，楊堅幾乎從不出門，晝夜不離母親左右。

沒想到百密一疏，楊堅這個做法差點要了他的命！

當時推崇的是以孝治天下，楊堅這些年的表現讓他得到了純孝的讚譽——楊堅寧可放棄自己的大好前程，連續三年在家照顧母親，久病床前無孝子，這才是真正的孝子呀！一時間楊堅在朝野聲名鵲起。

這讓宇文護極其惱火——自己精心設計的圈套非但沒奏效，反而讓楊堅聲名大噪。既然你不能為我所用，那我留著你有什麼用呢？宇文護頓時起了殺心。

關鍵時刻，楊家多年積攢的關係網起了作用，大將軍侯萬壽等人站了出來，為楊堅求情：楊堅畢竟只是個小輩，對您沒什麼威脅，殺了他沒有必要；而且他也沒犯什麼錯誤，殺了他難以服眾……侯萬壽和他哥哥侯龍恩是宇文護的鐵杆親信，他的話還是很有用的。楊堅這才僥倖地逃過了一劫。

就在這一年（西元五六八年），六十二歲的楊忠在涇州得了重病，回到京城後不久就去世了。作為嫡長子，楊堅理所當然地繼承了隨國公的爵位。

當時的北周不封王，最高的爵位就是國公，就是執政的大塚宰宇文護也不過是晉國公。可是國公畢竟只是個虛銜，實際的權力，具體的職位，楊堅還是什麼都沒有。

他兩手空空，憂心忡忡。眼看著青春已經飛逝而去，時間還在馬不停蹄地狂奔，而自己馬上就要三十歲了，卻依然一事無成。自己的前途在哪裡？什麼時候才有出頭之日？難道就這樣窩窩囊囊、糊糊塗塗地度過一生嗎？

這十多年來，自己就沒有過順利的時候，感覺自己的任何努力都是無能為力，任何心機都是白費。一向充滿自信的他也開始感到有些迷茫。

迷茫中的楊堅找到了自己的姐夫竇榮定。

竇榮定比楊堅大十一歲，也是關隴豪族出身，時任忠州刺史、永富縣公。其叔父竇熾，是北周開國元勳之一，官居柱國、鄧國公；堂兄竇毅，是北周駙馬，其妻是宇文泰之女襄陽公主，時任大將軍、神武郡公，唐太宗李世民的生母竇氏就是竇毅的女兒。

竇榮定性格和楊堅相仿，為人冷靜沉穩，言語不多，因此兩人非常投緣，關係極好。竇榮定提了個建議：要不，咱們去找來大師看看吧。

來大師名叫來和，是當時最著名的術士之一，善於看相，據說非常靈驗，很多公卿大臣包括大塚宰宇文護在內都非常相信他。

楊堅同意了，便與竇榮定一起去見來和。按照《隋書．來和傳》的記載，這次見面的過程是這

樣的：

見到來和，楊堅先開口：我聞有行聲，即識其人——我這人有個特別的本領，聽到外面的腳步聲，就知道來的是什麼人。

來和沒有回答，只是用眼角稍微掃了掃竇榮定。竇榮定心領神會，立刻起身離去。屋裡只剩下楊堅和來和兩人。接下來，來和輕聲說道：公眼如曙星，無所不照，當王有天下，願忍誅殺——楊公您的眼睛像啟明星一樣，無所不照，遲早會擁有天下，希望您到時能忍住，不要大開殺戒。來和的這番話，就像光芒四射的陽光，驅散了楊堅心中的烏雲，讓他信心大增。

這事是真的嗎？

我不知道。

信不信由你。

不過，我認為，就算這是真的，也說明不了什麼問題。因為同樣是這篇《隋書．來和傳》，還記載了另外一件事。

來和有位同鄉叫韓則，有一次找他看相。來和說，後四五當得大官。「後四五」是什麼意思？是過後四五年還是到四十五歲以後？來和沒講——大師嘛，從來都是惜字如金的。

雖然有點一頭霧水，但聽說可以當大官，韓則還是很開心地回去了。沒想到，韓則不僅沒當上大官，反而在不久後的開皇十五年五月死了。他家人很不服氣，便來找來和算帳：你怎麼算得一點也不準哪。

沒想到來和還振振有詞：十五年為三五，加以五月為四五。大官是指大棺材。怎麼說不準哪？在這個故事的最後，史書上還加了這麼一句話：和言多此類——來和講的話大多是這樣的。

可見，來和這個古代的術士和現在的算命先生都有一個共同的特點——說話含糊其詞，語帶雙關，你怎麼理解是你的事，反正解釋權在他嘴裡，這就是古往今來術士們的語言藝術。總之，這個來和，與其說他是看相專家或算命專家，不如說他是心理學家或語言學家。

當然了，也許楊堅對來和的話是深信不疑的，自從這次算命回來後，他的心情就好多了。不過，他能做的，依然只有耐心地等待。

第二章

起點不重要，轉捩點才重要

峰迴路轉

此時和楊堅一樣在等待的，其實還有另一個人——周武帝宇文邕。

自從西元五六〇年登基以來，到現在已經整整十二年了。雖然表面上一直都是一副逆來順受、與世無爭的樣子，但事實上，宇文邕一直在等待著除去宇文護的機會。他的兩個哥哥宇文毓、宇文覺都死在宇文護的手裡，而他名為皇帝，實際上卻只是個木偶，對此，他怎麼能甘心呢？

然而，他知道，大權都在宇文護手裡，如果和宇文護直接對抗，下場肯定是粉身碎骨。因此，這些年，他只做了一件事——裝孫子，麻痺宇文護。

宇文邕把一切軍政大權都交給宇文護，什麼都順著他，自己則整天待在宮裡，和一幫文人研究琴棋書畫，詩詞歌賦，花鳥蟲魚，古玩玉器，風花雪月，別的什麼都不管。他十二年如一日持續不斷的偽裝，終於讓宇文護徹底認定：這傢伙完全就是個紈褲子弟而已！

因為宇文護覺得，也許有人可以在很長的時間騙過一個人，也許有人可以在短時間裡騙過很多人，但絕對沒有人可以在十二年這麼長的時間裡騙過這麼多人——他和他手下的無數心腹。他逐漸放鬆了警惕。

這正是宇文邕想要的結果。

但宇文邕依然不敢輕舉妄動，畢竟他只是個空頭皇帝，手中的實力與宇文護相比，就好像是滴水比長江——根本就不是一個檔次。他依然只能耐心地等待——等待那個最適合的機會。現在，宇文邕覺得機會來了。

這些年，對外，宇文護窮兵黷武，多次出兵攻打北齊、南陳（南梁已於五五七年被南陳取代），但卻屢遭失敗，威信大損；對內，宇文護驕橫跋扈，四處樹敵，對他心懷不滿的人越來越多。

宇文邕的六弟衛國公宇文直就是個例子。宇文直本來是宇文護的鐵杆親信，但由於他率軍在和南陳的作戰中遭到慘敗，而被宇文護解職，因此他懷恨在心，轉而投向宇文邕的懷抱，力勸宇文邕除掉宇文護。

宇文邕也覺得時機已經成熟，開始與僅有的幾個親信商量此事。參與密謀的除了宇文直外，還有宇文神舉、宇文孝伯、王軌三人。

宇文神舉是宇文邕的族兄，此人才兼文武，志氣豪邁，時任右宮伯。

王軌出身於漢人大族太原王氏，由於其先祖曾被賜姓烏丸氏，所以史書上有時也稱他為烏丸軌，此人性情剛正，富有遠見，時任內史下大夫。

宇文孝伯是宇文泰的族侄宇文深之子，和宇文邕同一天出生，後來又是同學，故兩人關係特別親密，他甚至可以隨意出入宇文邕的臥室，此時擔任右侍上士。

經過一段時間的謀劃，方案終於定下來了。

西元五七二年三月，宇文護從同州（今陝西大荔，宇文護的府邸安在那裡）回到長安，照例要進宮謁見皇帝。

宇文邕對他說，太后年紀大了，卻酷愛喝酒，我跟她說了很多次，她都不聽，兄長你幫我勸勸她吧。隨後，他從懷裡掏出一篇早已寫好的《酒誥》：請以此諫太后。

這種舉手之勞的小事，宇文護當然沒有不答應的道理。於是兩人一起來到太后的寢宮。見了太

后，宇文護拿出《酒誥》，一字一句認真地讀了起來。

正當他讀得投入的時候，一直恭恭敬敬站在他身後的宇文邕突然舉起手中的玉珽（皇帝日常手持的玉製手板），猛擊宇文護的後腦。宇文護猝不及防，當即倒在地上。

宇文邕連忙讓身邊的太監拿御刀殺死宇文護。但這個太監的心理素質比蛋殼還要脆弱，他哆哆嗦嗦地連續砍了好幾刀，卻一次也沒有砍中宇文護。宇文邕急了，眼看宇文護就要掙扎著從地上爬起來。千鈞一髮之際，宇文直從門後衝了出來，手起刀落，狠狠地結果了宇文護的性命。

隨後，宇文邕又馬上下令拘捕宇文護所有的兒子和主要的黨羽——曾經救過楊堅的侯萬壽也包括在內。這些人毫無防備，全都束手就擒，當天就被誅殺殆盡。

就這樣，在做了整整十二年的傀儡皇帝後，宇文邕終於親政了。這一年，他剛好三十歲，雄姿英發，雄心勃勃，立誓要幹一番大業。

要幹大事，首在用人。第一步當然是人事調整。宇文護死了，大塚宰的職位該由誰來繼承？

他想到了齊國公宇文憲。

宇文憲是宇文邕的五弟，也是他幾個兄弟中最出色的一個。他從小聰穎過人，十六歲就擔任益州總管，把益州治理得井井有條，周齊邙山大戰，他是周軍主帥之一，雖然此戰最後周軍失利，但宇文憲的表現卻極其出色，因此他戰後被宇文護提拔為大司馬兼小塚宰。

大司馬是軍事一把手，小塚宰是政務二把手，集軍政大權於一身，由此可見宇文護對他的器重。之後，宇文憲還多次率軍與北齊名將段韶、斛律光、高長恭等人作戰，戰功赫赫，威名遠揚。

也正因為如此，宇文直對宇文憲一向十分嫉恨，宇文護死後，他堅持要宇文邕殺掉宇文憲。但宇文邕沒有同意。

對這兩個弟弟，他十分了解，雖然宇文憲一度和宇文護走得很近，但他為人正直，能力又很強，應該可以有限度地信任；而宇文直雖然對自己有功，但卻三觀不正，節操全無，輕於去就，反覆無常，有奶便是娘，絕對不可重用。

經過審慎的考慮，最後他做出的決策是：齊國公宇文憲被提拔為大塚宰，當然這個大塚宰的實權已經大不如前——不再像以前那樣統領百官，而只是作為六卿之一，與其他五卿大司徒、大宗伯、大司馬、大司寇、大司空一起並列。

宇文直則被任命為大司徒。這讓野心勃勃的宇文直怎麼可能接受？之前他一直認為大塚宰這個位置非自己莫屬——論關係，他是皇帝唯一的同母弟；論功勞，他親手殺死了宇文護，居功至偉。宇文直怎能不大失所望！

但此時木已成舟，他也只得退而求其次，便又提出不想當大司徒，要求擔任掌握兵權的大司馬。宇文邕對他的用心瞭若指掌，當然還是沒有同意。

宇文直的心徹底涼了！本以為宇文邕會知恩圖報，到頭來卻什麼也沒有得到。從此，宇文直便有了反意——兩年後，這個志向遠大的蠢貨果然起兵叛亂，兵敗被殺。

對兩個弟弟做如此安排，其實宇文邕是有他的目的的。

北周皇帝孝閔帝宇文覺、明帝宇文毓到他宇文邕都是兄終弟及，現在宇文邕大權獨攬，當然要避免這種情況，所以他才會這麼做——宇文憲和宇文直雖然身居高位，但實際上都被架空了。

接下來自然要冊封繼承人。西元五七二年四月，也就是宇文邕親政僅僅一個月後，他就正式立

自己十四歲的長子宇文贇為太子。北周政壇的這次大變動改變了很多人的命運，當然也會改變楊堅的命運。

事實上，宇文護被殺這件事，楊堅第一時間就知道了——因為參與此次密謀的宇文神舉的弟弟宇文慶，和他是無話不談的密友。這個消息，對他來說，就是茫茫沙漠中的一泓清泉。他的心情一下子變得豁然開朗——他盼望已久的春天終於到來了！

因為他知道，宇文邕之前雖然已經在位多年，但由於一直沒有掌握實際權力，所以並沒有多少自己的班底——只有宇文孝伯、宇文神舉、王軌等少數幾個親信可用，而這幾個人之前的地位並不高，不可能一下子提拔到很高的位置，因此宇文邕勢必會起用一批新人。他相信自己肯定是最重要的人選之一。

一個原因是自己作為開國功臣的後代，不僅根正苗紅，而且聲望頗高。另一個更重要的原因是自己多年來一直受到宇文護的打壓——敵人的敵人就是朋友，在宇文邕的眼裡，一定會把他楊堅看作自己人。

他相信，這會是他人生的轉捩點！

起點不重要，轉捩點才重要！

他的轉捩點很快就來了。西元五七三年九月，楊堅十三歲的長女楊麗華被宇文邕選中，嫁給了太子宇文贇，成為太子妃。

當時不存在自由戀愛的說法，楊堅能和皇帝聯姻，除了楊麗華本人確實才貌俱佳以外，顯然也充分說明了皇帝對他的認可和欣賞。事實上，楊堅沉穩的性格、低調的作風，不阿附宇文護的行為，早就給宇文邕留下了很好的印象。從此，楊堅成了皇帝的親家，這極大地提升了他在社會上的聲望和地位。

三十三歲的楊堅，終於迎來了久違的好日子。

不過，不久之後發生的一件事讓躊躇滿志的楊堅感到頗有些不快——他一直以來所信奉的佛教遭到了滅頂之災。

這是怎麼回事呢？還得從宇文邕說起。

宇文邕是個雄才大略的人，他的目標是統一天下。當時天下三分，南面是南陳，佔據長江中下游以南地區，此時在位的是陳宣帝陳頊；東面是北周的世敵北齊，佔有今河南、河北、山西、山東以及江蘇北部、安徽北部的廣大地區，在位的是齊後主高緯。

要想實現四海歸一的宏偉目標，首先當然是要壯大自己的實力。因此他剛一親政，就勵精圖治，厲行改革。在內政上，他大力提倡節儉，為此他還特意頒布詔書，要求百姓在婚嫁祭祀等活動中不得鋪張浪費。同時他自己以身作則，身上只穿粗布衣服，晚上只蓋粗布被子，後宮的嬪妃也只有十餘人。在軍事上，宇文邕完善了府兵制。

原先府兵中的幾大柱國都自成體系，現在宇文邕把府兵中的軍士改稱為侍官，統歸皇帝直接統轄。為了擴大兵源，他鼓勵百姓從軍，廣募漢人入伍，免除其賦役，從此漢人開始成為北周軍隊中的主體。

此外，為了增強國力，擴大財源和兵源，他還把矛頭對準了佛教。

南北朝時期佛教極為興盛，北魏末年，據說有寺院三萬多所，僧尼二百多萬。到了北齊、北周並立的時期，佛教的勢頭就更大了。當時的北周境內，寺廟林立，佛像成群，僧侶們廣佔良田，隱瞞丁口，蓄養奴婢，而且不交賦稅，既與國家爭利，也與國家爭人，極大地影響了財政收入，也極大地妨礙了經濟發展。

而宇文邕本人尊崇儒學，對佛教不感興趣，便打算廢除佛教，決心要「求兵於僧眾之間，取地於塔廟之下」。他做事穩健，從來不打無準備之仗，在滅佛措施發動之前，先做足了功課。

西元五七三年十二月，他親自召集知名的儒生、道士、僧侶，在朝堂上辯論三教優劣，最後他利用皇帝的權威，強迫確定了三教的次序：儒學為首，道教次之，佛教最末。

西元五七四年五月，他又再次召集儒、釋、道三家進行辯論。同年九月，經過了充分的準備後，他正式下詔禁止佛、道兩教，經、像全部搗毀，所有和尚、道士都強制還俗為民，寺廟當作住宅賣了，寺院財產悉數入官，寺院奴婢全部釋放。

當然，宇文邕滅佛也遇到了很大的阻力，名僧慧遠就曾赤裸裸地威脅他：地獄不分貴賤，陛下你難道不怕下地獄嗎？然而宇文邕對此卻不屑一顧——他根本就不信佛。

這就是在中國佛教史上著名的「三武一宗滅佛」之一的「北周武帝滅佛」。

透過這次大規模的滅佛運動，宇文邕為政府增加了大量的財富，獲得了大量的人口，大大增強了北周的實力。

天命謎團

對於滅佛，一向篤信佛教的楊堅內心肯定是有抵觸情緒的，但他當然不會表現出他的不滿，他一向是喜怒不形於色。他能做的，只不過是偷偷把曾養育他的尼姑智仙藏匿在家裡，讓她在自己家中修行而已。

不過，除此以外，楊堅這段時間總體來說是春風得意。憑藉皇帝親家的身分，他的影響力一路飆升，加上他這人天生的老大作派，因此他身邊總是朋友眾多，很多大臣都和他來往密切。這引起了齊王宇文憲的警覺。

宇文憲對宇文邕說，普六茹堅，相貌非常，臣每見之，不覺自失；恐非人下，請早除之！——楊堅這個人相貌非同尋常，我每次見到他，都覺得不自在；這個人恐怕不會久居人下，請盡早除掉他。

宇文邕的反應是怎樣的呢？

有兩種說法。

一種來自《資治通鑑》的記載：聽了宇文憲的話，宇文邕很疑惑，便秘密把術士來和召到宮中，讓他為楊堅算命。來和與楊堅早有來往，知道楊堅將來有當皇帝的命運，卻故意對宇文邕說：隨公止是守節人，可鎮一方；若為將領，陳無不破——隨國公只是個有節操的人，可以為國鎮守一方，如果用他做將領，一定會無往不勝。於是，宇文邕放心了。

這可信嗎？我覺得似乎不是太可靠。

因為這其實來源於《隋書．來和傳》裡來和在隋開皇年間上表時的自述，而當時楊堅已經當了

皇帝，最需要的就是這種自己有天命的說法，所以如果是來和投其所好，故意編了這麼個故事，我覺得也不是沒有可能的。

還有一種說法來自《隋書．文帝紀》：聽了宇文憲的話，宇文邕只是微微一笑，輕描淡寫地說，此止可為將耳——楊堅這個人只不過能做個將軍罷了。

我認為這種說法可信多了。因為在那個時候，宇文邕最忌諱的不是楊堅，而正是這個戰功赫赫而又具有皇族身分的齊王宇文憲。

據說在宇文護被誅殺後不久，宇文邕曾經對宇文憲的下屬裴文舉說過這麼一番話：你雖然侍奉齊國公，但不是他的臣子，你應該多多規勸他，讓我們君臣和睦，兄弟同心，不至於互相猜疑。裴文舉回去告訴了宇文憲，宇文憲忍不住指著自己的心口悲憤地說：我的心你難道不知道嗎？我難道是那種不忠不義的人嗎？

從這件事可以看出，宇文憲雖然忠勇厚道，但威望太高，宇文邕對他顯然很不放心。在當時宇文邕的心目中，宇文憲對帝位的威脅會比楊堅大得多。而宇文邕之所以要重用楊堅等人，也許很大程度上就是為了防範宇文憲。因此，這個時候宇文憲說楊堅將來會篡位，實在是太沒有說服力了。宇文邕對此自然是不會相信。

當然了，不論哪種說法是真的，反正最終的結果都是一樣的——楊堅沒受到任何影響，依然很受宇文邕的信任。

不過，對胸懷大志的宇文邕來說，這件事只能算個小插曲而已，他還有更重要的事情要做——討伐北齊，統一北方。

原本北齊的實力一直很強，但現在的北齊皇帝高緯卻是個敗家聖手。他不僅親信小人，把朝政搞得烏煙瘴氣，而且還自毀長城，殺掉了功勳卓著的名將斛律光和高長恭。此時的北齊混亂不堪、每況愈下，宇文邕怎能放過這樣的好機會？

西元五七五年七月，經過精心準備後，宇文邕親率大軍討伐北齊，總兵力達十八萬，主力從潼關出發，沿崤函古道東進，兵鋒直指洛陽。

三十五歲的楊堅也第一次得到了統兵的機會——他被任命為偏師主帥，率水軍三萬，從渭水轉入黃河，順流東下，負責配合主力作戰。

一開始，北周軍連戰連捷，很快就進逼洛陽，但在洛陽城北的中潬城和金墉城卻遇到了北齊軍的頑強抵抗，連續攻打了二十多天依然沒有攻下。此時從晉陽趕來的大批北齊援軍即將到來，而宇文邕又急火攻心病倒了，考慮再三，穩健的宇文邕決定全軍撤退。

但楊堅率領的水軍在退兵時卻遇到了很大的麻煩——黃河的流向是由西向東，水軍要想西撤就要逆流而上，行軍速度緩慢，很容易被北齊軍追上，招致滅頂之災。楊堅當機立斷，命令放火焚毀舟艦，從陸路返回。

這次伐齊，楊堅雖然沒有立下顯赫的戰功，但他在關鍵時刻臨危不亂，動作果斷，最終全軍安全返回，也算是不辱使命。宇文邕對他的表現頗為讚賞，從此楊堅更受重用。

但之後不久發生的一件事，卻差點讓他失去了皇帝的信任。此事與太子宇文贇有關。

宇文贇是宇文邕的長子，從小就頑劣異常。宇文邕望子成龍心切，對兒子管教非常嚴，甚至動輒就拳腳相加。在宇文贇被立為太子後，他任命自己最信任的老朋友宇文孝伯和尉遲運（尉遲迥之

侄）兩人為左右宮正（太子的老師），專門負責輔導太子，還命令東宮屬官把太子的一切言行都記錄下來，隨時向他彙報。

出於害怕，宇文贇也只得在表面上收斂一點，當然也僅僅是表面上而已——私底下，貪玩的他還是喜歡和幾個近臣一起玩各種亂七八糟的遊戲。

這些近臣中，和宇文贇關係最好的是時任太子宮尹（太子的師友之官，位在宮正之下）的鄭譯——楊堅當年的同窗好友。鄭譯從小就經常出入皇宮，後來又一直在宮中擔任左侍上士、御正下大夫等職，練就了一身察言觀色的高超本領，加上他又多才多藝，因此特別受宇文贇的青睞。

由於和宇文贇太過親近——史書上稱為「褻狎」，宇文邕一怒之下，還曾把鄭譯免職。不過對宇文贇來說，鄭譯稱得上是居家旅行必備，所以不久之後，因他的再三請求，鄭譯又復職了。這樣一來，宇文贇和鄭譯的關係反而更好了。

宇文邕不喜歡鄭譯，他信任的是好友宇文孝伯。他經常向宇文孝伯打聽太子的情況，宇文孝伯每次都說，太子害怕陛下的天威，沒犯什麼錯誤。

但宇文邕的另一位老朋友，時任內史中大夫的王軌卻對太子很不看好，有一次，他在喝酒時，故意假借酒意，摸著宇文邕的鬍子說，好可愛的老頭，可惜後嗣太弱了。

宇文邕當然知道他的意思，便再次找到了宇文孝伯，你老說太子沒有什麼過失，但是王軌卻不這麼看，你是在騙我吧。宇文孝伯回答，太子的確有些不對之處，但即使我說了，陛下您也不可能忍痛割愛，所以我就不說了，只有盡力輔佐太子而已。

這下，宇文邕沉默了，心好像掛了個秤砣一樣沉重。

是的，比起宇文贇，他的次子漢王宇文贊更差勁，其餘的兒子都還小，就是宇文贇再不才，他又能立誰為太子呢？

老天就是這麼霸道，人生就是這麼無奈！即使貴為皇帝，也沒有特權。宇文邕別無選擇，他能做的，只能是盡量培養宇文贇。

沉默良久，他才說，太子的事，朕全部委託給您了。您一定要把他教育好。宇文孝伯重重地點了點頭，表情卻很複雜。

然而，固執的王軌卻還是堅持認為太子不可靠，他又再次向皇帝進諫，這次他竟然把楊堅也牽連了進去。

王軌是這麼對宇文邕說的：皇太子非社稷主，普六茹堅貌有反相——皇太子不是個能守住江山社稷的人，楊堅這個人的相貌看上去將來會造反。

明明是說太子，王軌為什麼偏偏要提到楊堅？因為楊堅的身分太敏感，他是太子的岳父，將來的國丈，如果太子繼位後能力不行，外戚干政，楊堅就可能奪走北周的天下。歸根結柢，王軌還是希望宇文邕廢掉宇文贇。

從後來的歷史演變來看，我不得不說，王軌的眼力真是精準哇！

而宇文邕的反應是怎麼樣的呢？

還是有兩種說法。

一種是這樣的：聽了王軌的話後，宇文邕對楊堅產生了懷疑，便再次召術士來和進宮，詢問楊堅的相貌。來和還是堅持原來的說法：是節臣，更無異相——隨國公是有節操的大臣，而且他根本

就沒有什麼不凡的相貌。於是，宇文邕放心了。

其實，這種說法還是來源於《隋書．來和傳》中來和在隋文帝開皇末年上表中的自述，在這段自述中，為了增加可信度，來和還特意提供了兩個目擊證人：王誼、梁彥光知此語。

王誼是楊堅的老同學，當時深得宇文邕的寵幸，時任內史大夫，還被封為楊國公；梁彥光時任御正下大夫，也是皇帝的近臣。然而，在開皇末年的時候，王誼、梁彥光兩人都早已經不在人世。因此，來和提到王誼和梁彥光，反而頗有點此地無銀三百兩的嫌疑。

另外，這種說法其實還有個智商問題：宇文邕竟然沒有換一個人為楊堅看相，而是兩次都找同一個人，這可能嗎？

因為上次來和已經給楊堅算過一次命了（假設來和說的話都是真的），難道這次來和會說：對不起，上次我騙了陛下，其實楊堅真有反相……當然不可能——要知道騙皇帝那可是欺君之罪呀。既然來和不可能改口，那他還有必要這麼做嗎？宇文邕有這麼傻嗎？

宇文邕一向是聰明睿智，現在卻變成了低能弱智。這可能嗎？所以，我認為，這事的真實性是很有問題的。

另一種說法來自《隋書．高祖紀》，是這麼說的：也許是王軌這話說得太直接、太唐突了，宇文邕聽了很不開心，只是恨恨地說了一句話：必天命有在，將若之何！——如果天命真的是這樣的話，我又能有什麼辦法呢？

宇文邕為什麼會這麼說？

以下是我的假設。

對於楊堅，宇文邕當然知道這人的確有很強的能力，但他更相信自己有足夠駕馭楊堅的能力。更何況，楊堅的年齡比他還要大兩歲，因而他根本不擔心此人在自己身後利用外戚的身分興風作浪。所以宇文邕更在意的其實是前面一句——他知道王軌的意思是要他廢太子。

然而廢了宇文贇，別的兒子更不成器，他又能立誰呢？

他不是不想廢太子，他是不能廢太子呀。即使宇文贇是爛泥糊不上牆，他也不得不把這塊爛泥糊上牆。因為他根本就沒有別的選擇。可想而知，他有多麼鬱悶，有多麼無奈！所以他才會發出這樣沉重的歎息：必天命有在，將若之何！

我個人更傾向於這種說法。當然了，這只是我個人的看法，信不信由你。

不過，不管怎樣，這事最終的結局是確定的——宇文邕沒有採信王軌的話，楊堅再次逃過一劫。

而王軌對宇文邕說的這句話也很快就傳到了楊堅的耳朵裡——我估計，很可能是他的老朋友王誼說給他聽的。楊堅嚇出了一身冷汗，從此他做事更加低調，很少拋頭露面。

但宇文邕對此也許並不在意，他最關注的依然是自己的事業——統一北方的大業。西元五七六年十月，經過一年的休整，宇文邕再度率軍親征北齊。

周武帝平齊

此次出征，北周大軍分為前、左、右三軍，楊堅被委以重任，擔任右路第三軍的總管，和越王

宇文盛（宇文泰第十子）、杞國公宇文亮（宇文泰侄子宇文導之子）一起統領右路軍。

這次宇文邕吸取了上年伐齊失敗的教訓，改變了進攻路線，把矛頭對準了平陽（今山西臨汾）。來到平陽城下後，宇文邕先分派諸將據守各處關隘，以阻擊北齊援軍，同時命內史大夫王誼指揮北周軍主力，全力攻城。

北齊守將連忙派人到晉陽（北齊的別都）向北齊後主高緯求援。然而時間一天天地過去，援軍卻遲遲不見蹤影。孤立無援的北齊守軍逐漸支撐不住，平陽最終被北周軍攻陷。

讓人難以理解的是，平陽離北齊軍主力所在的晉陽僅有五百里，騎兵不到三天就能抵達，這麼長的時間，北齊援軍去哪兒了呢？

原來，這段時間北齊後主高緯正和他最喜歡的寵妃馮小憐在晉陽城郊外的天池打獵，玩得不亦樂乎。右丞相高阿那肱為了不打擾皇帝的興致，把平陽送來的告急文書全部扣下了。直到平陽已經落入敵手，他才不得不稟告皇帝高緯。

平陽是晉陽的門戶，戰略地位極為重要。因此聽到這個消息，高緯也急了，連忙下令馬上返回晉陽集結部隊，準備反攻。

然而，意想不到的情況出現了。

馮小憐玩得意猶未盡，不願意走，緊緊拉住了高緯：陛下，別這麼急，再陪我殺一圍吧……

在高緯的眼裡，和馮小憐相比，其他一切東西都是浮雲。於是他把一切拋之腦後，繼續陪馮小憐打獵，玩到很晚才回去。

這就是唐朝詩人李商隱那句著名的「晉陽已陷休回顧，更請君王獵一圍」的由來。

當然，回到晉陽後，高緯也不敢再怠慢，連忙召集大軍前去救援平陽。考慮到北齊軍氣焰正盛，宇文邕決定避其鋒芒。他任命大將梁士彥為晉州刺史，率軍一萬留守平陽，自己則率主力返回北周。

北齊軍很快把平陽城團團圍住，百道攻城。梁士彥率軍死守。然而畢竟眾寡懸殊，一時間平陽城岌岌可危。梁士彥慷慨激昂地對部下說，死在今日，吾為爾先——看來今天要戰死在這裡了，讓我來做你們的表率吧！在他的激勵下，北周軍士氣大振，一次次打退了北齊軍的進攻。

久攻不下的北齊軍又採用新方法——挖掘地道，這一招果然奏效，由於地基塌陷，城牆一下子撕開了一個大口子。眼看北齊軍就要破城而入勝利在望的時候，一件怪事發生了。高緯竟然下令北齊軍暫停進攻。

有沒搞錯？

沒錯。因為他要讓他心愛的馮小憐來一起見證這難得一見的精彩場面。馮小憐精心打扮了好久才靚麗地姍姍來遲，然而這時北周軍早已經修好了城牆。

馮小憐很失望。

北齊的將士們更失望。從此北齊軍士氣盡失，心無鬥志。

就這樣，梁士彥創造了奇蹟——整整一個月過去了，平陽城依然牢牢地掌握在他的手裡。此時，宇文邕見北齊軍已經疲憊，便率主力捲土重來。

周齊兩軍在平陽城下決戰。

戰前，宇文邕來到陣前，逐個呼喚將士們的名字，親加慰勉，將士們深受感動，無不振奮。

與他形成鮮明對比的是北齊皇帝高緯。他和馮小憐在後方觀戰。兩軍剛一交手，馮小憐看見東邊的北齊軍稍有退卻，便花容失色，大叫：唉喲，我軍敗了！我軍敗了！聽她這麼一說，高緯也慌了，兩人連忙帶著數名親信落荒而逃。皇帝臨陣脫逃，北齊軍頓時全線崩潰——皇帝都跑了，我們為什麼還要為他賣命？一時間北齊軍全都四散奔逃，軍資甲仗扔得到處都是。

這一戰，北周軍大獲全勝。隨後宇文邕親率大軍乘勝北進，直趨晉陽。而逃到晉陽的北齊後主高緯還驚魂未定，本能地想到了逃跑。他命堂兄安德王高延宗留守晉陽，自己則繼續出逃，本來他想投奔突厥，後來被部下勸阻，只得逃回了國都鄴城（今河北臨漳）。

由於高緯早已經失去了人心，晉陽的北齊守軍推舉高延宗為帝。

僅僅一天後，宇文邕就率軍來到晉陽城下，隨後立即指揮大軍攻城。由於北齊守軍有人叛變，北周軍很快就從東門攻入了城內，身先士卒的宇文邕一馬當先衝在了前面。

沒想到高延宗十分頑強，他立即率軍和另一名北齊將領分別從南北兩路夾擊入城的周軍，北周軍猝不及防，加之地形不熟，施展不開，頓時亂作一團，死傷慘重。宇文邕在北齊降將賀拔伏恩等人的幫助下才僥倖逃脫。

此時已是淩晨時分，剛剛逃生的宇文邕沒有顧得上休息，便馬上召集眾將，商議對策。時值嚴冬臘月，天寒地凍，經過數月連續作戰的北周軍早已十分疲勞，現在又遭遇了這樣一次慘敗，將領們大多產生了畏難情緒，紛紛建議撤軍。

關鍵時刻，大將宇文忻站了出來。

宇文忻也出身於關隴貴族，父親是西魏十二大將軍之一的宇文貴。他胸懷大志，年少時就曾放出豪言：自古名將，唯以韓、白、衛、霍為美談，吾察其行事，未足多尚。若使與僕並時，不令豎子獨擅高名也——自古名將，唯有韓信、白起、衛青、霍去病四人名氣最大。不過在我看來，他們的行為並不見得有多值得崇尚。如果使他們與我生在同一個時代，我一定不會讓他們獨得高名！

此時宇文忻的職務是開府、驃騎將軍，同時他也是楊堅的好友。他慷慨激昂地對宇文邕說，昨日只是因將士輕敵，稍有不利，何足為懷！大丈夫當死中求生，敗中取勝！如今破竹之勢已成，怎麼可以棄之而去！

齊王宇文憲和內史大夫王誼也贊成宇文忻的意見。

聽了他們的話，宇文邕也就不再遲疑，馬上下令集結部隊。黎明時分，一夜沒睡的宇文邕精神抖擻，再次親臨一線，指揮部隊全力攻城。晉陽城內的北齊守軍剛取得了一場久違的勝利，根本沒想到北周軍這麼快就捲土重來，因此毫無防備，哪裡是北周軍的對手？很快，晉陽就落入了北周軍的手中。稍作休整後，宇文邕命陳王宇文純（**宇文泰第九子**）留守晉陽，自己又馬不停蹄地率軍東進，向鄴城進發。

高緯早已亂了章法，也不知他腦子是怎麼想的，他竟然在這時把皇位傳給了自己八歲的兒子高恆，過了一把太上皇的癮。不久，聽說北周軍已經逼近鄴城，他又帶著幼帝慌忙出逃。皇帝逃了，人心散了，鄴城守軍哪裡還有什麼戰鬥力？不到一天時間，不費一點力氣，北周軍就輕鬆拿下了鄴城。

再看高緯，他先是逃到了濟州（今山東茌平），在那裡他宣布把帝位讓給在河北的任城王高湝（**高緯的叔叔**）——從今往後，高湝就是大齊國的法人代表，所有債權債務都歸他管，與我無關。

這樣一來，周軍就是要算帳，也應該會到河北找高湝去，放過我高緯這個普通百姓了吧！

想出了這個自以為是、自欺欺人、掩耳盜鈴的妙計，高緯感覺放心了不少，隨後他以蝸牛散步的速度，不緊不慢地繼續南逃，想要投奔南陳，不料很快就被北周追兵追上，成了俘虜。

高緯，這個不停逃跑的皇帝這下終於可以不用跑了。在高緯這個超一流敗家子手上，曾經強大的北齊以水庫決堤一瀉千里之勢迅速崩潰，僅僅三個月的時間就宣告了滅亡。

在這次滅齊之戰裡，楊堅的表現是怎麼樣的呢？

風雲際會露崢嶸

楊堅在這場戰爭中的表現，史書上幾乎沒有記載。可以想像，無論是和他的老朋友王誼、宇文忻，還是和死守平陽、一戰成名的梁士彥相比，他的表現實在是太不顯眼了。但楊堅的二弟楊整在此役中倒是非常壯烈，他身先士卒，奮勇殺敵，最終戰死在疆場，為國捐軀。

當然，憑藉元勳子弟和皇親國戚的身分，戰後論功行賞，楊堅還是如願以償地升官了——被晉封為柱國。不過，現在的柱國含金量已經沒有以前那麼足了——因為一年前宇文邕又設立了一個新的更高的爵位：上柱國。

首批被授予上柱國的只有兩個人——齊王宇文憲和蜀國公尉遲迥。他倆一個是皇帝的弟弟，一個是皇帝的表兄，又都是戰功卓著的名將，無論能力資歷還是來歷，都堪稱眾望所歸。

此次平齊之後，又有趙王宇文招（宇文泰第七子）、陳王宇文純（宇文泰第九子）、越王宇文盛（宇文泰第十子）、杞國公宇文亮（宇文泰侄宇文導之子）、梁國公侯莫陳芮（西魏八柱國之一侯莫陳崇之子）、鄭國公達奚震（西魏十二大將軍之一達奚武之子）、庸國公王謙（西魏十二大將軍之一王雄之子）、北平公寇紹（西魏開國元勳寇洛之弟）八人晉升為上柱國。

雖然和他們相比，楊堅的職位要略遜一籌，但這並不表明宇文邕對楊堅不夠重視。這一點從下面這個安排就可以看出來。

北齊皇帝高緯被俘後，在河北的任城王高湝（高緯的叔叔）、廣寧王高孝珩（高緯的堂兄）兩人卻依然不肯投降，他們臨時招募了四萬多名士兵，打算頑抗到底。宇文邕把這個清剿北齊殘餘勢力的任務交給了齊王宇文憲和楊堅，讓他們兩人率軍征討高湝。

當時大局已定，搭檔又是北周第一名將宇文憲。對楊堅來說，這顯然是一個既可以獲取軍功又沒有多大風險的好差事。果然，早已軍心渙散的北齊軍一觸即潰，一瀉千里，一敗塗地。宇文憲、楊堅兩人沒費多大力氣就擒獲了高湝、高孝珩，平定了河北。之後，楊堅留在了河北，擔任定州（治所今河北定州）總管，成為握有實權的一方諸侯。

按照《隋書》的記載，楊堅在定州的時候還發生了一件怪事。

不知道為什麼，定州城的西門在此之前一直都是關著的，從來沒有開啟過。據說有人曾向北齊文宣帝高洋建議，要求打開西門，以便於百姓行路。但高洋卻堅決不允許，還說了一句讓人摸不著頭腦的怪話：當有聖人來啟之——不能開，以後會有聖人來開這個門的。皇帝說的話自然是一言九鼎，從此再也沒人敢提開門的事了。

然而楊堅是剛從北周來的外地人，當然不清楚有這樣一回事，他到定州上任後，看見西門關著，想也沒想便馬上把它給打開了。對他來說，這是很自然的事。但定州的百姓們卻都驚呆了，他們馬上就聯想到了當年高洋說的話：原來這個新任的總管楊堅就是傳說中的聖人哪！

這事到底是不是真的？

我不知道。

可你說它是假的吧，正史上明明記載得清清楚楚。

我只知道，楊堅在定州待的時間不長，只有短短的十個月。

西元五七七年十二月，楊堅被調離定州，改任為南兗州（今安徽亳州）總管。之所以會有這樣的任命其實跟當時的形勢有關。

北齊滅亡後，看見北周一下子獨吞了這麼大的地盤，本想坐收漁翁之利的南陳皇帝陳頊坐不住了，也想分一杯羹。西元五七七年十月，他命大將吳明徹為帥，大舉出兵北伐，意欲奪取徐州、兗州等北齊舊地。北周徐州總管梁士彥率部迎擊，卻出師不利，只得退保徐州，固守待援。吳明徹則率軍把徐州城團團圍住，並引泗水（**當時是淮河的支流**）灌城，環列舟艦，日夜攻打。

北周帝國南線的形勢驟然緊張，毗鄰徐州的南兗州地位也一下子變得舉足輕重，亟需得力將領前往鎮守。經過反覆考慮，宇文邕決定由楊堅來當此重任。

不過，雖然這是平級調動，但楊堅的內心卻是一萬個不樂意。因為定州總管統轄有定州、冀州（治所今河北冀州）、瀛州（治所今河北河間）三州之地，這裡是北齊奠基人高歡起家的地方，也是北齊多年來一直重點經營的地方，經濟發達，人口稠密，地勢險要，兵精糧足，退可割據一方，進可謀取天下。而南兗州就大不一樣了，那裡地瘠民貧，又處於四戰之地，根本就不可能培植出自己獨立的勢力。這讓心懷野心的楊堅有些難以接受。

當時他的老朋友龐晃正擔任常山（今河北正定）太守，是他的下屬，楊堅便與他商議。此時此刻楊堅內心的想法，如果這世界上只有一個人知道，那肯定是龐晃。冒險家龐晃提出了一個大膽的建議：燕、代精兵之處，今若動眾，天下不足圖也——河北是出精兵的地方，如果我們在這裡起兵，取得天下簡直易如反掌。

龐晃的話雖然聽上去像天方夜譚，但細想一下，似乎也並非全無可能。因為當時北齊初定，各地叛亂頻仍；而如今南陳又大舉北伐，天下震動；北方的突厥也在蠢蠢欲動。如果此時楊堅造反，也未必完全沒有成功的希望。

但楊堅向來做事穩健，他要的不是成功的希望，而是成功的把握——如果沒有足夠的把握，他是絕對不會冒這個險的。他知道，自己在定州經營的時間不長，人心未附，羽翼未豐，這個時候起兵，失敗的可能性遠遠大於成功的可能性。於是，他握住了龐晃的手，說了四個字：時未可也——時機還沒到哇！

雖然有些不捨，有些不甘，有些不願，他還是決定去南兗州上任，待時而動。

沒過多久，時局就發生了翻天覆地的變化。

徐州被陳軍包圍後，宇文邕派自己的心腹愛將王軌領兵救援徐州。王軌做事很鬼，他沒有按常規直撲徐州，而是偷偷率軍攻佔了清口（今江蘇淮安碼頭鎮，當時位於泗水和淮河的交匯處），截斷了陳軍的退路。

吳明徹聽說後路被斷，大為震恐，加上久攻不下，糧草不繼，只得倉皇撤軍。沒想到撤軍途中中了北周軍的埋伏，南陳大軍除蕭摩訶、任忠、周羅睺等少數幾個將領突圍而出外，幾乎全軍覆沒，主帥吳明徹被俘。經此一役，南陳元氣大傷，基本失去了和北周爭奪天下的能力。

此時的宇文邕，躊躇滿志，豪情滿懷，壯志滿胸，他下定決心，要「平突厥，定江南，一二年間，必使天下一統」（《周書．武帝紀》）。

西元五七八年五月二十三日，宇文邕親率大軍，兵分五路，討伐突厥。遺憾的是，上天並沒有讓我們看到北周和突厥的這場對決。因為宇文邕剛出發不久，就得了重病，只得下令回軍。在返回長安的當天，他就與世長辭，年僅三十六歲。

天妒英才，造化弄人，在他即將登上巔峰實現夢想的時候，犀利的人生戛然而止，耀眼的巨星轟然墜下……

壯志未酬身先死，長使英雄淚滿襟。

坑爹極品宇文贇

宇文邕死後，被追諡為武帝，廟號高祖，二十歲的太子宇文贇隨即即位，是為周宣帝。

宇文贇一上台就顯示了他荒淫暴虐的本色。對於父親的死，他不但毫無悲色，反而破口大罵：死得太晚了！沒等宇文邕下葬，他就急不可耐地把父親為數不多的嬪妃全部據為己有。

隨後，他又舉起了屠刀，首先把目標對準了自己的五叔——齊王宇文憲。宇文憲戰功赫赫，威望極高，在諸王之中年齡又是最長，宇文贇對他非常忌恨，必欲除之而後快。經過與自己的心腹鄭譯、于智（西魏八柱國之一于謹的第五子）等人謀劃，他很快就有了主意。宇文贇派人召宇文憲等諸王入宮，進宮後，又宣宇文憲單獨覲見。宇文憲剛一進去，就被早已埋伏在此的武士抓住，五花大綁，押到宇文贇面前。

于智當場告發宇文憲謀反。宇文憲目光如炬，與于智爭辯起來：我為國盡忠，一心一意……于智沒聽他說完，就冷冷地打斷了他的話。宇文憲自知不免，只好把手裡的笏板怒擲於地上，長歎道：死生有命，我豈是貪生怕死之輩！遺憾的是我無法為老母親盡孝了。隨後他被當場縊死，時年三十五歲。這一天，距離宇文邕去世只有短短二十一天。

對於曾經說過自己壞話的王軌等人，宇文贇當然也不會放過。有一次，他故意問鄭譯：我腳上的杖痕，是誰幹的？鄭譯心領神會，馬上回答：是王軌、宇文孝伯這些人搗的鬼。隨後宇文贇馬上派人到徐州，捕殺了前不久剛剛擊敗南陳北伐軍、立下大功的新任徐州總管王軌。

其實王軌對他的悲劇命運早就有了預感，有人曾勸他利用地利之便投奔南陳以保全自己，但剛直的他卻斷然拒絕：忠義之節，不可虧違！怎麼能因為得罪了當今的皇帝就忘掉這些呢？我寧願在這裡等死！千年之後，人們會明白我的忠心的。

之後，宇文孝伯、宇文神舉等人也相繼被殺，宇文贇的另一名老師尉遲運則憂懼而死。

正所謂，新人當道，舊人挨刀。至此，當年宇文邕最信賴的心腹忠臣幾乎被誅殺殆盡。但這一切對楊堅來說，卻是極大的利多。

一方面宇文憲、王軌、宇文孝伯等人都是能力極強而且對他頗有防範的人，這些人死了，對他來說當然不是壞事——據說後來楊堅稱帝後還曾說過，宇文孝伯實有周之良臣，若使此人在朝，我輩無措手處也。另一方面，這些重臣不在了，也必須要有人填補他們的空缺。

誰會是合適的人選呢？

鄭譯他們嗎？

不行。這些人雖然有皇帝的信任，但向來地位不高，名望不行，戰功不顯，顯然鎮不住場面。

還有誰合適呢？

楊堅。

他是皇后的父親，當今的國丈，有戰功，有地位，有威望，而且既沒有像宇文憲一樣功高震主，也沒有像王軌那樣說過皇帝的壞話，更重要的是他還有女兒楊麗華給皇帝吹枕邊風，有老朋友鄭譯給皇帝說悄悄話。就這樣，楊堅順理成章地被調回了京城，升任上柱國、大司馬。

此時的宇文贇可謂志得意滿。對他嚴厲管教的父親宇文邕死了，對他嚴重威脅的五叔宇文憲死了，對他嚴重看不慣的王軌等人死了，他現在再也不用看別人的臉色，再也不用聽別人的話音，再也不用按別人的規則，可以隨心所欲、為所欲為了。

他的執政風格概括起來就是兩個字：折騰。

當年他祖父宇文泰曾經發布過著名的六條詔書——這也是西魏北周的立國方針，他一上任就發布了九條詔書，品質先不管，反正數量上是大大超過了。

他認為父親宇文邕當政時執行的法律《刑書要制》過於嚴格，便馬上將其廢除，還多次實行大赦，廣大犯罪份子很快就用實際行動對此按讚，一時間犯罪率強勢攀升，治安迅速惡化。於是他馬上又轉了一百八十度的大彎——重新頒布了一部新的《刑經聖制》，比以前的法律還要嚴苛得多，只要百姓小有過失，就動輒殺戮，搞得人心惶惶。

宇文邕提倡儉樸，生活上考慮不用錢；宇文贇崇尚奢華，享受上不用考慮錢。

宇文邕不好女色，所有嬪妃僅十餘人；宇文贇極其好色，光皇后就好幾個。

宇文邕工作勤奮，經常三更半夜不睡覺；宇文贇工作懶散，經常十天半月不上朝。

宇文邕做事穩健，總是謀定而後動；宇文贇做事隨意，總是一拍腦袋就幹。

宇文邕善於納諫；宇文贇獨斷專行。

宇文邕謙虛謹慎，宇文贇目空一切……

西元五七九年正月，宇文贇在原有的官制上，設置了地位最高、僅次於皇帝的四輔官——以越王宇文盛為大前疑，蜀國公尉遲迥為大右弼，申國公李穆為大左輔，楊堅則被任命為大後承。

這些名字到底是什麼意思？我不知道，估計連宇文贇也不知道——也許他覺得名字是什麼意思根本不重要，重要的是要酷，要有個性，要前無古人後無來者。

四輔官中，宇文盛是宗室，宇文贇對他頗有防範，並不信任；尉遲迥和李穆都已經垂垂老矣；相比之下，楊堅此時三十九歲，正是年富力強之時，而且宇文贇每次出巡，總是讓楊堅留守京城。楊堅在朝中的地位一下子變得舉足輕重。

西元五七九年二月，酷愛折騰的宇文贇又把皇位傳給了年僅七歲的太子宇文闡，是為北周靜帝，他自己則自稱天元皇帝，所居住的地方稱為天台。從此，他更加狂妄，所有的車服旗鼓都比以

前的皇帝多出一倍——太上皇了，當然要兩倍於一般的皇帝。

他不再稱自己為朕，而是自稱為天——兒子當了天子，他當然是天了！大臣們要朝見他，比見神仙還麻煩——必須先吃齋三天，淨身一天才行。

他還詔令天下，規定除他以外，任何人都不准用「天」、「高」、「上」、「大」四個字，所有名字裡有這幾個敏感字的都必須改掉。他還規定，除了宮中的女人以外，其他所有女子都不得化妝，不能畫眉，不能塗粉，更不能擦胭脂。

他遊戲無常，出入不節，有時凌晨出門，半夜回來；有時半夜出去，凌晨回來，搞得下屬們苦不堪言。

除了原先的天元皇后楊麗華外，宇文贇又一下子立了三個皇后，朱氏（**名朱滿月，出身低微，是靜帝宇文闡的生母**）為天皇后，寵妃元氏（**名元樂尚，開府元晟之女**）為天左皇后，陳氏（**名陳月儀，大將軍陳山提之女**）為天右皇后。

宇文贇對大臣們非常輕慢，只要他們稍微有一點點過錯，就動輒要被施以「天杖」。所謂天杖其實就是杖刑的最高級版本。一天杖就相當於一百二十杖，後來又增加到二百四十杖。這樣的重刑有多少人能承受得了？

宇文贇的殘暴讓朝臣們幾乎人人自危，只要他對誰一笑，誰的心就要狂跳；只要他對誰一看，誰的腿就要狂顫……總之，按《周書》上的說法就是：內外恐怖，人不自安。皆求苟免，莫有固志。

對輩分高而且有戰功的五個叔叔，宇文贇非常猜忌。西元五七九年五月，他徹底解除了他們的權力，把他們分封到各地去安度晚年。趙王宇文招被封到了襄國（今河北邢台），陳王宇文純被封到了濟南（今山東濟南），越王宇文盛被封到了武當（今湖北丹江口），代王宇文達被封到了上黨（今山西長治），滕王宇文逌被封到了新野（今河南新野）。就這樣，五王都被趕出了京城。

宇文贇自剪羽翼，他的岳父楊堅——其實現在應該稱首席岳父了，則成為此舉最大的受益者。他取代了越王宇文盛，成為位列四輔官之首的大前疑。另一名外戚司馬消難，此人是北齊元勳司馬子如之子，也是高歡的女婿，後因受到齊主高洋的猜忌，叛逃到了北周，他的女兒嫁給了靜帝宇文闡則成為大後承。

不過，宇文贇雖然殘暴，但並不是昏君，他也有自己的追求，那就是建功立業。西元五七九年九月，他任命老將鄖國公韋孝寬為行軍元帥，率杞國公宇文亮（宇文泰侄宇文導之子）、郕國公梁士彥等人南下，攻打南陳所屬的淮南之地。

韋孝寬多謀善算，策出無方，堪稱當時的第一智將。

三十三年前，他以八千人死守河東重鎮玉壁（今山西稷山），擋住了東魏丞相高歡率領的二十萬大軍，一戰成名。之後他一直鎮守在那裡，還曾用反間計除掉北齊名將斛律光，上平齊三策為滅齊提供戰略指導，可謂屢出奇計，屢建奇功。

韋孝寬出手，從來不失手，在他的指揮下，北周軍連戰連捷，勢如破竹，很快就攻佔了壽陽（今安徽壽縣）、廣陵（今江蘇揚州）等江淮要地。眼見北周軍來勢洶洶，一年前剛剛遭到重創的陳軍竟然不敢應戰，只是慌忙把淮南各州郡的部隊和百姓都撤到了江南，從此長江以北的土地盡歸於北周。

然而，就在周軍得勝班師的時候，南征軍中的副帥宇文亮卻反了。問題緣於宇文贇沒管住他的

下半身。

宇文亮之子宇文溫的老婆尉遲熾繁是尉遲迥的孫女，當時才十五歲，長得國色天香，漂亮非凡，有一次作為宗室貴婦進宮赴宴，被宇文贇看見，頓時驚為天人，心動不已。宇文贇沒有一絲猶豫，當場就強姦了她。得知這個消息，宇文亮大為憤慨——我為你奮勇殺敵，你污辱我的兒媳，為這樣混蛋的皇帝賣命實在是太沒道理！

一怒之下，他決定奪取主帥韋孝寬的兵權，起兵造反。然而由於消息洩露，韋孝寬提前做了防備，很快宇文亮就兵敗被殺。隨後宇文贇馬上殺了宇文溫，將尉遲熾繁納入後宮，不久又加封為皇后。

就這樣，他有了五個皇后。楊麗華稱天元大皇后，朱氏稱天大皇后，陳氏稱天中大皇后，元氏稱天右大皇后，尉遲氏稱天左大皇后。

且行且小心

宇文贇胡作非為，肆意妄為，朝令夕改，人心盡失，如此豈是長久之道？一個狂妄到把自己稱為天的人，離他去西天的日子還會遠嗎？

皇帝所幹的一切，身為朝廷首輔——大前疑的楊堅當然都看在了眼裡。

他開始為自己的未來謀劃。

他私下對自己的密友——時任大將軍的宇文慶說，天元皇帝沒積什麼德，看他的相貌，壽命也不會長。加之法令繁苛，沉迷聲色，我估計他的皇位長久不了。而且他把宗室重臣都外放到了地方上，羽翼都被剪除了，怎麼可能飛得遠呢？

隨後他又分析說，尉遲迥（時任相州總管）身為皇親國戚，有聲望，也有野心，一旦國家有變，他一定會作亂。但他智量有限，子弟輕佻，恐怕很難成功。司馬消難（時任鄖州總管）反覆無常，也很可能叛變。不過此人輕薄無謀，不足為患。王謙（時任益州總管）佔據巴蜀，地勢險要，易守難攻，但他素無籌略，只怕會被別人所利用。

這樣的話，如果不是洞悉朝廷人事，如果不是有足夠的遠見，如果不是有奪權的野心，怎麼可能說得出來？楊堅的野心，在他與另一位密友——時任司水大夫的郭榮的談話中表現得更為明顯。

郭榮的父親郭徽曾經和楊忠同事過，兩家是世交，郭榮年齡又和楊堅相仿，兩人是從小玩到大的髮小，一直關係很好。有一次，楊堅和郭榮在月下談心。楊堅說，吾仰觀天象，俯察人事，周曆已盡，我其代之——無論是從天象還是人事上來看，周朝都氣數已盡，我將會取代它。

楊堅何以有如此大的口氣？這與他這一年多來建立的巨大威望有關。

楊堅性格沉穩，目光遠大，而且思路清晰，做事果斷，頗有大將之風，他的執政風格得到了上至百官下至百姓的一致認可。這段時間，雖然宇文贇成天胡鬧，但朝政在楊堅的主持下，卻依然有條不紊，幾乎沒出什麼亂子。當初，宇文贇制定嚴苛無比的《刑經聖制》，楊堅曾多次委婉地勸諫，雖然最終沒被接受，但楊堅此舉也給大家留下了很好的印象。

楊堅的人脈也不可小覷。他出身關隴集團核心，與當時很多大族都有錯綜複雜的姻親關係。他和八柱國之一的李虎之子唐國公李昞是連襟；他的次女嫁給了八柱國之一李弼的孫子李長雅；他的

姐姐嫁給了北周元勳竇熾的侄子竇榮定；妹妹嫁給了北方大族隴西李氏的李禮成；他的二弟娶的是吳國公尉遲綱的女兒；三弟楊瓚娶的是周武帝宇文邕的妹妹順陽公主……

楊家的故舊，如今很多都官居要職，如時任并州總管的申國公李穆曾是其父楊忠的下屬，鄖國公韋孝寬則曾是其岳父獨孤信的好友……而楊堅的朋友更是遍布朝野。

楊堅這人有一個很大的特點——律己儉樸，待人豪放。

不過，隨著時間的推移，眼見自己的威望越來越高，眼見宇文贇越來越猜忌，楊堅也越來越擔心自己的安全，開始有了去地方任職以避禍的想法。他的朋友李諤極力勸阻：如今親王重臣都不在京城，正是隨國公您大展拳腳的時候，怎麼能輕易離開呢？楊堅這才改變了想法。

是呀，雖然說伴君如伴虎，但不入虎穴，焉得虎子？那麼，還是留在京城，且行且小心吧。然而沒過多久，令楊堅最擔心的事情還是發生了。

這事得從楊堅的女兒楊麗華說起。楊麗華溫柔敦厚，而且性情大度，從不嫉妒，在後宮中人緣很好，威望很高，其他幾個皇后和嬪妃們對她都很敬重。她自知管不了自己的夫君，一直都聽之任之，但現在看宇文贇鬧得越來越不像話，有時也難免會委婉地勸諫幾句。本來這也不是什麼大事，但宇文贇卻對此大發雷霆。

在宇文贇的那幾位皇后中，楊麗華出身最為高貴，也是唯一一個明媒正娶的，和宇文贇相處的時間也最久的，因此她對宇文贇不需要像其他幾位皇后那樣獻媚討好。她不僅不屈服於宇文贇的淫威，反而還據理力爭。沒想到，她的這一舉動竟然把宇文贇徹底惹毛了——他當場揚言要將楊麗華賜死。

關鍵時刻，楊堅在宮中布下的耳目發揮了作用，馬上這個消息就傳到了楊堅的府邸。這種後宮中的事，楊堅不方便出面，便讓夫人獨孤伽羅火速入宮。獨孤伽羅一看見女婿就苦苦求情，連連磕頭，求情求到聲淚俱下，磕頭磕到頭破血流。宇文贇這才勉強消了火氣，放過了楊麗華。

為這一點點小事，宇文贇為什麼會對楊麗華如此大動肝火？

顯然，宇文贇此舉是醉翁之意不在酒，指著月亮罵禿頭——他如此為難楊麗華，目的其實是楊堅。這段時間楊堅在朝廷中迅速坐大，已有功高震主之勢，讓宇文贇越來越不舒服，便故意借題發揮，藉楊麗華來警告自己的岳父。對於有可能威脅自己地位的人，宇文贇從來不會手軟——他連自己的親叔叔都敢殺，何況只是個岳父。

死神的腳步，已經逼近了楊堅。

果然，沒過多久，宇文贇又無緣無故地對楊麗華發飆了，末了他還狠狠地說，我一定要族滅你家。隨後，他立刻下令召楊堅進宮，對左右說，如果看到他神色有異，就立即殺掉他！

楊堅一入宮，就發現裡面甲士眾多，戒備森嚴，殺氣騰騰。宇文贇怒氣沖沖，臉色鐵青，目光狠狠地掃視著楊堅。

看到這一切，楊堅知道自己的處境已經危如累卵，只要稍有不慎就會人頭落地。但多年的歷練早就培養了他處變不驚、臨危不亂的本領。因此他依然從容不迫，一如平常。

無論宇文贇怎麼發火，他都鎮定自若，平靜如水。

無論宇文贇怎麼刁難，他都應對得體，毫無破綻。

蘇軾曾說過，天下有大勇者，卒然臨之而不驚，無故加之而不怒。毫無疑問，楊堅就是這樣的

有大勇者。面對無懈可擊的楊堅，宇文贇一時無法找到殺他的理由，只得暫時放過了他。楊堅就這樣逃過了一劫。

出宮之後的楊堅也嚇出了一身冷汗，他知道宇文贇如今對自己已經是無比不信任，已經是無比忌恨，已經是必欲除之而後快，倘若自己再繼續留在京城的話，肯定是凶多吉少，得趕快離開這個是非之地。

怎麼辦？要想遂此心意，唯有自己的老同學鄭譯。於是他找機會在出宮的路上截住了鄭譯，將其拉到僻靜處，偷偷對他說：我想到外面去鎮守一方，希望你幫我留意這樣的機會。鄭譯當即滿口答應：隨國公你德高望重，天下歸心。你託付的事情我怎敢忘記，放心好了。

對這件事，鄭譯是有把握的。因為他知道，宇文贇最近正在籌畫征伐南陳的事。

宇文贇不是個沒有追求的人，事實上，他一直想超過自己的父親——父親平定了北齊，統一了北方，他希望更進一步，消滅南陳，統一天下。

南征的總指揮，宇文贇打算讓鄭譯來幹，他希望鄭譯能像當年父親的親信王軌、宇文神舉等人一樣能在戰場上建功立業，徹底擺脫幸臣的形象。鄭譯乘機對宇文贇說，平定江東這麼大規模的行動，必須要有皇親國戚或朝廷重臣出面才鎮得住場面。我覺得隨國公比較合適，不如讓他去壽陽（今安徽壽縣），以督辦南征軍務。

宇文贇對鄭譯一向言聽計從，加之他早就對楊堅看不順眼了，所以沒有多想，當場就答應了。

西元五八〇年五月五日，楊堅被正式任命為揚州（治所今安徽壽縣）總管。接到任命的楊堅心情非常複雜，之前急著想離開京城，現在真要走了卻有些不甘心。以前他在京城，是僅次於皇帝的大前疑，如果去地方上卻成了一個普通的總管，這就相當於從總理變成省長，無論如何都會讓人感覺有些失落。

自己到底該不該走呢？他不由得陷入了思考。他覺得，人折騰多了容易短命。宇文贇荒淫無度，起居無常，生活毫無規律，這樣的人壽命估計不會長。如果他突然暴病身亡，自己在外地鞭長莫及，豈不是白白便宜了他人？思來想去，楊堅沒有馬上動身，而是宣稱自己得了足疾，需要養好病才能出發。

他的足疾是真的還是假的？

不知道。

反正他沒走，留了下來。

常言道，古之成大事者，不唯有超世之才，亦必有超出常人之運氣。正是楊堅這一有意無意的舉動，徹底改變了他的命運。

就在五天後的五月十日深夜，宇文贇突然心血來潮，決定出巡，到了天興宮（長安郊外的一座行宮）。這種事對宇文贇來說可以說是司空見慣——在他自己的眼裡，他是個神。

比如，前一年年底，他突然想起要去洛陽，便馬上下令啟程，他親自駕馬，日行三百里，還命令四位皇后（當時尉遲熾繁還沒有入宮）和自己並駕齊驅，一旦有人稍微慢了一點，他就大加譴責，搞得人馬勞頓，不時有人倒下。因此這次半夜出巡，誰也沒把它當回事。

就在出巡的第二天，宇文贇突然得了重病，便連忙下令返回長安。站著出去，躺著回來，剛回到宮裡，宇文贇就覺得自己不行了，便馬上下令把小御正劉昉、御正中大夫顏之儀兩人召進寢宮，

想讓他們擬定遺詔。

劉昉是鄭譯的好友，經歷也和鄭譯幾乎完全相同——同樣是宦宦子弟出身，同樣是宇文贇當太子時的舊友，同樣善於察言觀色，同樣極受宇文贇的寵幸。

顏之儀呢，本來是南方人，和弟弟顏之推（《顏氏家訓》的作者）兩人很小就有才名，西元五五四年年底西魏攻陷江陵，顏之推逃到了北齊，顏之儀則被擄到了北周，因其才華出眾被周明帝宇文毓任命為麟趾殿學士，後來周武帝宇文邕又讓他擔任侍讀，輔導太子宇文贇讀書，他和宇文贇朝夕相處多年，培養出了很深的感情。因此他雖然性情直率，屢屢進諫，但宇文贇依然非常信任他。

然而，等劉昉和顏之儀兩人進宮的時候，宇文贇已經進入了彌留之際，說不出話了。

第三章

乘勢而起，一飛沖天

餡餅還是陷阱

皇帝開不了口，遺詔該怎麼寫？

這個問題，劉昉沒有和顏之儀商量。因為他和顏之儀雖然同為皇帝的親信，但性情迥異，關係不佳，兩人就像油和水融不到一起去一樣，根本說不到一塊去。真正和他水乳交融不分彼此的鐵哥兒們是鄭譯。於是，劉昉偷偷溜了出去，找到了鄭譯以及另外三個朋友御史大夫柳裘、內史大夫韋謨、御正下士皇甫績。

柳裘本是南方人，後來江陵陷落後到了北周，曾擔任過太子侍讀；韋謨出自關中大族京兆韋氏；皇甫績是韋孝寬的外孫，自幼父母雙亡，由外祖父撫養長大，曾擔任過鄭譯的副手——小宮尹。他們都是宇文贇的親信近臣，也都是宇文贇當太子時的舊人，共事多年，關係極為密切。幾個人在密室討論遺詔的問題。繼承人是沒有問題的——宇文贇早就把帝位傳給了太子宇文闡。然而，宇文闡此時才八歲，治理國家則根本沒有可能，因此必須要有人輔政。

該由誰來輔政呢？

現在決定權就在他們手中，寫誰就是誰。當然，他們自己是不行的，畢竟他們只是皇帝的寵臣，沒有戰功，沒有資歷。

到底誰才合適呢？

鄭譯馬上想到了自己的老朋友楊堅。論公，楊堅曾擔任過僅次於皇帝的首輔——大前疑，地位高，威望高，名聲高；論私，他是當今小皇帝的外公——雖然只是名義上的。當然，最最重要的是，鄭譯認為楊堅是自己人。「自己人」三個字，在中國古代，常常是決定一個人仕途升遷的最重要因素。鄭譯這麼一說，劉昉等人都表示贊成。

是呀，宇文贇過世，他們這幫先帝近臣就失去了靠山，如果按常理讓皇族宗室攝政，這些人未必會對自己感恩戴德，更何況宇文宗室中年齡最長、威望最高的五王都不在京城；而讓楊堅當輔政大臣，楊堅必然會感激他們的擁戴之功，他們也必然能永保富貴。五個人很快就達成了一致意見。

隨後，他們找到了楊堅。楊堅對此毫無準備，不肯接受。

幸福來得太過突然，就總是會讓人難以相信——到底是餡餅，還是陷阱？他一時無法判斷。

柳裘忙說，時不可再，機不可失。天與不取，反受其咎。隨國公你別猶豫了，否則就來不及了。

楊堅還是沒有表態。

劉昉急了，情急之下，他忍不住脫口而出：你要是想幹，就趕快，不然我就自己幹了！這下楊堅放心了，劉昉等人的急迫態度告訴他，這一切肯定不會有假。如此千載難逢萬年難遇的好機會怎麼可以錯過？

想到這裡，他沒有再猶豫，立即答應了下來。隨後他以受詔侍疾的名義入宮。在宮中的永巷東門，正好遇到了老熟人來和，楊堅連忙問他：我無災障不？——我沒有災難吧？

來和回答，公骨法氣色相應，天命已有付屬——隨國公你的骨法氣色決定了你的命運，上天已經安排好了。

其實細想一下，就會發現這句話說了跟沒說一樣——無論是楊堅發跡當皇帝，還是倒楣被砍頭，都可以說得通。這就是來和的語言藝術，這也是古今中外所有裝神弄鬼者的語言藝術。不過，

在當時的氣氛下，在當時的楊堅聽來，來和的這句話還是很舒服的——天命已有付屬，看來我是應了天命了。如此一來，楊堅的心一下子定了不少。

而就在他進宮的當天，宇文贇就去世了，年僅二十二歲。劉昉、鄭譯等人秘不發喪，隨即起草詔書，任命楊堅為總知中外兵馬事（**大致相當於三軍總司令**）——槍桿子裡出政權，要想成功掌權，首先當然要掌軍。

劉昉等人簽字後，又讓顏之儀在上面署名。

顏之儀知道這肯定不符合宇文贇的本意——憑藉他和宇文贇的關係，他當然知道宇文贇生前最不想見到的就是楊堅，怎麼可能讓他當此重任？因此他堅決不肯簽字，把筆一扔，厲聲說道，先帝駕崩，嗣子年幼，擔當顧命重任的應該是宗室親王，如今宗室中趙王年紀最大，不管是論品德還是論和皇帝的關係，他都是輔政的唯一人選。你們這些人受先帝重恩，竟然吃裡扒外把權柄送給一個外人。我寧可死，也不能做這種對不起先帝的事。

劉昉知道顏之儀是一個認死理的人。於是他不再跟顏之儀多費口舌，只是冷笑一聲，找人代簽了事。顏之儀隨即被軟禁起來。就這樣，楊堅掌握了禁衛軍的指揮權，牢牢地控制了宮中的局勢。

事情進展得如此順利，楊堅的女兒楊麗華也功不可沒。雖然宇文贇立了五個皇后，但她畢竟是太子妃出身的原配，在後宮中威望最高，身分最貴，如今自然是後宮當仁不讓的主宰。對於自己的父親，她當然是要全力支持的。後來楊堅追憶這段往事時就曾說過：公主有大功於我。

此時的楊堅腦子不停地計算，不停地思考——雖然如今自己已經控制了宮中，但這只是完成了第一步而已。下一步他要物色幾個真正的人才做自己的幫手。事實上，他早就看中了兩個命世奇才。

一個是李德林。

李德林本是北齊人，此人自幼就聰穎無比，被視為神童，是北齊著名的才子，北齊名臣高隆之、楊愔、魏收等人都對他推崇備至。後來他曾先後擔任通直散騎常侍、中書侍郎等職，還曾和另一位名士顏之推兩人同掌文林館（**大致相當於後世的翰林院**）。

周武帝宇文邕對他也極為看重，在平定北齊後的第一時間就派人給他送去了一封親筆信。信上說，平齊之利，唯在於爾。朕本畏爾逐齊王東走，今聞猶在，大以慰懷，宜即入相見。——平齊最大的好處，就是得到了你。我本來怕你跟齊主一起走了，現在聽說你還在鄴城，非常開心，請你馬上過來和我相見。

隨後李德林被接入宮中，宇文邕留他住了整整三天，與他探討軍國大事，兩人交談甚歡。之後他被任命為內史上士、御正下大夫等職，參與機密。然而好景不長，僅僅過了一年多，宇文邕就去世了，而宇文贇上台之後重用自己當太子時的故人，李德林受到了冷落，一直鬱鬱不得志。

就在李德林長吁短歎、感慨懷才不遇的時候，楊堅派自己的堂侄邗國公楊惠（**後改名楊雄**）找到了他，給他帶去了自己的口信：朝廷賜令我總管國事，責任重大。想與你共事，請勿推辭。

彷彿長夜見光明，楊堅這句話讓失意已久的李德林感動萬分，胸中頓時升起了一股士為知己者死的豪情，他激動地說道，必以死奉公！

另一個是高熲。

高熲自稱出自河北大族渤海高氏（**注意「自稱」兩個字**），其父高賓原本是東魏的諫議大夫，因避讒言而逃到了西魏，成為楊堅岳父獨孤信的親信僚佐，被賜姓獨孤氏。後來獨孤信被殺，妻兒

都被流放，很多人對獨孤家避之唯恐不及，只有高賓一家依然不忘故主，經常和獨孤伽羅來往。疾風知勁草，患難見真情，楊堅夫婦也因此和高家父子結下了很深的友情。

高熲十七歲出仕，擔任齊王宇文憲府上掌管文書的記室。後來又歷任內史上士、內史下大夫等職，周武帝平齊後，他升任開府，之後他又跟隨越王宇文盛征討稽胡，立有戰功。

當時高熲的職位並不高，名氣也不大，但楊堅慧眼識人，認為此人能謀善斷，文武雙全，是不可多得的奇才，想延攬他為自己所用，便讓堂侄楊惠找到了高熲。楊惠把來意一說，一直在懷才等遇的高熲立即欣然應允：願受驅馳。即使大事不成，我高熲滅族也在所不惜。

在得到李德林和高熲的支持後，楊堅信心大增。

接下來，楊堅又想起了宇文贇的五個叔叔：趙王宇文招、陳王宇文純、越王宇文盛、代王宇文達、滕王宇文逌。這五人不僅在皇族中輩分最高，聲望最大，而且都曾領過兵，打過仗，立過軍功，具有很大的號召力，一旦他們在外擁兵作亂，那麻煩可就大了。

經過仔細考慮，楊堅決定把他們全都召到京城來，仍然讓劉昉等人假借宇文贇的名義下詔，以趙王的女兒千金公主即將遠嫁突厥（**這是前一年就定下來的**）為名，請五王回京觀禮。這理由合情合理，五王毫不懷疑就回來了。

此時楊堅面臨的另一個關鍵問題是他的官職——到底他應該以什麼樣的名義來輔政呢？

劉昉等人提出的方案是：楊堅做大塚宰，劉昉任小塚宰，鄭譯為大司馬。

自從宇文護死後，大塚宰這一職位的權力就大不如前，而劉昉、鄭譯兩人一個想當自己的副手，一個想掌握兵權，這不是架空自己的節奏嗎？

對這樣的安排，楊堅當然是不滿意的。

怎麼辦？

他找到了李德林。李德林斬釘截鐵地說，您的職務必須是大丞相、假黃鉞、都督中外諸軍事，缺一不可。至於劉昉、鄭譯，可以讓他們當相府長史和相府司馬。楊堅連連稱善。

隨即他把這一決定告知劉昉、鄭譯兩人。劉昉、鄭譯兩人頓時傻眼了。他們之所以要冒險讓楊堅輔政，本來就是想和楊堅平起平坐、分享權力的，現在倒好，居然成了楊堅的下屬。

本以為楊堅會知恩圖報，沒想到卻是過河拆橋。然而，他們再不甘心，再不情願，又能怎麼辦呢？楊堅位望隆重，名聲顯赫，且如今已掌握兵權；相比之下，他們實力有限，既無縛雞之力，也無尺寸之兵，更無半點功績，拿什麼跟楊堅相抗衡呢？以前他們一直是依附皇帝，現在皇帝已經死了，如今如果不依附楊堅，他們能否生存，恐怕都是一個問題。

楊堅可以成龍成鳳，但他們永遠只能攀龍附鳳。

騎虎之勢

經過反覆的考慮和無數遍的沙盤推演後，楊堅終於覺得計畫已經完備，幾乎完美。他感到一切都已經盡在掌握，這才安排正式為宇文贇發喪。這一天是西元五八〇年五月二十三日，距宇文贇去世，已經過去了整整十二天。

宇文贇被追謚為宣帝。隨即，小皇帝宇文闡入居宣帝所住的天台，後宮也再次改封，楊麗華改稱皇太后，宇文闡的生母朱滿月改稱帝太后，宣帝的另外三個皇后陳月儀、元樂尚、尉遲熾繁就沒有那麼好的運氣了——全部被迫出家為尼。

三天後的五月二十六日，按照所謂的遺詔，楊堅被任命為假黃鉞、左大丞相，節制百官，漢王宇文贊（宇文邕次子）則被任命為右大丞相。

之所以會設置兩個丞相，楊堅也是費了一番心思的。他認為，如果自己一下子就做唯一的大丞相，未免顯得太過高調，意圖暴露得太過明顯，容易給人口實，因此他才把宇文贊抬出來，跟自己並列，以掩人耳目。

不過，饒是如此，當文武百官在朝會上聽到這一消息，還是大為震驚。皇帝死了，輔政的竟然不是宇文宗室，而是楊堅。楊堅擔任的職位竟然還是丞相！

丞相這一職位已經幾十年沒有出現過了，而且自從曹操以後，丞相幾乎就是獨裁的代名詞。擔任過丞相的曹操、高歡、宇文泰、陳霸先，他們或者他們的後代都曾幹過同一件事——篡位！

楊堅到底想幹什麼？

還沒等他們回過神來，更令他們震驚的一幕發生了。剛上任的丞相楊堅宣布，正陽宮改為丞相府。隨後他帶著左右下殿，昂首闊步前往正陽宮。百官全都驚呆了。要知道，正陽宮是小皇帝宇文闡之前的住處。一個臣子去皇帝住過的宮殿辦公，這不是僭越是什麼？

事情發生得如此突然，官員們一時間都不知所措，他們有的聚在一起竊竊私語，有的想跟著楊堅走，有的想拔腿開溜。

想溜？

沒那麼容易。

楊堅的親信將領盧賁（他是楊堅當大司武時的老部下）帶領全副武裝的禁衛軍早已把住了門口和所有的通道，他們全都披掛整齊，手握刀槍，橫眉怒目，殺氣騰騰。盧賁雙目圓睜，厲聲喝道：要富貴的請跟隨！

如此一來，官員們顯然已經別無選擇——無論如何，跟著楊堅總比頂著刀尖要好受些，低一下頭總比被砍掉頭要舒服些。於是，他們只好跟在楊堅等人的後面，一起前往正陽宮。

等楊堅領著百官浩浩蕩蕩來到正陽宮，又出現了新問題。正陽宮守門的門衛不肯開門。盧賁先向他們說明情況。門衛依然不聽。這下盧賁火了，立即大聲怒斥，手下的禁衛軍也都圍了上來，做出一副要動武的樣子。見對方動真格了，門衛慌了，只好乖乖打開大門。楊堅隨即進入正陽宮，在那裡召見百官，召開了新內閣的第一次全體會議。

同時，楊堅的大丞相府也正式掛牌成立，鄭譯被任命為相府長史，劉昉為相府司馬，李德林任丞相府屬，高熲任相府司錄，盧賁則掌管相府宿衛。

不過，按照所謂遺詔的任命，丞相府的主人並不只是楊堅一人，還有一個漢王宇文贊。宇文贊當時還不到二十歲，年輕不懂事，楊堅把他抬出了撐場面擔任右丞相，結果他還真把自己當回事了，每天都準時到正陽宮上班，和楊堅同帳而坐。雖然這小子沒什麼頭腦，但楊堅還是覺得他礙手礙腳。

怎麼才能趕掉這個不識相的傢伙呢？楊堅把這一任務交給了劉昉。

對付宇文贇這種貪玩好色的紈褲子弟，劉昉經常送他各式各樣的寶貝，還教他玩各式各樣的花招。劉昉果然不負所託，很快地和宇文贇混得爛熟。

有一次趁宇文贇玩得正 high 的時候，劉昉對他說：小皇帝如今才八歲，屁都不懂，怎麼能治理國家？大王您是先帝最年長的弟弟，可謂眾望所歸，皇帝的位子非您莫屬。只是現在先帝剛死，人心還不穩定。您在這辦事，萬一出了差錯，豈不是損害了您的名譽？我覺得您不如先回自己的府第，過一段時間我們一定會迎立您當天子的，這才是萬全之計呀。沒腦子的宇文贇竟然信以為真，屁顛屁顛地帶著劉昉送的一幫美女回家了。

看到這裡，我想。大家一定可以理解宇文邕當年為什麼不肯廢掉宇文贇太子位置的原因了吧。

宇文贇回家後，名義上的兩個丞相徹底變成了楊堅一人專權。為了穩定人心，楊堅修改了宣帝時的嚴苛法令，為政務從寬大，又大力提倡節儉，並且身體力行，這些措施都得到了朝野上下的一致好評。之後，他又下令恢復佛、道二教，為自己贏得了宗教界的支持。

但楊堅對接下來的局勢還是有些擔心。心事重重的他找到了太史大夫庾季才：我才德平庸，如今卻擔當了顧命重任。從天時來看，你覺得怎麼樣？

庾季才向來以善觀天象聞名於世，這回卻說了句實在話：天道精微，一時難以看清。接著他又說道，我只能從人事上來分析，即使我跟您說天時對您不利，隨國公您還能退回去做許由嗎？——許由是上古時代的賢人，傳說堯帝要讓天下給他，他堅辭不就，還連夜逃進箕山，隱居不出。

聽了庾季才的話，楊堅沉默了。很久很久之後，他才說出了四個字：誠如君言——你說得對。

楊堅的心事，他的夫人獨孤伽羅也看出來了。她勉勵自己的丈夫說，大事已然，騎虎之勢，必不得下，勉之！——事情到了這一步，已經是騎虎難下了，你就努力去做吧！成功了，我陪你一起主宰天下；失敗了，我伴你共赴黃泉。

望著妻子那剛毅如鐵的眼神，楊堅徹底下定了決心。如今的他已經不可能再後退一步，任何退路都是死路，他只能破釜沉舟，一往無前。從此，楊堅再也沒有任何猶豫，目光更加自信，步伐更加堅定。

轉眼到了六月初，宇文招等五王相繼回到了長安。這時，他們才知道，京城已徹底變天了——宇文贇已經去世，楊堅成了輔政的丞相。

這樣的局面，他們怎能甘心？然而此時的楊堅早已控制了整個京城。他們再不甘心，也只能無奈地接受楊堅的安排。

現在，真正讓楊堅擔心的是各地的諸侯。尤其是時任相州（治所今河北臨漳）總管的蜀國公尉遲迥。

韋孝寬神奇脫險

尉遲迥是北周創始人宇文泰的外甥，此時已經六十五歲，他資歷很深，很早就跟隨舅舅宇文泰四處征戰，戰功卓著，西元五四九年他就已擔任了尚書左僕射，翌年又升任大將軍。西元五五三年他曾作為主帥率軍奪取了原屬南朝的蜀地，大大增強了西魏的實力。西元五五七年，北周才剛建

立，他就升任柱國——這比楊堅的父親楊忠還要早一年；五五九年他和達奚武、楊忠等人一起被加封為國公，他的爵位是蜀國公。

宇文邕時期，他和齊王宇文憲是最早晉封上柱國的兩個人——那時候，楊堅還只是個大將軍。周宣帝宇文贇即位後，尉遲迥出任相州總管，最初設立四輔官的時候，他擔任的是大右弼，依然位在楊堅之前。現在，楊堅這個小字輩一步登天當了丞相，尉遲迥當然不可能沒有想法。這一點，楊堅也很清楚，所以他對尉遲迥非常不放心。

是呀，尉遲迥資格老，戰功高，又是皇親國戚，其實力更是不容小覷——他坐鎮北齊故都鄴城（今河北臨漳），管轄範圍包括相州、冀州、滄州、瀛州等河北九個州，加上其侄尉遲勤所統的青州、齊州等五個州，幾乎相當於原先的半個北齊。

該怎麼對付尉遲迥這個心腹大患？楊堅一直在苦苦思索。經過反覆考慮，最後他打算像對付五王一樣把尉遲迥騙回京城——只要尉遲迥到了自己控制下的長安，那一切就好辦了。

然而還有一個問題，如果尉遲迥回來了，相州這個原北齊的京畿重地應該派誰去鎮守？誰才有足夠的威望能鎮得住尉遲迥那些桀驁不馴的老部下？

這個人選，楊堅早已準備好了。那就是老將韋孝寬——在此之前他已經取得了韋孝寬的明確支持。當時大局未定，人心不穩，很多人都在觀望，韋孝寬為什麼會站在楊堅一邊？

史書上沒講，我個人猜測也許有這麼幾個原因：韋孝寬雖然屢建奇功，但作為關中大族出身的漢人，似乎一直有些邊緣化，並沒有得到足夠的信任——從宇文泰時期到宇文邕平齊，整整三十多年他一直以州刺史的身分鎮守玉壁就是明證。而他直到西元五六四年才晉封柱國，五七〇年才封鄖國公。

這比很多代北出身且資歷和他相當的人要晚很多，因此他對宇文家族的感情也許並不是很深。

此外，他的外孫皇甫績、族人韋謨都參與了擁戴楊堅的行動，對他肯定也有一定影響。或者也可能是他年輕時和獨孤信關係很好，所以願意幫助楊堅這個獨孤信的女婿。當然也有可能是漢人的民族意識讓他選擇了楊堅。

不過，不管出於什麼原因，其結果都是一樣的——韋孝寬選擇的是堅決支持楊堅。這對楊堅來說非常關鍵。

再看楊堅。

為了把尉遲迥弄到京城，楊堅可謂煞費苦心。

他找的理由是讓尉遲迥回京參加周宣帝的葬禮——這是個好藉口，身為皇親，參加皇帝的葬禮是很正常的；派去傳詔的則是尉遲迥之子魏安公尉遲惇——這是為了表明他的誠意和信任，如果不信任，早就把你兒子扣為人質了。

尉遲惇出發後，他又任命韋孝寬為新任相州總管，前去接替尉遲迥。然而，楊堅的如意算盤還是落空了。尉遲迥畢竟是老江湖，對於楊堅的用意，他一下子就看出來了——這不明擺著是要奪自己的兵權嗎？

對於楊堅，他本來就很不服氣。論資歷，自己是楊堅的父輩；論關係，雖然楊堅是外戚，可自己不僅同樣是外戚，還是太祖的外甥；論戰功，楊堅和自己比就彷彿壁虎比鱷魚，根本不是一個檔次。他怎麼能甘心屈居楊堅之下？

而現在楊堅這麼幹，等於把他徹底逼上了絕路。因此他打定主意，決心起兵造反。不過，表面

上他依然不動聲色，還派部將賀蘭貴拿著他的親筆信前去迎接韋孝寬。尉遲迥的想法是把韋孝寬騙到鄴城，第一選擇是拉攏他，萬一拉攏不成，便殺了他，反正絕不能讓他被楊堅所用。韋孝寬的處境一下子變得無比凶險。

在朝歌（今河南淇縣），賀蘭貴遇到了韋孝寬。韋孝寬從賀蘭貴的話語中準確地猜測到了異常信號。於是他對賀蘭貴說，我年紀大了，身體不好，這幾天老毛病又犯了，所以只能慢點走，賀蘭將軍你先回去覆命吧，免得尉遲公著急……

要論頭腦，賀蘭貴和韋孝寬完全無法比，所以被韋孝寬的迷魂湯一灌，賀蘭貴就真的先回鄴城向尉遲迥彙報去了。之後韋孝寬更加謹慎，一面故意放慢速度，一面派人以求醫問藥的名義前往鄴城打探消息。

而賀蘭貴回去後，老道的尉遲迥一聽便明白了：韋孝寬這個老狐狸一定是在觀望，才故意拖延行程的，必須打消他的懷疑。他馬上又派出了另一個人：韋孝寬的侄子韋藝——侄子的話，你總該信了吧。

韋藝時任魏郡太守，是尉遲迥的鐵杆心腹。很快，韋藝就在湯陰（今河南湯陰）見到了韋孝寬。韋孝寬向他打探情況，韋藝當然不會告訴他實情。

而韋孝寬卻不斷地追問，韋藝哪裡招架得住，支支吾吾地露出了不少破綻。

韋孝寬把臉一沉：韋藝，你為何不說實話？

韋藝的臉一下就紅了：叔父，這，這從何說起？

韋孝寬把桌子一拍，厲聲喝道，韋家不能因為你而被滅族。隨後他吩咐左右把韋藝拉下去斬了。見叔叔動了真格，韋藝再也不敢抵賴，只好把相州的真實情況一五一十全部告訴了韋孝寬。

這下子韋孝寬全都明白了，當即嚇出了一身冷汗，湯陰離鄴城只有七八十里地，要是尉遲迥派兵來追，那可就麻煩了。他一分鐘也不敢耽擱，立即帶上韋藝，趕緊返回。

每到一個驛站，他就把驛站所有的馬匹都一起帶走，並且吩咐說，蜀國公的人馬上就會到。請備好酒菜，好好招待，務必使他們喝得高興，不醉不歸。否則軍法從事！

韋孝寬在當時的北周是神一樣的傳奇人物，他說的話，這些驛站的人怎麼敢不聽？

果然不出韋孝寬所料，他們前腳剛剛離開驛站，尉遲迥部下的大將梁子康就率領數百名精騎趕到了。梁子康是尉遲迥派出的第三個人，尉遲迥給他的命令是：不管用什麼方法，無論如何也要把韋孝寬給抓回來。

到了驛站，梁子康本想要換馬，然而他驚奇地發現，驛站裡居然連一匹馬也沒有。還沒等他反應過來，就被驛站的人一把拉住了：您一定要吃飽喝足了再走。梁子康本來想要拒絕，但一看那飯菜實在是太奢華了，各種珍饈，應有盡有，加上趕了半天路，肚子早已餓了。於是梁子康改變主意，答應留下來吃完飯再走。

他本來不想喝酒，可對方卻不停地勸，盛情難卻，梁子康只好耐著性子喝了幾盅，然而對方還不肯甘休：您要不喝醉，主人該有多慚愧！

無奈，梁子康只得再喝了幾盅……

等到酒足飯飽，一看時間，我的天哪，兩個時辰過去了，梁子康不敢再耽誤，趕緊騎著疲憊不堪的馬繼續上路。

到了下一個驛站，同樣的事情又發生了……就這樣，梁子康走走停停，停停走走，而且人是醉的，馬是累的，怎麼可能趕得上韋孝寬？韋孝寬也因此得以順利地脫離了險境。

不過，韋孝寬並沒有直接回長安，而是留在了洛陽布署防守，因為他知道洛陽的重要性，一旦洛陽這樣的大城市落入尉遲迥的手中，影響可就大了。同時，他馬上派人回長安向楊堅報告，並主動請命討伐尉遲迥。

幾乎就在同一時間，計部中大夫楊尚希也向楊堅反映了同一情報。

楊尚希本是被宇文贇派去巡視關東地區的，宇文贇去世的消息傳到相州的時候，他正好也在那裡，作為朝廷的欽差大臣便和尉遲迥一起為宇文贇發喪。敏感的他當時就發現了問題，回去後對左右說，蜀國公表面上在哭，但他的眼裡根本看不到悲哀，只有不安。我覺得他肯定有異心。如果我不走，就會遭難了。當天夜裡他就從小路逃回了長安。

三方叛亂

聽了韋孝寬和楊尚希的彙報，楊堅對尉遲迥的動向已瞭若指掌，不過此時他還不想大動干戈，便派自己的心腹破六韓裒前往鄴城安撫尉遲迥，大致意思是：韋孝寬身體有恙，來不了相州。所以您就不必來長安了，繼續當相州總管吧。

然而楊堅給破六韓裒的真正任務，卻是要他暗中聯繫相州總管府長史晉昶等人，讓他們找機會偷偷幹掉尉遲迥——晉昶是楊堅的老朋友。但尉遲迥畢竟老謀深算，對楊堅的意圖洞若觀火——哼，你會有這樣的好意？誰信！我若當真就是天真！

他裝作若無其事，暗中卻讓人嚴密監視破六韓裒，很快就發現了他們的密謀，隨即他果斷行動，殺掉了破六韓裒、晉昶等人。

殺了朝廷派來的使者，造反的意圖當然是再也無法掩蓋了。於是，尉遲迥登上鄴城城樓，召集文武士民，慷慨激昂地發表了動員演講：楊堅以凡庸之才，藉後父之勢，挾幼主而令天下，威福自己，賞罰無章，不臣之心，路人皆知。我位居將相，與國舅甥，同休共戚，義由一體。焉能坐視不管！……

他的演講極富鼓動性，一時間現場掌聲雷動，殺聲震天，呼叫聲驚天動地，吶喊聲震耳欲聾。之後尉遲迥當場宣布奉趙王宇文招的小兒子（**宇文招入朝後，其幼子留在了封地襄國，即今河北邢台**）為主，自稱大總管，設置百官，正式起兵造反。

消息傳到長安，楊堅並沒有感到慌張，這一切他其實早有預料——該來的終於來了。他深吸了一口氣，來到丞相府後的院子裡。他腦子裡浮現了一個念頭，事到如今，自己已經沒有任何退路，只有全力以赴，闖出一條血路！

他立刻以皇帝的名義下詔任命韋孝寬為行軍元帥，以郕國公梁士彥、樂安公元諧、化政公宇文忻、濮陽公宇文述、武鄉公崔弘度、清河公楊素、隴西公李詢七人為行軍總管，出兵討伐尉遲迥。

這是楊堅所能動用的最強陣容，也是他所能投下的最大賭注。

這七位行軍總管中，梁士彥、宇文忻兩人在平齊時就已大放光彩，如今梁士彥官居上柱國，宇文忻則是柱國；元諧是楊堅在太學時的同窗好友，後來憑藉軍功升任大將軍，楊堅輔政後，把他引致左右，非常倚重，崔弘度，出身於頂級士族博陵崔氏，容貌魁偉，膂力過人，在平定北齊、攻打淮南等幾次大戰中均屢建戰功，此時的職位是上大將軍；李詢是申國公李穆的侄子，時任大將軍。

宇文述也是將門之子，其家族和北周皇族一樣出自代北武川，不過雖然既是同姓又是同鄉，但他這一支和北周皇族卻並沒有任何血緣關係，據說其遠祖本姓破野頭，因役屬於鮮卑宇文部的首領宇文逸豆歸（**北周奠基人宇文泰的五世祖**）而改姓宇文氏。宇文述之父宇文盛曾任鹽州刺史，後因向宇文護告發獨孤信、趙貴謀反而飛黃騰達，官至大宗伯。

宇文述本人不僅弓馬嫻熟，驍勇過人，而且處事圓滑，八面玲瓏，宇文護主政的時候他是宇文護的親信，宇文邕親政後他也照樣受信任，先後擔任左宮伯、英果中大夫等要職，如今楊堅做了丞相，他搖身一變又成了楊堅的死黨，此次也被委以重任。

七總管中，對後來的隋朝影響最大的是楊素。他出身於北朝著名的官宦世家弘農楊氏，他少年時大大咧咧，不拘小節，因此當時人都不看好他，只有其堂祖父西魏太子太傅楊寬非常器重他：楊素不是一般的人！

長大後的楊素一表人才，尤其是有一把跟關羽一樣漂亮的長鬚，更顯得氣度不凡，除了長得帥，他還多才多藝，能文能武，書法、文章、騎射、泡妞樣樣精通。憑藉世家子弟的身分，他很早就出仕了，先後擔任記室、禮曹、大都督等職，但他真正嶄露頭角卻是在其父楊敷去世後。

楊敷當時擔任北周汾州刺史（治所今山西吉縣），在西元五七一年的汾北一戰中，他被二十倍於己的北齊軍包圍，率部死守孤城數十天，因內無糧草外無救兵不得已出城突圍，但最終還是寡不敵眾兵敗被俘，之後他堅貞不屈，拒絕了北齊的多次招降，不久就憂憤而死。楊敷只是一個小州刺史，職位並不高，而且畢竟是打了敗仗，又沒有戰死疆場，因此楊敷死後沒有得到任何朝廷的追封。

楊素對此卻憤憤不平——父親為國家奮戰到了最後一刻，怎麼能這樣被忽視。他決心為父親爭得該有的榮譽，便多次向皇帝宇文邕上表申訴。宇文邕駁回了他的申請——一個敗軍之將，還要什麼追贈！

楊素是那種不達目的不甘休的人，便一而再再而三不停地上表。宇文邕終於被惹煩了，一怒之下，宇文邕揚言要殺了他。沒想到楊素依然毫不屈服，還大聲說道，臣事無道天子，死是應該的！寧可死也要為父親爭得榮譽，楊素那種「道之所在，雖千萬人吾往矣」的非凡勇氣震懾了宇文邕，他覺得這個年輕人非常不簡單，不由得對他刮目相看。於是他當場答應了楊素的要求，追贈其父楊敷為使持節、大將軍，譙、廣、復三州刺史，謚忠壯，並且加封楊素為車騎大將軍、儀同三司。從此，宇文邕對楊素日漸器重，還經常讓他撰寫詔書，每次楊素總是一揮而就，辭意兼美文采卓然。

宇文邕對其非凡的才華極其欣賞，便鼓勵他說，善相自勉，勿憂不富貴——努力吧，不要擔心將來得不到富貴。

楊素的回答卻出人意料：臣但恐富貴來逼臣，臣無心圖富貴——我無心追求富貴，只怕富貴會來逼我。

這就是楊素，一個自信到自負的人，一個狂放到狂妄的人。

西元五七五年宇文邕率軍第一次伐齊的時候，年輕氣盛的楊素自告奮勇擔任先鋒。做一個起草詔書的文人不是他的目標，他要的是征戰沙場建不世之功。他要的是上馬擊狂胡，下馬草軍書。第二年他又參與了平齊之戰，戰後被加封為上開府，之後先後在王軌、韋孝寬的麾下與南陳作戰，屢建戰功。楊堅任丞相後，善於站隊的楊素很快就投入了楊堅的懷抱，頗受信任，這次也被任命為行軍總管。

七位行軍總管中，宇文忻曾隨韋孝寬鎮守玉壁，梁士彥、崔弘度、楊素則在周宣帝時期曾跟韋孝寬攻取淮南，四人都是韋孝寬的老部下；元諧則是楊堅的同窗好友；宇文述是新近投靠楊堅的；而李詢之所以被重用則很可能是為了爭取他叔叔李穆的支持。

西元五八〇年六月十日，韋孝寬和七總管率部出發了。

然而此時對於楊堅來說，形勢卻越來越危急，不利的消息一直傳來。

青州（治所今山東青州）總管尉遲勤是尉遲迥的侄子，尉遲迥起兵後第一時間就聯絡了他，一開始尉遲勤有些猶豫，還把尉遲迥的信送到了長安，但很快他就改變了態度，決定追隨自己的伯父。

除了尉遲勤，滎州（治所今河南滎陽）刺史宇文冑（宇文護之侄）、申州（治所今河南信陽）刺史李惠、東楚州（治所今江蘇淮陰）刺史費也利進、潼州（治所今安徽泗縣）刺史曹孝遠等各據本州，徐州總管府司錄席毗羅佔據兗州（今山東兗州）、前東平郡守畢義緒佔據蘭陵（今山東棗莊東南），紛紛響應尉遲迥。

隨後，尉遲迥又派部將先後攻克了建州（今山西晉城）、潞州（今山西長治）、曹州（今山東定陶）等地。一時間關東地區大半都歸屬了尉遲迥。雪上加霜的是，鄖州（治所今湖北安陸）總管司馬消難、益州（治所今四川成都）總管王謙也反了。

司馬消難本是北齊的公子哥，其父司馬子如是北齊創始人高歡的同鄉好友，也是北齊開國元勳，官至尚書令。他本人則娶了高歡的女兒為妻，歷任駙馬都尉、光祿卿、北豫州刺史，後來因受到文宣帝高洋的猜忌，不得已於西元五五八年叛逃到了北周。

入周後，司馬消難依然混得不錯，先後出任大司寇、梁州總管等要職，後來其女被周宣帝宇文贇納為小皇帝宇文闡的皇后，他因此更受重用，擔任了四輔官之一的大後丞，不久出任鄖州總管。

其實司馬消難和楊堅的私人關係還算不錯，他是楊堅父親楊忠的好友，當年司馬消難叛逃的時候，正是楊忠率軍深入敵境五百里把他接到北周的，兩人因此結下了很深的友情，還結為兄弟，後來每次楊堅見他，都以叔禮事之。

司馬消難這次造反回應尉遲迥的動機挺令人費解。史書上大多說因為他向來就輕於去就、反覆無常。不過我覺得事實似乎並非如此，他之所以從北齊叛逃完全是被迫的，而這次的起兵更是讓人難以理解。按說憑他和楊堅的關係，如果他不反，跟著楊堅前途應該不會差；而跟隨尉遲迥造反，失敗了自然是一無所有，即使成功了，憑他的實力和威望基本上也不可能取代尉遲迥成為新政權的領袖。

冒著掉腦袋的風險去幹一件對自己沒有任何好處的事，這是一個反覆小人應該幹的事嗎？

只有兩種可能。

要麼他腦子被驢踢了，要麼他真的是忠於北周。

不過司馬消難並不傻，他也早就為自己想好了退路——他所在的鄖州和南陳接壤，萬一失利他

隨時可以逃到南陳。

如果說司馬消難對北周的忠心只不過是疑似的話，那麼王謙毫無疑問是可以確診的。

王謙也是個官二代，其父是西魏十二大將軍之一的王雄，西元五六四年周齊在邙山大戰，王雄力戰而死，成了在戰場上犧牲的北周最高級別將領。作為著名烈士的子弟，王謙也因此特別受優待，父親死後，年紀輕輕的他就被加封為柱國，襲爵庸國公，和楊忠、達奚武等老將並列。周武帝平齊後，他又再升一級——晉封為上柱國，不久出任益州總管。

王謙本人並沒有多大才能，更沒有什麼戰功，完全是因為承襲父蔭而飛黃騰達，因此他深感皇恩浩蕩，對北周政權感激涕零。

楊堅當丞相後，王謙為了自保，也曾派使者入京表示服從，但他始終覺得自己有點忘恩負義，良心上很是過意不去，感到愧對北周朝廷的大恩，因此在尉遲迥、司馬消難先後舉起反旗之後，他也按捺不住了，立即決定起兵，回應尉遲迥和司馬消難。

一時間，三方叛亂，四面受敵，剛上任的楊堅遇到了空前的困難。

對有些人來說，小小的困難就可以把他們壓垮；對有些人來說，越大的困難越會激發他們的鬥志。

毫無疑問，楊堅是後者。即使面臨著如此的危機，他依然一著不亂，指揮若定。

他先是派自己的老同學柱國王誼率軍前去討伐司馬消難，接著又命柱國梁睿（西魏太尉梁禦之子）攻打王謙。

縱橫捭闔

如今，尉遲迥拿到了鄖州、益州、青州三個大州，而在另外幾個大州中，徐州（治所今江蘇徐州）總管源雄、利州（治所今四川廣元）總管豆盧勣（西魏十二大將軍之一的豆盧寧之子）、亳州（治所今安徽亳州）總管元景山則堅定地站在了楊堅這一邊。

現在，幽州（治所今天津薊縣）總管于翼和并州（治所今山西太原）總管李穆的態度至關重要。

于翼是西魏八柱國之一于謹的次子，于謹在八柱國中最受北周太祖宇文泰的信任，後來又力助宇文護建立北周，堪稱北周第一功臣。因此于氏一門在當時極為顯赫，光柱國就有三人（于寔、于翼、于智）。

為了爭取于翼和于氏家族的支持，楊堅可謂是花盡血本，一出手就是大手筆。一方面對于翼加官進爵——晉封其為上柱國、任國公，並賞賜大量財物——絹一千五百段、珠寶不計其數；另一方面還把于翼的哥哥于寔提拔為四輔官之一的大左輔。

楊堅的投資沒有白費，于翼最終拒絕了尉遲迥的拉攏，還把尉遲迥的使者抓起來送到了長安。

沒有做出選擇的只剩下并州的李穆。七十一歲的李穆是北周開國元老，其資歷比尉遲迥還深，地位則和尉遲迥、楊堅相當（三人同是最早的四輔官之一），他控制下的并州又是當年北齊的大本營，地勢險要，兵精糧足。無論是實力還是影響力，李穆都比司馬消難、王謙等人要大得多。

李穆的兒子李士榮暗中勸父親起兵，回應尉遲迥。李穆沒有答應——他覺得還應該再觀望觀望，這種生死攸關的大事怎麼可以輕易決定呢？因此他一直沒有表態。此時的李穆對楊堅和尉遲迥

來說，可謂是舉足輕重。他加入哪一邊，哪一邊無疑就更有勝算。

尉遲迥特意派使者前去拉攏李穆。同一時間，楊堅也派出了心腹柳裘和李穆之子李渾到了并州的治所晉陽（今山西太原）。

其實用兒子打親情牌是楊堅的慣用手段，上次對尉遲迥已經用過一次，結果投資失敗打了水漂，但這次柳裘和李渾的組合卻收到了理想的效果。

口才極佳的柳裘為李穆分析各種利弊。大意是，跟了楊堅，前程萬里，金光大道，跟了尉遲迥，前途渺茫，死路一條……李穆非常滿意，頻頻點頭。而李渾的回來更是讓李穆非常感動，楊堅沒有把兒子扣為人質，不正表明了他的誠意和對自己的信任嗎？

又想到自己的哥哥李遠為宇文家族立下汗馬功勞卻被宇文護毫不留情地誅殺，想到楊堅的父親楊忠曾經是自己的老朋友……經過仔細考慮，反覆權衡，李穆決定選擇楊堅。

李士榮還想再勸父親，李穆的回答是：周德既衰，愚智共悉。天時若此，吾豈能違天。如今大周氣數已盡，這是大家都能看到的。天時如此，我怎麼能違背天意呢！

李穆的這番話表明了他非凡的遠見。北周已經不可能復興，而楊堅要的不止是輔政大臣，改朝換代勢在必行。隨後，李穆讓李渾回京城覆命，還讓他給楊堅帶去一個熨斗，並轉達自己的口信：希望你拿著熨斗熨平天下。

為了進一步表明自己的態度，他又把時任朔州刺史的尉遲迥之子尉遲誼抓了起來，遣使送到長安，同時還給楊堅送去了一條十三環金帶──這是天子才能佩戴的東西，其意義不言自明。

作為一族之長，李穆的態度不僅僅是代表他自己，也代表了李家所有人。他的侄子懷州（今河南沁陽）刺史李崇本打算回應尉遲迥，聽說李穆已經決定支持楊堅了，不由得歎息道，闔家富貴者幾十人，遇到國家有難，竟不能扶傾繼絕，有何面目立於天地間？話雖如此，為了家族的利益，李崇最後還是服從了李穆的決定，聽命於楊堅。

作為有著巨大影響和強大實力的旗幟性人物，李穆的態度對楊堅來說意義非常重大。楊堅一直盼望著李渾的消息。聽到李渾的彙報後，他興奮不已，立刻讓李渾去前線韋孝寬的軍營，把這一消息告知將士們，以鼓舞其鬥志，增加其信心。

幽州的于翼和并州的李穆先後選擇楊堅，對當時的戰局意義十分重大，一方面是極大地影響了雙方的士氣，另一方面還徹底擋住了尉遲迥和突厥聯絡的道路，破滅了他想和突厥聯手的企圖。

這段時間，楊堅還取得了後梁的支持。後梁是北周的藩屬國。西元五五四年西魏攻克江陵俘殺梁元帝蕭繹後，宇文泰下令立梁武帝的孫子蕭詧為帝，建都江陵（今湖北荊州），是為後梁，也稱西梁。

後梁只有江陵一州之地，地狹人少，且根本無法自主——西魏（北周）在後梁一直都派兵駐防，名為保護，實則監視著他們的一舉一動。因此，歷史上一般不把後梁當作一個獨立國家，只是作為北周的附庸而已。

宇文贇死後，後梁國主蕭巋（蕭詧之子）曾派使臣柳莊前來長安弔唁，楊堅對他非常熱情，讓柳莊感動不已。

尉遲迥起兵後，蕭巋有些猶豫——自己究竟該站在哪一邊？

早已歸心於楊堅的柳莊極力勸說他歸順楊堅。蕭巋被說動了，便決心站在楊堅這邊。蕭巋的這

次選擇讓他取得了豐厚的回報，兩年後他的女兒成為楊堅次子晉王楊廣的王妃，也就是後來隋煬帝的蕭皇后。不過，後梁實力弱小，蕭巋的支援，象徵意義遠遠大於實際意義。

此時的楊堅依然危機重重。外有強敵——北方的突厥、南方的陳國虎視眈眈，隨時準備渾水摸魚；內有叛亂——尉遲迥、司馬消難、王謙三方相互呼應，聲勢浩大；身邊還有心腹之患——在京城的趙王宇文招等五王對他恨之入骨，一直想要取其首級而代之。

楊堅知道，自己現在就像十級風浪中的小船，只要稍有不慎就會有滅頂之災。他一步都不能走錯。攘內必先安外，要集中精力對付內部的叛亂，當然先要穩住外部勢力。他覺得陳國的實力相對較弱，又在前兩年連遭大敗，元氣大傷，威脅不大。因此交好突厥，穩住北方邊境，就成了他的首要目標。

剛執政不久，楊堅就派自己的老朋友汝南公宇文慶和司衛上士長孫晟等人護送趙王之女千金公主去突厥完婚。同時他又讓建威侯賀若誼帶重金賄賂突厥的佗缽可汗，讓他交還北齊宗室的漏網之魚高紹義。高紹義是北齊文宣帝高洋之子，北齊滅亡後逃到突厥稱帝，在突厥的支持下經常騷擾北周邊境。

在美女和金錢的雙重攻勢下，佗缽可汗最終答應了賀若誼的要求。高紹義很快被抓到長安，楊堅將其流放到蜀地。

北方邊境暫時安定了，楊堅鬆了一口氣。

山寨版鴻門宴

接下來，楊堅把矛頭對準了在他身邊的五王。以五王為代表的北周宗室對楊堅的專權極為不滿，楊堅對此也心知肚明。因此在五王到京城後沒幾天，楊堅就給了他們一個下馬威——殺掉了畢王宇文賢一家。

畢王宇文賢是周明帝宇文毓之子，時任雍州牧，而雍州的治所就是長安，雍州牧相當於京城最高行政長官，這一職位的重要性自然不言而喻。這樣的人不得不殺。

很快就有人告發宇文賢密謀造反。告發的人是楊堅的堂侄邗國公楊雄。楊雄時任雍州別駕，是宇文賢的下屬，這個時候他出手自然是一告一個準。對於這樣的奏摺，楊堅隨即下令處死宇文賢和他的三個兒子。之後楊雄被任命為雍州牧。

誅殺宇文賢，對楊堅來說可謂一箭雙鵰。一方面是搬掉了絆腳石，另一方面也是殺雞儆猴——五王，你們給我老實點。否則，就是下一個宇文賢！

不過楊堅深諳打一巴掌再揉一揉之道，就在畢王被殺，宇文招等五王惶惶不安之際，他又給五王送上了一個大禮包——以皇帝的名義下詔，五王可以入朝不趨，劍履上殿，以示尊崇。

當然，這只是榮譽而已，真正的實權是不會給五王的。但五王在皇族中，畢竟輩分最高、年齡最長、威望最大而且都曾立有戰功，他們的存在還是讓楊堅非常不放心，他覺得五王隨時都可能置自己於死地。他時刻都想著要把他們剷除掉。

此時發生的一件事，讓他更感到了除掉五王的緊迫性。這事與西魏八柱國之一的李虎家族有關。

雖然此時李虎和襲封唐國公的世子李昞（唐高祖李淵之父）都已不在人世，但作為關隴豪門，李家還是有著不小的影響力，為了拉攏李家，楊堅特意把李虎的孫子李安（李虎第七子李蔚之子）引為左右，非常信任，還加封李安的弟弟李悊為儀同。

但李虎的第四子李璋卻與趙王宇文招關係不錯，對楊堅的專權非常不滿。一心想要除掉楊堅的李璋想到了李安兄弟——有他們做內應，何患大事不成。於是他找到了侄子李悊。李悊感覺很為難，便和李安商量：這事我如果聽了伯父的話，就對不起丞相；如果不聽伯父的話，就對不起伯父。怎麼辦？

李安也嚇出了一身冷汗。這事太大了，搞不好李家就會被滅族。經過再三考慮，最後他還是決定偷偷向楊堅告發。聽了李安的話，楊堅也大吃一驚。看來宇文招一夥遲早會對自己動手，自己必須先發制人。

於是，按照史書的記載，接下來發生了這樣一個故事：西元五七〇年七月，趙王宇文招在家中埋伏下了武士，設下了鴻門宴，邀請楊堅赴宴。

楊堅怕對方下毒，就自己帶著酒菜前往。到了趙王府，宇文招把楊堅引入臥室，而楊堅的隨從都被擋在了外面，只有他的堂弟楊弘和大將軍元冑兩人被允許站在門口。

楊弘能文能武，智勇雙全，楊堅執政後，他一直跟在楊堅身邊。

元冑出身於北魏皇族，相貌英俊、武功高強，曾是齊王宇文憲麾下的愛將，官至大將軍，現在他是楊堅的心腹。

臥室內。

宇文招和楊堅兩人相對而坐，觥籌交錯。

宇文招的兒子宇文員、宇文貫和小舅子魯封則站在宇文招的身後。

酒過三巡，侍者奉上瓜果。

宇文招拔出了佩刀。

楊堅一愣：大王你這是要幹什麼？

宇文招連忙解釋：丞相，吃瓜，吃瓜……

他親自用佩刀切瓜，再用刀刺著，一直送到楊堅口中。

在大門口護衛的元胄看得心驚膽戰——大事不好，這哪裡是吃瓜，明明是吃刀。如果宇文招的刀稍微再往前一點，丞相的命就沒有了。他再也顧不上禮節，馬上衝進臥室內，大聲對楊堅說，相府有事，您該回去了。然而楊堅卻毫不在意，依然傻傻地坐在那裡，一動也不動。

宇文招則厲聲呵斥：我與丞相現在有要事相商，你小子在這裡幹什麼？還不給我快滾出去！

元胄根本就不聽，反而大步走到楊堅身後，手按佩刀，擺出一副隨時準備拔刀的樣子。元胄天生就有令人生畏的霸氣。他鬚髮盡豎，怒睜雙目，朝宇文招狠狠地瞪了一眼。

宇文招不由自主地打了個冷戰，說話也不利索了：你你你，你是何人？

元胄一字一頓鏗鏘有力地回答：大將軍元胄！

對元胄這個名字，宇文招還是有印象的：你就是過去在齊王手下的元胄？真壯士也！

隨後，他命人給元胄斟了一杯酒，客客氣氣地說，我不過是和丞相敘敘舊而已，哪有什麼惡意，你何必這麼緊張呢。元胄沒有回答，依然按著刀站在楊堅身後。

有元胄的護衛，宇文招覺得自己藉送瓜的機會來刺殺楊堅是不可能的了，便假裝喝多了要出去嘔吐，打算起身去後面叫伏兵。可是，他剛站起來，才走了兩步，就被元胄攔住了，並強行被扶回了原位。宇文招再站起來，又被元胄攔住，又被扶回原位。如是者三。

宇文招眼珠一轉，又想了個辦法——既然你不讓我走，那我讓你走不就得了！

他對元胄說，我口渴了，麻煩將軍幫我去廚房拿點水來。

元胄哪裡肯走，只當沒聽見。

一時間，場面異常尷尬。

正好此時滕王宇文逌來了，楊堅起身到門口迎接，元胄連忙湊到他耳邊，壓低了聲音說道，丞相，情況不對，快走！

楊堅卻還是執迷不悟：他們沒有軍權，怕什麼？

元胄急了：軍隊本來就是他們宇文家的，一旦他們先下手，咱們就完了。我元胄不怕死，只怕死得不值。

然而楊堅像被人灌了迷魂藥一樣的迷糊，居然還是不聽，又迷迷糊糊地重新入座。這時，元胄突然聽到身後隱約傳來披掛盔甲的聲音，便馬上對楊堅說道，相府還有急事，您怎麼能再喝呢？一邊說一邊強行拉著楊堅往外跑。

宇文招愣了一下，隨後慌忙起身追趕。然而元胄站在門口，用龐大的身軀把大門堵得嚴嚴實實，宇文招根本無法出去，只好待在那裡乾瞪眼。此時，楊堅已安然離去。

眼睜睜地看著楊堅從自己眼皮底下消失，宇文招又悔又恨，只能無奈地用手指不停地彈著牆壁，直到手上鮮血淋漓……

幾天後，楊堅以謀反的罪名將趙王宇文招和越王宇文盛以及他們的兒子全部誅殺。這件事在《隋書．高祖紀》《隋書．元胄傳》《周書．趙僭王招傳》以及《資治通鑒》中均有詳細記載，然而疑點卻頗多。

首先，楊堅會這麼毫無防備、這麼糊塗愚昧嗎？——宇文招要殺他，誰都看得出來，他怎麼就看不出來？

其次，宇文招會這麼愚蠢這麼飯桶這麼沒用嗎？——明明埋伏了人，還要靠自己出去叫，就不能發個指令比如摔杯為號什麼的？元胄一個人堵在門口，他就老老實實地看著楊堅走？家裡埋伏了這麼多人是幹什麼的？……這哪裡是久經沙場的宇文招。

再者，為什麼這件事中出現的明明是趙王和滕王，殺的卻是五王中威望最高的趙王和越王？

還有，為什麼《隋書．元胄傳》和《周書．趙僭王招傳》都說是宇文招邀請楊堅赴宴的，而《隋書．高祖紀》中卻說是楊堅不請自到主動上門（高祖齎酒肴以造趙王第，欲觀所為）？

事情的真相到底是什麼？

我不知道。

我只知道最後的結果是：堅誣招與越王盛謀反，皆殺之，及其諸子。

這個「誣」字，也許說明了一切。

宇文招死後，對於大義滅親的李安，楊堅當然不會忘記他的功勞，想給他加官進爵。李安卻痛哭流涕，堅決推辭：我怎麼可以用叔叔一家的性命來給自己升官？

楊堅對此深受感動，便決定只殺李璋一人，放過了他的兒子們——這才有了後來的唐初宗室名將李道宗，因為李道宗是李璋的孫子。順便說一句，唐初和李道宗齊名的另一位宗室名將李孝恭是李安的兒子。

回到正題。趙王宇文招和越王宇文盛這兩個北周最有威望的親王被殺後，其他的親王群龍無首，從此再也無法對楊堅形成威脅。現在，楊堅終於可以集中精力對付叛軍了。

勢如破竹

然而，前線的情況並不樂觀。尉遲迥派大將檀讓等人四處攻城掠地，河南各地大多望風歸降，只有東郡（今河南濮陽）太守于仲文堅決不降。

于仲文是于謹長子于寔的次子，于翼的侄子，他死守孤城，多次擊敗叛軍的攻擊。

尉遲迥大怒，先後調集滎州刺史宇文冑等多路大軍圍剿于仲文，由於眾寡懸殊，加上此時城內又出現叛徒，東郡最終被叛軍攻陷，于仲文拼死突圍而出，其妻兒卻沒有逃出來，全都被叛軍所殺。最後于仲文幾乎是單騎回到了長安。楊堅把他引入內室，對他大加勉勵，後來聽到他全家被屠，向來喜怒不形於色的楊堅這次也忍不住悲從中來，說話哽咽，淚流滿面。

究竟這淚水是來自真的情意，還是源於逼真的演技？

我不知道。

我只知道，這淚水深深地感動了于仲文——仲文說完將欲行，忽聞丞相哭泣聲。桃花潭水深千尺，不及丞相對我情。

隨後，楊堅對于仲文大加賞賜，又擢升他為大將軍，河南道行軍總管，讓他去洛陽，發河南兵率軍收復河南。到了前線，于仲文當然先要去拜訪政府軍的總指揮韋孝寬。此時韋孝寬的軍營裡軍心並不穩定。

懷州（今河南沁陽）刺史李崇曾經想要支持尉遲迥，只是因叔叔李穆、哥哥李詢的原因才被迫選擇站在了楊堅這一邊，為了拉攏他，韋孝寬對他非常親熱，經常和他談心，甚至還和他睡在一起，這才讓李崇逐步改變了立場。

心懷疑慮的不止李崇一個。宇文忻曾是楊堅多年的好友，但他現在對前途也感到有些迷茫。于仲文來到軍營後，直率的宇文忻毫不避諱地對他說，尉遲迥不足為慮，我只怕將來有鳥盡弓藏之憂。你剛從京城來，覺得丞相的為人怎麼樣？

于仲文對楊堅不吝溢美之詞，丞相寬仁大度，英明有識，只要我們能為國盡忠，他一定不會虧待我們。我在京城三天，發現他有三個突出的優點。

這句話勾起了宇文忻的好奇心：哪三個優點？

于仲文回答說：其一，有個叫陳萬敵的，剛從賊軍中過來，丞相就拜其弟為將，讓他率軍討賊，由此可見其大度；其二，丞相曾經派宋謙去調查一個人的經濟問題，宋謙不僅查經濟問題，還查到了此人的作風問題，結果被丞相狠狠地訓斥了一通，這說明丞相不求人私；其三，丞相聽說我妻兒被殺後忍不住流淚，說明他有仁愛之心。

聽了于仲文的話，宇文忻連連點頭。

于仲文走後，韋孝寬又派楊素率軍攻打滎州（今河南滎陽）的宇文冑，幫助于仲文光復河南；他自己則率主力部隊繼續東進，很快就到了永橋（今河南武陟西南）。

永橋城池堅固，地當要衝，尉遲迥派部將紇豆陵惠在此駐守。諸將請求先攻此城，韋孝寬卻力排眾議。永橋城雖小卻易守難攻，若攻而不拔，豈不是損我兵威。若破其大軍，此城又能有何作為！

隨後他率軍繞過永橋，抵達了武陟（今河南武陟）。武陟地處沁水（今沁河，黃河的支流）西岸，由於時值汛季，陰雨連綿，河水暴漲，北周軍一時無法渡河，只得在此紮營。尉遲迥之子尉遲惇率軍十萬在沁水東岸的武德（今河南武陟東）固守。

兩軍就這樣在沁水兩岸隔河對峙，戰事陷入了僵局。然而就在此時，北周軍的內部卻爆發了一場嚴重的危機。

原來，為了分化瓦解韋孝寬大軍，尉遲迥秘密派人帶了大量金銀到北周軍中活動，對部分將領封官許願，意欲收買他們為自己效力。畢竟，尉遲迥和他們原先都是並肩戰鬥的戰友，都是知根知底的熟人，有的甚至還有親戚關係，比如崔弘度就是他兒子的大舅子。

這些將領中間，究竟有沒有人接受過尉遲迥的錢財呢？史書上並未明確記載。我猜想，也許是有的，因為這些人中除了元諧和宇文忻外，其他人和楊堅之前並沒有多少淵源，對楊堅也談不上有多少忠誠度，更重要的是他們不知道楊堅以後會如何對待他們，因此心中都沒有底，這個時候為了給自己留條退路，並不是沒有可能腳踏兩隻船。

一時間，軍中一片混亂，謠言四起。韋孝寬對此憂心忡忡，現在這個樣子，別說是打仗了，就是打醬油都不行啊！於是，他乾脆假裝得了重病，整天躺在床上，誰也不見，連命令都要靠侍女傳達。同時秘密派親信四處暗訪，想早日摸清情況，以便對症下藥。

韋孝寬還沒查出名堂，七總管之一的李詢已經急了，他派人火速趕往長安，向楊堅奏報：傳言梁士彥、宇文忻、崔弘度等人都受了尉遲迥的賄賂，軍中人心大亂。

楊堅聞訊大驚，連忙召集相府一班親信商議此事。鄭譯提議另派將領，換掉梁士彥等三人。情急之下，來不及細想，楊堅便打算按照鄭譯說的辦。

然而李德林卻堅決反對：千萬不可！這個時候換人，就跟口渴時吃鹽一樣，只會讓形勢更加惡化。目前戰局未定，前景不明，諸位將領在這個時候的心理一定敏感和多疑。如果咱們突然換人，擺明了就是不信任他們，也許他們真的會叛逃到尉遲迥那邊。如果要想不讓他們逃走，就得把他們抓起來，這樣一來豈不是人人自危？而且臨陣換將，歷來是兵家大忌。前面派的這些人我們懷疑他們心有異志，難道後面派的就一定能忠心？

接著他又說，收受賄賂一事，難辨真假。不過我認為即使是真的，咱們也不必太緊張，將領們在這個時候為自己找退路其實也是人之常情。咱們只要外鬆內緊，注意防範就可以了。丞相您只要派一個得力的心腹到軍中擔任監軍，一方面盡力安撫他們，消除他們的疑慮；另一方面可以監控他們的一舉一動，這樣就算他們真的有異心，也必然不敢輕易行動。

聽了李德林的話，他一點就通，馬上就領悟了：如果不是您提醒，差點壞了大事。好，就這麼辦。

可是，派誰去當這個監軍呢？

李德林當然是不能去的，楊堅離不開這個智囊，不僅軍國大事要與他商量，而且相府所有的文

書、命令也都出自李德林之手，由於事情太多，才思敏捷的李德林往往需要同時口授數人，從來不需要修改，也從來沒有一點錯誤。

除了李德林，還有誰堪當此任呢？楊堅最先想到的是老同學崔仲方。崔仲方和鄭譯等人一樣，也是楊堅太學時的同窗好友，時任少內史，楊堅輔政後，把他引為左右，對他非常信任。可是，崔仲方推辭了，他說他的父親目前正在河北的博陵老家，自己去軍中，尉遲迥可能會殺他父親洩憤。

這個說法聽起來合情合理，楊堅沒說什麼，接著便點名劉昉。

劉昉是個享受慣了的人，他追求的是：錢多事少責任輕，美女好酒離家近，怎麼肯去戰場上吃苦受累、擔驚受怕。一聽楊堅要他去前線，他連忙拒絕：不行啊！我從來沒打過仗，膽子又小，這要是上了戰場，自己嚇死了是小事，耽誤了丞相您的大事，我就是在九泉之下也難以安心哪……

楊堅非常失望，隨後他又找了鄭譯：劉昉沒打過仗，我記得你以前曾經去過戰場的呀。要不，你去吧！

鄭譯和劉昉一樣，他當然也不願意去，便以母親年邁、身體欠佳為由，推辭了。

楊堅心裡很不痛快。平心而論，之前楊堅對劉、鄭兩人其實還是可以的，雖然沒讓他們跟自己共同執政，但也沒虧待他們，劉昉晉封為黃國公、大將軍，鄭譯原先封的沛國公不變，又升為柱國，對兩人的賞賜更是不計其數，出入都有甲士護衛，朝野為之矚目，並稱為黃、沛。但兩人自恃功勞（當時人稱「劉昉牽前，鄭譯推後」），居功自傲，貪得無厭，令楊堅漸生不滿。

這次，兩人又不肯為自己分憂，讓楊堅徹底看清了他們，也徹底看輕了他們。從此之後，劉、鄭兩人徹底失去了他的信任。

就在楊堅犯愁之際，被延攬以來一直罕有表現機會的相府司錄高熲自告奮勇站了出來：丞相，讓我去吧！楊堅大喜過望，立即應允。疾風知勁草，危難見良臣，正是這次雪中送炭般的主動請纓，奠定了高熲在楊堅心目中無可比擬的地位。

高熲的表現沒有讓楊堅失望。他只是派人對母親說了句「忠孝不能兩全」，自己連家也沒回就立即出發了，日夜兼程，很快就趕到了軍中。聽說丞相派來了監軍，將領們起初都有些不安。

高熲初出茅廬就表現出了非凡的才能，他不僅沒有追查那些收受尉遲迥賄賂的流言，反而代表楊堅對將領們大加撫慰、做出各種承諾，讓大家吃了一顆的定心丸，隨後他又以宇文忻為重點，與其推心置腹地一起謀劃未來，消除了他的疑慮，兩人很快成了莫逆之交。宇文忻在軍中威望頗高，和諸將關係也極好，在他的影響下，軍心迅速安定下來了。

軍心一穩，韋孝寬的病也神奇地好了。和高熲商量後，韋孝寬決定在沁水上搭建浮橋，準備強渡沁水。尉遲惇當然不可能對此坐視不理。

浮橋是木船和木板連接而成的，最怕火攻，尉遲惇看準了這一點，便在上游放下火筏，順流而下，想以此燒毀施工中的浮橋。然而他失算了。他吃驚地發現，他的火筏全部被河中間一字排開的一個個「土狗」給攔住了。

「土狗」指的是泥土堆成的土墩——這是出自高熲的創意。土墩前窄後寬、前低後高（這種形狀有利於抵擋水的衝擊）看起來的確像趴在地上的大狗。

很快，浮橋就順利建成了，隨後韋孝寬指揮大軍開始渡河。

尉遲惇下令讓部隊稍稍後退，打算「半渡而擊之」——等對方過河到一半的時候再進行攻擊。

然而他萬萬沒有想到，他這一退，卻讓韋孝寬找到了可乘之機。在敵軍後退的短暫時間裡，韋孝寬命令部隊擂鼓奮進，以最快的速度衝過了浮橋。沒等叛軍重新布好陣形，梁士彥、宇文忻、宇文述等人率領的北周軍前鋒部隊已經如潮水一般衝到了他們的面前。叛軍猝不及防，很快就被分割成了幾段，首尾不能相顧，頓時亂成一團。

與此同時，高熲則指揮北周軍後續部隊繼續全速前進，沒過多久就全部過了河。隨後高熲一把火燒掉了浮橋。失去了退路的北周軍只能奮勇向前，全力拼殺，叛軍很快就被衝得七零八落，潰不成軍。最終，叛軍全軍覆沒，尉遲惇單騎逃回鄴城。韋孝寬乘勝追擊。

不過，尉遲迥在鄴城西南的野馬崗和草橋兩個險要之處都埋下了伏兵。然而北周軍中的宇文忻、梁士彥等勇將更不是吃素的——宇文忻先是率精騎五百在野馬崗大破叛軍三千伏兵，接著又與梁士彥合力奪取了草橋。隨後，韋孝寬率軍長驅直入，一口氣殺到了鄴城城外。

北周大軍這麼快就兵臨城下，顯然是尉遲迥之前從來沒有想到的。但他並沒有責備坑爹的尉遲惇，因為直到這個時候，他依然充滿信心。他認為韋孝寬軍經過長途奔襲，此時已經是強弩之末，而自己則是以逸待勞，一定能取勝。

對自己部隊的戰鬥力，他不是相信，而是迷信。他麾下的主力都是他從關中帶來的子弟兵，全都身經百戰，其中最精銳的一支被稱作黃龍兵，這裡面人人都是百裡挑一，個個都能以一當十。因此他沒有按照常規固守城池，而是選擇了主動出擊。決一死戰！

尉遲迥親自出馬，帶著兩個兒子尉遲惇和尉遲祐，率十三萬大軍傾巢而出，背城列陣，迎戰韋孝寬。除了這十三萬人以外，青州方面還有五萬步騎前來增援，其侄尉遲勤率三千精銳騎兵先行趕到，也一起投入戰場。

尉遲迥胯下白馬，手中大槊，出現在叛軍的最前面。他銀髯飄飄，目光炯炯，英姿勃勃，威風凜凜，殺氣騰騰，風華雖不正茂，風采卻不減當年。他的身後是一萬名頭戴綠帽、身披錦襖的黃龍兵。

尉遲迥向來以驍勇聞名，在他看來，打仗最重要的只有一個字：猛！因此他雖然年過花甲，卻依然身先士卒，一馬當先，率先衝入敵陣。老當益壯的尉遲迥大槊翻飛，舞得虎虎生風，所到之處如海嘯般勢不可當。尉遲勤、尉遲惇和大批黃龍兵則緊隨其後。

北周軍一時抵擋不住如此凌厲的攻勢，連連敗退，眼看就要不支。在這種極端不利的形勢下，宇文忻依然臨危不亂，他冷靜地觀察著瞬息萬變的戰場形勢，敏銳地捕捉著稍縱即逝的戰機。突然，他眼前一亮——他看到了在叛軍的側後方有數萬名觀戰的鄴城百姓。

這些百姓三年多前還是北齊的子民，對外來的北周政權並沒有多少感情，現在看到兩支來自關中的軍隊自己打了起來，自然要來看熱鬧。看到這些嘻嘻哈哈、熙熙攘攘的圍觀百姓，宇文忻突然心生一計，對身邊的高熲、李詢等人說道：事情緊急，我不得不以詭道破敵了。隨後宇文忻命令部下向那些百姓放箭。

百姓們本來以為自己跟交戰雙方都無冤無仇，又離得遠遠的，應該很安全，哪裡想得到北周軍居然會莫名其妙地攻擊自己？毫無思想準備的他們頓時嚇得魂飛魄散，立即一哄而散，四處奔逃，一時間，哭聲、喊聲、踐踏聲、慘叫聲不絕於耳。

宇文忻乘機命部下齊聲高呼：賊軍敗了！賊軍敗了！

聽到這樣的話，又看見叛軍後方一片混亂，北周軍以為叛軍真的敗了，於是士氣復振。

叛軍以為自己的後軍遭到了襲擊，鬥志立刻崩潰——後路就要被切斷了，再不逃，就來不及了。

結果自然是毫無懸念——叛軍大敗，尉遲迥率殘兵退守鄴城。然而，兵敗如山倒，軍潰如垮堤，這種情況下鄴城怎麼可能守得住！

北周大將李詢、賀婁子幹兩人率先登城，大批北周軍緊隨其後。與此同時，梁士彥也攻入了北門，又馬上騎馬飛馳到西門，納宇文忻所部入城。北周軍如潮水一般的蜂擁入城，鄴城就此陷落。

尉遲迥且戰且退，最後退到了內城的城樓。北周大將崔弘度率其弟崔弘升和所部將士把城樓團團圍住。尉遲迥不愧是個硬漢，到這個時候依然不肯放棄，依然堅持戰鬥，他彎弓搭箭，連續射殺多人。

崔弘度慢慢地把頭盔取下，抬起頭微笑著對尉遲迥說道，你還認識我嗎？看在親戚之情的分上，我今天會制止手下的兵士，一定不會讓他們侮辱你。現在事情已經到了這樣的地步，你還在等什麼呢？

尉遲迥知道自己大勢已去，便長歎一聲，把弓箭恨恨地擲在地上，在狠狠地大罵了楊堅一通後，又大聲對崔弘度說，來，取我的人頭，換你的上柱國。說完，他自刎而死。崔弘度隨即讓弟弟崔弘升砍下了尉遲迥的腦袋。

尉遲勤、尉遲惇、尉遲祐三人跑了出去，準備逃往青州，也被北周大將郭衍追上抓獲。

尉遲迥死後，楊堅幹了兩件現在看來很不地道的事。

其一，叛軍餘眾一個不留，全部被斬殺於漳水南岸的遊豫園。究竟殺了多少人，如今已經難以考證了，但數量毫無疑問是十分驚人的——據唐代的典籍記載，當時河中全是屍體，以至於漳水為之不流，河水全被鮮血染成了紅色且持續了整整一個月的時間。

據說由於死的人實在太多，從此每到夜深人靜的時候，遊豫園所在地都會傳出無數冤魂野鬼淒厲的哭聲，讓人毛骨悚然。楊堅對此也深感不安，一年後篤信佛教的他便專門命人在遊豫園南面的山上建了一座大慈寺，以超度亡靈。

其二，將鄴城的城牆和所有的建築全部焚毀，並把相州治所和鄴城百姓南遷到四十五里外的安陽（今河南安陽）。鄴城，這座魏晉南北朝時著名的大都市，這座歷史悠久的六朝古都（曹魏、後趙、冉魏、前燕、東魏、北齊），就這樣徹底地湮沒在了荒草之中。

這就是楊堅的風格，霸道，強勢，蠻橫，高壓，冷血，要麼不做，要做就做絕。在楊堅的眼裡，只有「權力」這兩個字。

韋孝寬在攻佔鄴城後，又繼續分兵掃平了河北各地。這段時間，于仲文和楊素在河南戰場上也是高歌猛進，捷報頻傳。楊素在石濟（今河南延津東北）大勝叛軍滎州刺史宇文冑，將其斬殺。而于仲文則多次擊敗叛軍大將檀讓，先後攻克了梁郡（今河南商丘）、曹州（今山東菏澤）、成武（今山東成武）等地。

此時，另一名叛軍將領席毗羅正率十萬大軍駐紮在沛縣，準備攻打徐州總管源雄，但他的妻兒都留在了老巢金鄉（今山東金鄉）。

于仲文讓人冒充檀讓的使者，對叛軍金鄉守將徐善淨說，明日大將軍檀讓要代表蜀國公到金鄉來賞賜將士。聽說有賞賜，徐善淨不由得心花怒放，人都要飄起來了。第二天，于仲文率部打著叛軍的旗號來到金鄉城外，徐善淨以為檀讓到了，興沖沖地打開城門迎接。于仲文入城後立即反客為

主，佔領了金鄉城。

諸將都勸于仲文屠城：于將軍，你的家人都被叛軍殺了，此仇不報，更待何時？

于仲文堅決不同意：不可。金鄉是席毗羅起兵的地方，叛軍的家屬大多在這裡。如果殺了他們的妻兒，他們反抗朝廷的意志必然會更加堅決。倒不如寬恕他們，吸引席毗羅大軍回援。

果然不出他所料，席毗羅聽說老巢陷落妻兒被抓，焦急萬分，立即倉促回軍，企圖憑藉其優勢兵力奪回金鄉城。半路上檀讓也率部與其會合。

于仲文背城列陣，又在數里外的麻田中設下伏兵。叛軍剛剛發起進攻，背後就伏兵四起，殺聲震天。叛軍腹背受敵，頓時亂成一團。于仲文乘勢進擊，大敗叛軍，檀讓當場被擒，席毗羅單騎脫逃，但不久就被抓住斬首。

至此，關東各地全部被平定。尉遲迥從起事到徹底失敗，只有短短的六十八天。

這個結果讓人意外。不過細想一下，就會發現一點也不讓人意外。只要看看雙方的用人就知道了。

楊堅的手下，韋孝寬、李德林、高熲、梁士彥、宇文忻、于仲文、李詢、楊素、宇文述、崔弘度、賀婁子幹……可謂謀臣如雲，猛將如雨。再看尉遲迥。他的智囊崔達拏（北齊名臣崔暹之子）據說是個不會變通的書呆子，而他所重用的尉遲惇、檀讓、席毗羅等人更是一無所長。兩相對比，高下立判。

而楊堅之所以能得到這麼多賢才的擁戴，除了他輔政大臣的名分外，他識人得人的本領也非同一般——對高熲體現了他慧眼識才的非凡眼光；對于仲文體現了他收買人心的高超手腕；對李德林體現了他從善如流的領袖風範；對梁士彥等人的通敵傳言置之不理體現了他寬廣的心胸（至少在這一時期是這樣）……

尉遲迥呢，只能說他是個猛將，當個戰鬥英雄綽綽有餘，但要做領袖，他還差得太遠。扯遠了，還是言歸正傳吧。

叛軍中勢力最大的尉遲迥玩完了，鄖州的司馬消難也早已成了驚弓之鳥。他倒是很有自知之明，起兵的時候就深感自己實力不強，便以自己的兒子為人質，投靠了南陳，想藉南陳的兵力來保護自己。陳宣帝封其為大都督、司空、隨國公，同時派大將樊毅率軍前往鄖州支持司馬消難。

但司馬消難的戰鬥力實在是太差了，王誼率領的北周大軍離鄖州還有幾十里，司馬消難便慌忙棄城南奔，退保魯山（今湖北漢陽）、甑山（今湖北漢川）兩鎮。

陳將樊毅本是奉命來救援司馬消難的。然而，不怕神一樣的對手，只怕豬一樣的隊友。等樊毅趕到鄖州的時候，司馬消難這個膽小鬼早就棄城逃走了，鄖州也已被北周軍佔領。樊毅無處可去，只好在城外劫掠一番後就匆忙退兵。

北周亳州總管元景山等人率軍緊緊追擊，在漳口（今湖北安陸西）追上了樊毅。陳軍經過多日跋涉早已疲憊不堪，哪裡是北周軍的對手？樊毅一日之內三戰三敗，損兵折將，退到了司馬消難所在的甑山。

司馬消難是個安全意識很強的人，他總是要與敵軍保持足夠的安全距離。因此，看到敵軍再次逼近，他又馬上繼續南逃，一口氣逃到了南陳首都建康（今江蘇南京），這才鬆了一口氣。

聲勢浩大的三方叛亂，如今只剩下了益州的王謙。王謙起兵後，他麾下的隆州（今四川閬中）

刺史高阿那肱為其獻上了三策：

上策是親率精銳大軍，出兵大散關（今陝西寶雞南郊），如此一來，蜀人知道您有勤王之節，一定願意效力；中策是出兵梁、漢（今陝西漢中），以顧天下；下策是坐守蜀地，擁兵自保。

王謙做出的選擇是「雜用中下之策」——一面固守益州，一面派大將達奚惎、高阿那肱、乙弗虔等人率軍十萬圍攻相鄰的利州（今四川廣元），以打開進入漢中的通道。

北周利州總管豆盧勣率部死守，叛軍連續攻打了四十多天依然無法攻下，死傷慘重，士氣低落。此時，梁睿率領的二十萬北周大軍已經趕到了利州城外，師老兵疲的達奚惎不敢應戰，連忙退兵。梁睿乘勢進擊，從劍閣（今四川劍閣）入川，直逼成都。達奚惎、乙弗虔兩人見大勢已去，便暗中聯絡梁睿，表示願做內應，戴罪立功。

可憐王謙這傻孩子被人賣了卻還全然不知——他竟然留下達奚惎、乙弗虔守城，自己親自率軍出城迎戰梁睿。剛一出城，達奚惎等人就獻出城池投降了梁睿。看見老巢丟了，王謙麾下的叛軍頓時人心大亂，很快就全軍潰散。

王謙身邊只剩下高阿那肱等二十餘隨從，只好倉皇逃亡，被新都（今四川新都）縣令王寶抓獲，送到梁睿大營。梁睿將王謙、高阿那肱斬首，達奚惎、乙弗虔則被送到長安，但楊堅並沒有寬恕這兩個賣主求榮的叛徒，兩人也被誅殺。益州就此平定。

平叛的勝利，大大增加了楊堅的威望，從此再也沒有人能夠挑戰他的地位。對楊堅來說，這一切幾乎恍若隔世。其實他剛執政的時候，好多人都為他捏一把汗，他的好友元諧就曾對他說過：你孤立無援，就如水間一堵牆，太危險了。

能在短短三四個月的時間內，就從搖搖欲墜的水間一堵牆變成不可撼動的巍巍一座山，除了楊堅自己的不懈努力外，也許他最應該感謝的是尉遲迥。正是尉遲迥的悍然造反，使得本來撲朔迷離的政治局勢一下子變得豁然開朗。在那樣的局勢下，所有的文武百官、封疆大吏都不可能再觀望徘徊，而不得不做出明確的選擇。

楊堅利用自己超然的執政地位，憑藉自己超人的政治手腕，發揮自己超凡的個人魅力，殫精竭慮，縱橫捭闔，最終取得了壓倒性的優勢——在這次變局中，除了司馬消難、王謙等少數人外，幾乎所有的關隴豪門和漢族世家都站在了楊堅這一邊。

如今以尉遲迥為代表的反對派已經灰飛煙滅，楊堅已是眾望所歸。誰都看得出來，此時的北周帝國不過是一隻掛在桃樹上垂得很低等待被摘的桃子而已。

第四章

新時代的總設計師

登基建隋

在這樣的大好形勢下，楊堅的親信如少內史崔仲方、司武上士盧賁、武山郡公郭衍等人紛紛秘密勸進。楊堅也因此大大加快了奪權的步伐。

西元五八〇年九月，他的長子楊勇被任命為洛州（今河南洛陽）總管、東京小塚宰，統領原北齊故地。同月，他廢除左右丞相之職，自任唯一的大丞相。接著他又先後殺掉了陳王宇文純、代王宇文達、滕王宇文逌及其兒子。至此，北周輩分最高的五王全部被殺。

十一月，一代傳奇名將韋孝寬去世，享年七十二歲。

十二月，楊堅以周靜帝的名義下詔，所有在西魏時期被改為鮮卑姓的人，全部恢復漢姓——當然也包括他自己在內。以胡姓為榮的時代從此一去不復返，廣大漢人對此無不歡欣鼓舞。

同月，他被晉封為隨王，以安陸等十郡為國。

西元五八一年二月四日，楊堅改稱相國，總百揆，贊拜不名，入朝不趨，劍履上殿，加九錫，建天子旌旗。到了這一步，就是傻子，也知道後面會發生什麼了。

并州總管李穆、益州總管梁睿、幽州總管于翼等幾位封疆重臣先後送來了勸進的表章。

太史大夫庾季才一向以善觀天象聞名，這個時候自然不會放棄這個發揮專長的機會。他不失時機地上表說，人君正位，宜用二月。其月十三日甲子，甲為六甲之始，子為十二辰之初，甲數九，子數又九，九為天數。又其日即是驚蟄，陽氣壯發之時。昔周武王以二月甲子定天下，享年八百，漢高帝以二月甲午即帝位，享年四百，故知甲子、甲午為得天數。今二月甲子，宜應天受命。庾季才講得天花亂墜，理由如無邊落木蕭蕭下，典故如不盡長江滾滾來，楊堅聽了哪有不接受之理？

二月十三日，楊堅正式接受北周靜帝宇文闡的禪讓，登基稱帝，改國號為隋，改元開皇。

不過，細心的讀者會發現一個問題，楊堅原來的封號是隨國公，隨王，怎麼現在的國號變成了隋呢？個中緣由，史書並沒有任何記載。

宋元之際的史學家胡三省提出了他的猜測。他說，這是因為楊堅覺得「隨」這個字有個走之旁，不太吉利，新的王朝怎麼能說走就走呢，於是便把走之旁給去掉，國號也就變成了隋。這種說法被很多人接受並採用。

然而，現在也有學者提出了不同的看法，他們認為，在當時，隋和隨兩個字在當時是通用的，也許根本就不存在改「隨」為「隋」這一回事。比如，《周書》記載楊堅的爵位是隨國公，而《隋書》《北史》則寫作隋國公。

更有力的證據是，如今出土的隋唐碑刻上，往往「隋」、「隨」二字並用，相當多的碑刻上寫的是「隨」——如隋煬帝在位之時的大業七年（六一一）十月，虞世基撰文、歐陽詢書寫的《姚辯墓誌銘》，即題作《隨故左屯衛大將軍、左光祿大夫姚恭公墓誌銘》，二〇一三年揚州出土的《隨故煬帝墓誌》，也書「隋」為「隨」字，誌文中亦有「隨大業十四年」的字樣。

當然，不管哪種說法，都改變不了一個事實——那就是新的隋王朝取代了北周，楊堅成了隋朝的開國皇帝。

他躊躇滿志，豪情滿懷。

八個月前，他還是受人擺布的臣子，八個月後，他成了主宰世界的天子。

八個月前，他還戰戰兢兢如履薄冰隨時有生命危險，八個月後，他一言九鼎至高無上手中有權力無限。

人生就是這樣，充滿了無窮的變數，無盡的可能。命運是最厲害的魔術師，往往會在不經意間徹底改變一個人的人生，把絕望變成希望，把暗淡變成輝煌。就像楊堅一樣。

新人新制度

登基稱帝，對志存高遠的楊堅來說，遠不是終點。隋朝剛一建立，他就開始大刀闊斧地實行自己和崔仲方等人一起醞釀的制度改革方案。

他宣布廢除北周官制，恢復漢魏舊制。從此，大冢宰、大前疑之類的稱號徹底退出了歷史舞台，三師（太師、太傅、太保）、三公（太尉、司空、司徒）重新出現在大家面前。

中國公李穆、鄧國公竇熾兩位年高望重的北周老臣分別被封為太師和太傅，任國公于翼出任太尉，郢國公王誼則擔任司徒。

但此時的三師、三公都只不過是有名無實的榮譽職務而已，真正的權力掌握在三省手裡。所謂三省，即內史省、門下省和尚書省。

內史省（原中書省，因避楊堅父楊忠諱而改）負責起草詔令，置內史監、內史令各一人。

門下省主管審核詔令，其最高長官稱為納言（即以前的侍中，避楊忠諱而改）。

尚書省負責執行詔令，是國家最高行政機構，置尚書令一人，左右僕射兩人，為正副長官。但由於尚書令位高權重，除了隋煬帝時期楊素曾短暫擔任尚書令這一特例外，此職位在隋唐兩代大多缺而不授，左右僕射因此成為尚書省的最高長官，其中又以左僕射為重。

尚書省下設吏部、禮部、兵部、都官（後改為刑部）、度支（後改為民部）、工部六部，每部設尚書一人，為其首長。左右僕射和六部尚書合稱「八座」，構成尚書省的領導核心。

除此以外，還有主管國家經籍圖書與天文曆法的秘書省，掌管宮內事務的內侍省，與上述三省合稱五省。

但真正執掌國家政務的是內史、門下、尚書三省和吏部等六部。宰相則由三省長官共同擔任。這就是在中國歷史上影響深遠的三省六部制。

在這一制度下，領導機構宰相制代替了秦漢時期的個人開府宰相制，宰相從無所不管的百官之長，變成了各管一塊的機構負責人。

在這一制度下，相權被一分為三，決策權、審議權和執行權三者相分離，三省宰相互相牽制，互相制約，互相監督，削弱了相權，鞏固了皇權，有利於防止出現宰相專權的局面。同時又擴大了議政人員的名額，收到了集思廣益的效果。

在這一制度下，各部職責有明確的分工，有利於政令的貫徹執行，極大地提高了行政效率。

和以前相比，這一制度的先進性和合理性是顯而易見的，因此它自從問世以來，就顯示出了極其強大的生命力——不僅是之後的唐朝全盤照搬，而且其影響甚至一直持續到了一千三百多年後的清末。

究竟誰會被委以重任，出任三省的主官也就是新朝的宰相呢？所有的文武百官都翹首期盼，拭目以待。

然而，楊堅的選擇讓幾乎所有人都大跌眼鏡——不管是于翼、梁睿、王誼、梁士彥、宇文忻等功臣宿將，還是鄭譯、劉昉、柳裘、盧賁等佐命元勳，全都沒有份。無論資歷還是經歷，無論出身還是名聲，楊堅任命的人，與于翼等人相比，完全不是一個檔次。

那麼，他選定的大隋首任三省首腦到底是哪幾個人呢？

他們是尚書左僕射兼納言高熲、內史監兼吏部尚書虞慶則、內史令李德林。這三個人在原來的北周都不是什麼大人物，高熲之前不過是個沒沒無聞的中下級官員，李德林出自北齊，而虞慶則更是一個資歷很淺、來自偏遠地方的新人。

虞慶則的得寵來自高熲的舉薦。他本姓魚，據說祖上是關中漢人，在十六國時期遷居靈武（今寧夏靈武），從此世居於此，其父虞祥曾任北周靈武太守。他身長八尺，相貌堂堂，性情倜儻，不拘小節，由於自幼生長在北方邊境，因此習性頗為胡化，他不僅精通鮮卑語，而且擅長騎射，膽識過人，經常身披重甲，帶著兩把弓，一邊疾馳，一邊左右開弓，本州豪俠對他都極為敬畏。除了武藝高強，他還讀了很多書，對漢朝名將傅介子、班超尤為推崇。

北周宣帝初年，他曾擔任并州總管府長史，協助越王宇文盛率軍討平了石州（今山西離石）一帶的稽胡（又名山胡，并州北部山區的少數民族）叛亂。當時高熲在宇文盛麾下任職，對虞慶則的才幹極其欣賞，戰後正是因為他向宇文盛力薦，虞慶則才得以升任石州總管。虞慶則不負所望，恩威並施，境內秩序井然，不僅石州本地的稽胡再也沒有作亂，甚至還有外地的八千多戶胡人慕名前來歸順。

後來高熲在進入相府後，又把虞慶則推薦給了楊堅。楊堅對他一見如故，非常信任，不久就讓他擔任相府司錄，現在更是把他提拔為新朝的首任宰相之一。

高熲、虞慶則、李德林這三個宰相雖然資歷都不夠深，但能力都夠強，而且其配置也非常合理。從才幹上來說，高熲是文武兼備，虞慶則是武將出身，李德林則是純粹的文臣；從民族來說，李德林是純粹的漢人大族出身，高熲雖是漢族血統但曾被賜鮮卑姓獨孤，虞慶則是滿口鮮卑語的胡化漢人，顯然這是胡漢雙方都能接受的人選；從地區上來說，高熲成長於北周的核心地區關中，虞慶則來自北方邊境，李德林來自原北齊，充分照顧到了地域因素。

楊堅的思維之縝密、用人之高超，由此可見一斑。

與高熲等人的迅速崛起相對應的是，劉昉、鄭譯兩人的徹底失寵。楊堅初任執政的時候，劉昉、鄭譯曾分任相府司馬和相府長史，但兩人貪圖享受，縱情聲色，耽誤了不少公事，讓楊堅漸生不滿，而辭任監軍一事更是讓楊堅徹底看清了他們的不堪。因此在高熲從前線回京後，楊堅就讓他代替劉昉出任相府司馬，劉昉則被免職。

鄭譯是楊堅交情甚密的老同學，又在其上位的過程中起了關鍵作用，故楊堅沒有馬上廢除他的職位，仍然讓他繼續擔任相府長史，但卻暗中命令下屬所有重大事務都不要向鄭譯通報，鄭譯從此也遠離了權力中心。

隋朝建立後，劉昉被晉封為柱國，改封舒國公，鄭譯則被晉封為上柱國，賞賜豐厚，還被加以可恕免十次死罪的特殊待遇，但兩人都沒有得到任何具體職位，從此只能賦閒在家。

與劉、鄭兩人命運相仿的還有梁士彥。在平定尉遲迥後，梁士彥出任新的相州總管，但楊堅對戰功赫赫而又桀驁不馴的他很不放心，沒過多久就召其回京，從此他也成了閒居一族。

對李穆，楊堅則又是另一種態度。他剛一稱帝，就給李穆下了一道詔書：公既舊德，且又父黨。敬惠來旨，義無有違。即以今月十三日恭膺天命——您不僅德高望重，還是家父的同輩好友，您勸我順應天命的心意我不敢違背，所以在本月十三日當了皇帝了。

之後，他不僅加封李穆為三師之首的太師，贊拜不名，而且對其族人也特別優待，李氏子孫即使還在襁褓之中就全部被封為儀同，李家手持象笏身居高位的有一百餘人。知趣的李穆曾多次請求告老還鄉，楊堅卻堅決不許：高才命世，不拘常禮。

關於李家的榮盛，史書上只有八個字：穆之貴盛，當時無比。

總之，在開皇初期我們看到的景象是：在北周時期名聲赫赫的那些關隴勳貴，要麼退居二線（李穆、竇熾、于翼、王誼出任位高卻沒權的三師、三公），要麼乾脆被提前退休（梁士彥、鄭譯、劉昉等）；而之前的邊緣人物高熲、虞慶則、李德林等人則成了新政權的核心人物。從這裡我們可以清晰地看出楊堅的用人原則——抑制勳貴，重用新人。

因為楊堅本人之前的軍功並不是特別顯赫，只是因緣際會地通過宮廷政變而成功上位，這讓他對那些原來在北周功高望重的重臣感到很不放心，生怕他們會不服自己。

這一點，只要看他和王誼的一次對話就知道了。

楊堅剛登基不久，有一次打算去岐州視察（治所今陝西鳳翔）。

王誼勸諫他說，陛下初臨萬國，人心未定，為什麼要離京出巡呢？

楊堅笑著回答，我當年與你們這些人地位相當，現在你們一下子變成了我的臣子，難免會有些想法。我這次出行，是要揚揚威風，讓你們心裡服氣。

這句暗藏鋒芒的戲言，其實充分反映了楊堅內心的真實想法。也正因為這樣，他對以王誼為代表的北周重臣，只給高位或重賞卻不肯給予任何實權；而他之前獨當一面的時間不長，並沒有多少長期跟隨自己的班底，因此重用高熲等新人也就成為他必然的選擇。

對前朝的勳貴如此，對前朝的皇族該如何處理呢？

內史監虞慶則向楊堅建議，要求盡滅北周宇文氏宗族。這個建議非常殘忍，但卻很對楊堅的胃口。他知道宇文氏在關中經營近五十年，雖然因宇文贇的亂政而導致上下離心離德，讓自己乘虛而入奪得了政權，但宇文氏的影響還在，眾多大臣和百姓中也有人對北周依然有感情。要讓這些人徹底死了復辟北周之心，他就必須對北周宗室趕盡殺絕。用北周宗室的人頭來震懾那些不安分的人。

左僕射高熲、左衛大將軍楊雄等人雖然有不同意見，但他們深知楊堅說一不二的脾氣，也都不敢當場反對。只有內史令李德林堅決不同意，還據理力爭，希望楊堅不要這麼做。

楊堅勃然大怒：君讀書人，不足平章此事——你是個書呆子，不值得和你討論此事。

事情就這麼定了下來。

於是，北周太祖宇文泰的孫子譙國公宇文乾暉、冀國公宇文絢，孝閔帝宇文覺的兒子紀國公宇文湜，明帝宇文毓的兒子酆國公宇文貞、宋國公宇文實，武帝宇文邕的兒子漢國公宇文贊、秦國公宇文贄、曹國公宇文允、道國公宇文充、蔡國公宇文兌、荊國公宇文元，宣帝宇文贇的兒子萊國公

宇文衎、郢國公宇文術，以及宗室宇文洽、宇文眾、宇文椿及其子孫全部被處死。已退位並被改封為介國公的小皇帝宇文闡當然也不會倖免，沒過多久他也不明不白地死了。

楊堅隨即改封宇文洛為介國公。但宇文洛和北周皇族的關係其實已經很疏遠了，宇文洛的祖父宇文仲只不過是宇文泰之父宇文肱的堂兄弟。注意，是堂兄弟，不是親兄弟。這也說明，宇文泰的祖父宇文韜的所有後代已經一個不剩全部被殺光了！

引人深思的是，宇文泰、宇文邕父子殫精竭慮，創造了無比巨大的家業。然而他們創造的家業越大，給子孫帶來的禍患也越大，為子孫挖的坑也越大。

一聲歎息！

雖然濫殺前朝宗室在戰亂不已的南北朝時代司空見慣，但楊堅的這種做法還是讓後人頗有非議。清代史學家趙翼就說，竊人之國而戕其子孫至無遺類，此其殘忍慘毒，豈復稍有人心！

但這就是楊堅的風格——寧可錯殺一千，也不放過一個！寧可血流成河，也要杜絕後患。

什麼是同情？什麼是惻隱之心？在他的字典裡，從來沒有這樣的字眼。

這一事件也反映了楊堅和李德林關於治國理念的重大分歧——李德林想要的是實行仁政的王道，而楊堅要的是高壓的霸道。在李德林看來，仁政理念是他的底線，因此他絕不願意改變自己的觀點去迎合楊堅。他和楊堅的裂痕由此產生。之後，楊堅對李德林的態度也變了，李德林從此日益被疏遠，取代其地位的是另一個人——蘇威。

蘇威出身於關中大族武功蘇氏。其父蘇綽曾任西魏度支尚書，是宇文泰在治國上最倚重的謀臣，被稱為西魏立國之本的「六條詔書」就出自蘇綽之手。可惜蘇綽因積勞成疾，在西元五四六年就英年早逝。

蘇綽死的時候，蘇威才五歲，長大後，他舉止端莊，處事沉穩，才華出眾，頗有其父的風範。當時執掌朝政的大塚宰宇文護對他非常看重，一心要把親生女兒嫁給他。然而，蘇威認為宇文護專橫跋扈，從不把皇帝放在眼裡，一定難以長久，與其結親風險極大。因此，他堅決不肯答應，還逃到山中躲了起來。但當時宇文護正權傾天下，天下事就沒有他辦不成的。最後，迫於其叔父和各方面的壓力，蘇威還是被迫和宇文護的女兒成親。

對自己的女婿，宇文護當然要重點栽培，先後任命他為使持節、車騎大將軍、儀同三司等職，但蘇威都稱病不肯接受，只是隱居在山中，以讀書為樂。也正因為如此，在周武帝宇文邕誅殺宇文護後，蘇威不僅沒有受到牽連，還被加封為稍伯下大夫。但蘇威卻依然稱病不出。

楊堅擔任丞相後，高熲多次向他推薦蘇威，說他有大才。楊堅也早就聽說過蘇威的賢名，便把他請入相府，一番交談下來，兩人一見如故，彼此都有相見恨晚之感。此後蘇威便在相府住了下來，成為楊堅的重要助手。

然而，就在楊堅準備要受禪的前夕，蘇威卻突然不告而別。高熲愛才心切，請求楊堅派人把他追回來。楊堅對此卻看得很開：不必了。蘇威這個人注重名節，他這是不想參與我改朝換代的事，隨他去吧。到時他自然會回來的。果然不出他所料，等到隋朝建立後，楊堅用一頂太子少保的官帽去召蘇威，蘇威馬上就來了。

這樣一個有才華卻沒有任何野心、有名氣卻與前朝沒有任何瓜葛的人，毫無疑問是現在的楊堅最喜歡的，他當然要加以重用。因此，不久後，楊堅又加封其為納言兼民部尚書，讓他和高熲兩人

一起執掌朝政。

蘇威慌忙上表辭讓。當然了，他這麼做，既是出於謙虛，也多少是感到有些意外。太出乎他的意料了，他根本沒想到自己這麼快就會被提拔為宰相。

楊堅下詔安撫他說，舟大者任重，馬駿者遠馳。以公有兼人之才，無辭多務也——大船裝得多，駿馬跑得遠。以你的大才，完全可以勝任多項職務，請不要推辭。楊堅這麼一說，蘇威也深受感動。良臣遇明君，終於可以一展自己的才華，實現自己的抱負了。

蘇威一直記得其父蘇綽在世時說過的一句話。當初蘇綽治理西魏的時候，由於西魏國力弱小、戰亂頻仍、財政困難而不得不對百姓徵收很重的稅賦，但他對此一直都深感不安，臨死前還曾發出了這樣的歎息：我所做的就像拉緊弓弦，不是長久之計。後代的君子，有誰能使弓弦放鬆呢？因此蘇威執政後的第一件事就是奏請楊堅，請求減免賦稅徭役，讓百姓休養生息。這個建議正合楊堅之意，他馬上就同意了。蘇威深感知遇之恩，從此對楊堅更加盡心輔佐。

有一次，他看到宮裡掛帳幔的鉤是用白銀做的，便立即對楊堅說了一大通道理，要他注意節儉。楊堅被說動了，馬上下令把宮中一切奢華的裝飾物全部去掉。還有一次，有個大臣惹惱了楊堅，楊堅一時火起，想要親手殺了他。蘇威認為此人罪不該殺，趕緊上前勸阻。但楊堅正在火頭上，哪裡聽得進去。蘇威便死死擋住了他，不讓他動手。最後楊堅無奈，只得就此作罷。過了一段時間，楊堅逐漸清醒過來，便重新召見蘇威，對他大加讚賞：你能這樣做，我無憂矣。

這和後來唐太宗和魏徵、宋太祖和趙普的事蹟是不是很像？

楊堅一向推崇勤勉，而蘇威一貫兢兢業業，恪盡職守，事必躬親，這種認真勁最對楊堅的胃口。不久之後，他又讓蘇威兼任了大理寺卿（最高法院院長）、京兆尹（首都長安最高行政長官）、御史大夫（最高監察機構長官）。

蘇威一人身兼五個要職，加之他功名心重，喜歡攬權，而且做事苛細，衣食住行、柴米油鹽，樣樣都要管，因此也引起了一些朝臣的不滿。治書侍御史梁毗上表彈劾蘇威，說他貪圖權位，沒有舉賢自代之心。

現在楊堅對蘇威的感覺是無論他做什麼都是正確的。更重要的是，包括蘇威在內的宰相群體是他刻意越級提拔的，對他們的權威，他當然要堅決維護。因此，楊堅毫不猶豫地選擇了支持蘇威。

他在朝堂上公開回應梁毗的質疑：蘇威志向遠大，朝夕都孜孜不倦，就算他舉賢有缺，又有什麼關係呢？

接著他又對蘇威說，才能用的時候就盡力施展，用不上的時候就深藏不露。只有我和你能做到這一點哪！

最後他面向群臣講出了他的結論：蘇威沒有我，他的主張就無法實施，我沒有蘇威，又怎麼能治理好國家呢？楊素才辯無雙，但要論博古知今，幫助我宣揚教化，就遠遠比不上蘇威了。蘇威若逢亂世，肯定是商山四皓（**西漢初年著名的四位世外高人**）一樣的隱士，怎麼可能出山呢？

這一席話表明了他對蘇威的絕對信任，從此再也沒人敢對蘇威說三道四了。

見到楊堅這麼無節制無底線地誇讚蘇威，高熲也有些坐不住了。他主動表態，說長江後浪推前浪，自己願意辭職，把尚書左僕射這一職務讓給蘇威。出人意料的是，楊堅竟然沒有做一絲挽留，就當場批准了高熲的辭呈。不過僅僅過了數天，他又下旨說，蘇威在前朝隱居不仕，是高熲的引薦

才讓他出山的。引進賢才應該受賞啊，怎麼可以讓你去職呢？於是，高熲又官復原職。

在這齣戲裡，楊堅和高熲一唱一和，配合默契，既又一次拔高了蘇威的地位，也讓高熲獲得了心胸寬大、主動讓賢的美名，更體現了楊堅高超的用人水準，真可謂一石三鳥。

與善做事卻不善做人的蘇威不同，高熲識大體，顧大局，處事深遠，舉重若輕，善於協調各方關係，因此他資歷雖然並不很深，卻很快就得到了朝野上下的認同。楊堅對高熲也是非常信任，每次見到他都親切地叫他獨孤（**其父高賓在西魏時期曾被賜姓獨孤**），將其視為皇后獨孤氏的娘家人。

當時，高熲輔助楊堅掌管全局，蘇威負責行政，虞慶則主管吏部，另一位參與朝政的是左衛大將軍廣平王楊雄。前面說過，楊雄是楊堅的堂侄，在楊堅受命輔政的時候他曾為其四處奔走，延攬了李德林、高熲等人才，又幫助除掉了畢王宇文賢，出力甚多。隋朝建立後，他被任為左衛大將軍，執掌禁軍，地位舉足輕重。

高熲、蘇威、虞慶則和楊雄四人在隋初的政壇炙手可熱，被合稱為「四貴」。這些政治新秀的迅速崛起也引起了一些人的不滿。時任太子左庶子（太子楊勇的侍從官）的盧賁就是其中一位。

盧賁在北周末年曾任司武上士，掌管皇宮宿衛，為楊堅的上位立下了大功。他本以為自己可以憑功臣的身分出將入相，然而現在卻是高熲、蘇威這些功勞、資歷都不如他的人當了宰相，而他自己竟然只是個小小的太子屬官，這讓他心裡怎麼可能平衡。他找到了同樣不得志的劉昉。

眼看著楊堅這個自己親手扶上台的人卻把自己拉下了馬，劉昉對楊堅充滿了無盡的怨恨，自然和盧賁一拍即合。

接著他們又聯絡了上柱國李詢、元諧和華州刺史張賓。李詢是李穆之侄，在平定尉遲迥叛亂時功勳卓著，隋朝建立後，他受命督辦修建京畿水利工程，自感不受重用，因此頗有怨言。元諧是楊堅的多年老友，性情率直，自視甚高，對高熲等新秀把持朝政也不太服氣。張賓是道士出身，在楊堅未發跡時就和其交情甚密，據說還曾預言其將來會做天子，因此楊堅稱帝後就提拔他為華州刺史。

總而言之，這五個人有共同的特點：都和楊堅有舊交，都對楊堅有功，都對現狀滿腹怨言。他們心中無比不滿，不滿之後就想不軌——密謀要廢掉高熲等人，取其位而代之。

也不知是他們的保密工作做得不好，還是楊堅的情報工作做得太好，他們的計畫很快就敗露了。楊堅下令追查。狡猾的劉昉把責任全部推給了盧賁和張賓兩人。

這正是楊堅所要的——因為李詢、元諧兩人都是出身豪門又有軍功，是關隴集團的重要人物，影響很大，此時隋朝初建，人心不穩，對他們應該以安撫為主。於是他乾脆順水推舟，裝聾作啞，只追究盧賁、張賓的責任。

公卿大臣大多認為盧、張二人圖謀不軌，該當死罪。但楊堅認為在這個時候誅殺這兩個曾經有功於自己的老朋友可能會不利於時局的穩定，因此表現得極為寬大：他們都是我當年的舊人，不忍加誅。就把他們除職為民吧。

一場政治風波就這樣被巧妙地解決了。

新法新都城

楊堅鬆了一口氣。

這段時間他一直殫精竭慮，廢寢忘食，在忙於穩定局勢、處理日常行政工作的同時，也沒有忘記他還有更重要的事要做。那就是制定新的制度和法律。

法律為治國之本，而北周的法律既煩瑣又混亂，必須制定新法。隋朝剛一建立，楊堅就讓高熲、鄭譯、楊素以及大理前少卿常明、刑部侍郎韓濬、比部侍郎李諤、兼考功侍郎柳雄亮等人編修新律。不久，又有于翼、李德林、蘇威、裴政、王誼、元諧等人加入編修隊伍。

主要的編撰者為高熲、李德林、蘇威、鄭譯和裴政。高、李、蘇三人位居宰輔，鄭譯是佐命功臣，躋身主編之列自然毫無疑問，而時任率更令的裴政靠的則是他在司法界的經驗和名氣。

裴政是南梁名將裴邃之孫，早年在南梁任職，西魏攻陷江陵後到了長安，深受宇文泰的重用，曾和盧辯等人一起草擬了西魏、北周的六官制度，並且參與制定過北周律令，是當時著名的法律專家。據說他判案極為公正，甚至連被他判了死刑的犯人都對他心服口服，沒有一個上訴的。

西元五八一年十月，新法正式完成並頒布實施，這就是著名的《開皇律》。

《開皇律》以西元五六四年頒布的《北齊律》為藍本，同時博采兼收魏、晉、齊、梁等各朝法律的優點制定而成，共有十二篇，分別為名例、衛禁、職制、戶婚、廄庫、擅興、賊盜、鬥訟、詐偽、雜律、捕亡、斷獄。其中第一篇「名例」屬於法律總則，第二篇到第十篇為實體法，最後兩篇為程序法。

新律廢除了梟首（斬首後懸於高杆上示眾）、轘裂（即車裂，俗稱五馬分屍）以及鞭刑，又規定除謀反外，不再株連九族。

新律規定的刑罰種類分為五種，分別為死刑、流刑、徒刑、杖刑（用棍子打）、笞刑（用竹板打），俗稱五刑。

其中，死刑分絞（絞刑）、斬（斬首）兩種，絞因可留有全屍，較斬為輕。

流刑也就是流放，是僅次於死刑的重刑，也分為三種，分別是一千里、一千五百里、兩千里。這還不算，按照規定還要在流放所在地分別服勞役兩年、兩年半、三年；此外，服刑時還須分別加杖一百、一百三十和一百六十。

徒刑五種，分別是一年、一年半、兩年、兩年半、三年。

杖刑五種，從六十下到一百下。

笞刑也分五種，從十下到五十下。

新法對刑訊也進行了規範。以前官府訊問人犯時，由於法無規定，獄吏經常濫施酷刑，往往屈打成招，釀成冤案。現在新法要求審訊拷打時不得換人且不得超過兩百下，對各種枷杖、刑具的尺寸也都有詳細規定。

除此以外，新法還首創了「十惡」和「八議」制度。

「十惡」由《北齊律》的「重罪十條」發展而來，包括謀反、謀大逆、謀叛、惡逆、不道、大不敬、不孝、不睦、不義、內亂十項罪名。這十條中，五條涉及忠君（謀反、謀大逆、謀叛、大不

敬、不義），四條屬於孝義（惡逆、不孝、不睦、內亂），一條屬於特別惡劣的犯罪（不道），充分體現了其忠孝治國、儒家禮教法律化的特點。

新法規定，凡犯有這十項重罪的，一律從重處理，即使是大赦天下的時候也不得寬赦，因此也稱「十惡不赦」，這一制度被後世長期沿用，影響極為深遠。

「八議」是對官僚貴族在法律上給予的特權，即議親、議故、議賢、議能、議功、議貴、議勤、議賓，也就是說對親、故、賢、能、功、貴、勤、賓這八種人犯罪，必須按特別審判程序認定，並依法減免處罰——反正就是「法律面前人與人不平等」的意思。

「十惡」和「八議」的設立，充分反映了楊堅大力加強中央集權、維護社會等級、建立社會秩序的意圖，中國封建社會的法律基礎從此定型。

西元五八三年，楊堅又命納言蘇威和禮部尚書牛弘等人對新法進行了一次全面的修訂，刪除了一千多個條款，僅保留了五百條，按照《隋書》的說法是：自是刑網簡要，疏而不失。

《開皇律》是中國法律史上的一大里程碑，其立法精神、司法原則和依法治國的思想，不僅為之後的唐宋明清各代所繼承，而且在世界上尤其是東亞地區也產生了廣泛的影響。

再先進的法律，如果不能貫徹，那也毫無用處。因此，法律制定後，接下來最重要的當然是要依法辦事。在這一方面，楊堅十分重視，開皇年間，他曾經多次親自參加案件的審判，以避免出現貪贓枉法的冤案。在他的帶動和監督下，一時間，有法必依、執法公正成了隋朝各級政法機關的常態。

當時著名的學者國子博士何妥在上表中稱讚楊堅說，陛下留心獄訟，愛人如子，每次決獄，無不詳細諮詢各位辦案人員。如今之所以出現刑罰不濫的局面，正是源於陛下的聖明啊！何妥的話雖然略微有些拍馬屁的成分，但客觀地說，基本還是事實。

就這樣，到西元五八二年六月，隋朝建國僅僅一年多後，新的政治制度、新的領導班子、新的法律相繼建立完成，但楊堅還不滿足，他還想再建新功——建一座新的都城。

隋朝是在北周的基礎上建立起來的，都城自然也設在了北周的舊都長安。長安位於關中平原腹地的渭水之濱，是著名的古都，西周、秦、漢等多個朝代都曾在此建都，地理、人文條件得天獨厚。然而，自從漢末以來，長安城歷經戰亂，屢遭兵毀，早已殘破不堪，已不能和洛陽、鄴城等其他一些北方中心城市相提並論。西魏當初建立時，僻處關隴一隅，境內沒什麼大都市。西魏開創者宇文泰也不得不在一群小城中間選都城，最終長安毫無懸念地脫穎而出，再次成為一國之都。

楊堅對長安舊城非常不滿意，他覺得這座破敗的舊城，根本就無法體現自己君臨天下的威嚴。事實上，楊堅之所以想要遷都，除此以外，還有一個極為重要的原因——史書記載的原話是：宮內多鬼妖。

楊堅現在所居的皇宮，是被楊堅殺光的北周皇族宇文氏曾經住了幾十年的地方，處處都留有宇文氏的氣息。每次住宇文邕住過的房間，每次踩宇文贇踩過的地板，每次上宇文闡上過的茅房，楊堅就會觸景生情，彷彿看到他們音容宛在，陰魂不散，無處不在，讓他非常不安。甚至有時他還會出現幻覺，趙王宇文招、越王宇文盛、陳王宇文純等一個個被他殺害的宇文氏冤魂時不時地會出現在他面前。這樣的皇宮，讓他感到惶恐。

作為一個迷信的人，楊堅在這裡覺得「宮內多鬼妖」自然也就可以理解了。因此，他一心要建新都，好早些離開這個讓他不安的地方。新都建在哪裡？他也早已有了打算。他看中了一塊風水寶

地——位於長安舊城東南面的龍首原。

按照《水經注》的記載，傳說秦朝時曾有龍到渭河飲水，龍首原正好是龍頭所在地，因而得名。除了名字吉利，龍首原的地理位置也非常不錯，此處北靠渭水，東臨滻河，西近灃水，是一片海拔四百多公尺的高地，其地勢自北向南由高到低，樹木林立，風景秀麗。

不過，在一片空地上興建一座龐大的都城，需要耗費大量的金錢，徵用大量的勞役，這對於隋朝這麼一個剛建立不久的新王朝來說，實在是有點勉為其難。

建還是不建？楊堅有些拿不定主意。

西元五八二年六月十二日晚上，他特意在宮中召見高熲、蘇威兩位宰相，商議遷都之事。君臣三人討論了整整大半夜，最終還是沒有能做出最後的決定。

第二天一早，楊堅按時上朝，會見群臣。還沒等他開口說話，通直散騎常侍（皇帝高級顧問）庾季才就站了出來。庾季才在北周時曾任太史令，以精通天象而聞名於世，此前楊堅受禪的日期就是他定的，結果一切都很圓滿，他也因此被擢升為現在的職務，深受楊堅的信任。

庾季才上了一道奏本：臣仰觀天象，俯看圖記，各種跡象表明，遷都勢在必行。臣聽說，昔日唐堯的都城在平陽，虞舜的都城在河北，可見帝王所居，世代不同。而且，現在這個國都自從漢代興建以來已經八百年了，水都已被污染，又鹹又苦，實在不是宜居之處。願陛下順天應人，早定遷都之計。

楊堅驚呆了——怎麼這麼巧呢？難道這真的是天意？

他情不自禁地對旁邊的高熲、蘇威兩人說道，是何神也——這實在是太神奇了！

這哪裡是什麼天意，根本就是高熲或蘇威偷偷告訴庾季才的。庾季才這個滑頭哪裡是什麼善觀天象，根本就是善觀風向。迷信的他對庾季才的話居然深信不疑，不僅當場就重賞了庾季才，還高興地說，朕自今以後，信有天道矣！

看到本來是自己份內的馬屁居然被庾季才搶了個先，主管觀測天象的現任太史令就再也坐不住了，便也馬上上奏說，臣亦發現當有移都之事，天命難違，天命難違呀……

楊堅大喜過望。然而，直到此刻，他還沒有下最後的決心。畢竟遷都是件大事，不僅花費極大，而且，在新朝初建百廢待興的時候就大興土木，大臣們會怎樣看待自己呢？會不會不利於政局的穩定呢？

就在他還有些遲疑的時候，太師李穆出手了。

踢過球的人都知道，足球場上最重要的是跑位，也就是要能在恰到好處的時間出現在某個關鍵的地方，不能早一步，也不能晚一步。搞政治也是一樣，你必須知道何時何地自己該出現，何時何地自己該消失。李穆就是這樣一個善於跑位的高手，他總是能恰到好處地出現在楊堅最需要他出現的時候。

在這個關鍵時刻，李穆給楊堅上書了，他從天意、人望、歷史、現實等各個方面，詳細闡述了遷都的必要性，言辭極為懇切。李穆的話徹底打消了楊堅的顧慮。

他終於不再猶豫了：天道聰明，已有徵應；太師民望，又有此請。可矣！

西元五八二年六月二十四日，楊堅正式下詔，命左僕射高熲、將作大匠（相當於建設部長）劉龍等人主持營建新都。不過事實上他們只是掛名而已，真正負責具體工作的是營新都副監（新都建

設副總指揮）宇文愷。

宇文愷是名將宇文忻之弟，但兄弟倆的個性、愛好卻完全不同。宇文忻以武勇著稱，他卻純粹是個文人，自幼博覽群書，多才多藝。隋朝建立後，他曾擔任營宗廟副監，負責修建宗廟，表現極為出色，讓楊堅看到了他在建築方面無與倫比的特長，故而這次他又被委以重任。

宇文愷沒有辜負楊堅的信任，在他的主導下，新都的建設可謂日新月異。開工僅僅九個月後，一座氣勢恢宏的大都市就順利建成了。

楊堅把新都命名為大興城。他希望他的帝國在他的統治下能又大又興旺，而且，他在北周時初登仕途的爵位就是大興郡公，他相信，正是大興這個封號給他帶來了好運。

大興，是多麼吉利的一個名字。新建成的大興城不僅是當時世界上最大的城市，也是近代以前人類歷史上最大的城市。其東西長十八里一百二十五步，南北寬十五里一百七十五步，按照現在的計量單位，算起來面積有約八十四平方公里，比明清時的北京城還要大一倍多，僅其宮城中心部分的大興宮就比明清時的紫禁城要大五倍。

在大興城的設計上，宇文愷可謂費盡了心思。龍首原上原有六道高坡，宇文愷認為這正好應了《周易》中乾卦的六爻，便以此作為新城總體規劃的基礎，把皇宮、官署、寺廟等建築建在這六道高坡之上，充分顯示出皇權、政權和神權的至高無上。

大興城由宮城、皇城、外郭城三大部分組成。

宮城是皇帝及皇族居住的地方，位於城的正北面，奠定皇帝坐北朝南、統轄百官的格局。

皇城位於宮城的南面，是政府各衙署的辦公之處。

外郭城內建有東西南北交錯的二十五條大街，把全城分為一百零八個坊——坊是當時的居民生活區，每個坊都建有圍牆——跟現在的封閉式社區一樣。

皇城中間正門的南面有條寬一百五十公尺的朱雀門大街，把大興城一分為二，東為長安縣，西為大興縣，各領五十四坊，並且各佔兩坊地的東西兩市。全城從南到北共置有十三列坊，象徵一年十二個月再加一個閏月；其中皇城以南九列，暗合周禮「王城九逵之制」。

建築的風格往往取決於業主的喜好，大興城也處處都打下了業主楊堅那濃濃的個人印記。楊堅志向高遠，大興城自然也是大手筆的，規模宏大，雄偉壯觀，前所未見。楊堅處事嚴謹，大興城自然也是有規則的，四四方方，秩序井然，等級森嚴。楊堅務實勤儉，大興城的建設自然也以省錢為第一要務，包括太廟在內，新城建造所需的材料大多是由舊城拆遷而來，這不僅節約了大量的資金，也極大地加快了建設的速度。

西元五八三年三月十八日，楊堅率領文武百官浩浩蕩蕩遷入了新都大興城。站在宮城高大巍峨的城樓上，看著遠方噴薄而出的太陽，四十三歲的楊堅豪情滿懷，躊躇滿志。他已經建成了史上無人能比的最大城市，他還要建立史上無人能比的最大功績。

萬丈高樓平地起，萬世功業現在始。

很快，他又開始了另一項重大工作——改革地方行政制度。

南北朝時期政權更迭頻繁，各方戰亂頻仍，歷朝歷代或為賞賜功臣，或為拉攏豪門，往往要濫設州郡，廣布官吏。史書描述北齊時期的地方亂象時說，百室之邑，遽立州名，三戶之名，空張郡目——有一百家就設一個州，有三戶就能設一個郡。這當然是有些誇張的，但問題的嚴重性顯而易見。

北周的情況也是如此。北周末年，全國共有二百一十一個州，五百八十個郡，一千一百二十四個縣，而當時全國的人口只有約一千八百萬，也就是說平均每個州只有不到九萬人。換句話說，當時一個州刺史的實際權力，可能僅相當於現在某些地方的一個鎮長，因為兩者管轄的人口數量差不多。

如此繁多的地方機構，不僅需要耗費大量的政府財政，而且降低了行政效率，也極大地助長了地方的豪強勢力，極不利於中央集權。

西元五八三年十一月，河南道行台兵部尚書楊尚希上書說，當今的郡縣，比古代多了幾倍。有的地無百里，數縣並置；有的戶不滿千，二郡分領。民少官多，十羊九牧。應該把小的郡縣合併或裁撤，如此一來，國家可以減少支出，選官也可以得到賢才。看到這份上表，楊堅很興奮，這與他的想法幾乎完全不謀而合。隨即他決定著手對地方機構進行整頓。

鑒於州郡重疊的情況極為嚴重，他沒有採用楊尚希所提的併小為大的建議，而是更進一步更加徹底——他乾脆取消了郡這一級機構。這個決定一下子就撤銷了近六百個郡，而按照當時的規定，郡分九級，最大的上上郡官員有一百四十六人，最小的下下郡也有七十七人。這次廢郡，涉及的官員至少有五六萬人之多。

這麼多的官員，該怎麼安排呢？

要知道，當時郡太守以下的官員都是地方上自行徵召的，這些地方官員很多都出身於本地的世家大族，不僅在當地勢力很大，而且往往和其他地方甚至朝廷的高官也有著各種錯綜複雜的關係，總之，背景很硬。如果對他們不能妥善處置的話，很有可能會釀成變亂，弄不好甚至還會造成不可收拾的後果。

在這一問題的處理上，楊堅沒有一味地展示他強硬的鐵腕，而是表現出了靈活的手腕。他把其中一部分郡官吸收到上一級的州裡面，一部分則下放成為縣官，而更多的郡官則成了所謂的鄉官，不入官品，不理時事，徹底失去了權力。

楊堅做事向來雷厲風行。僅僅一個月後，廢郡的工作就在全國範圍內展開，當年年底就基本完成。漢末以來實行了整整三百年的州、郡、縣三級體制就此變成了州、縣兩級體制。

與此同時，他還進行了一個更重要的改革——把州縣機構的僚屬改稱品官，不僅全部要由吏部任命，而且每年都要進行嚴格的考評，作為去留或晉級的依據。

他還規定了地方官的任期，刺史、縣令任期不得超過三年，品官則是四年。這一舉措在中國歷史上具有劃時代的意義，之後地方官吏的任用權被徹底收歸中央，徹底扭轉自漢末以來豪強左右地方行政的局面，大大鞏固了中央集權制度，大大增加了中央對地方的控制力。從此，中央對地方有了絕對的權威，指揮起來堪稱如臂使指。

就這樣，在開皇初年短短兩三年的時間，三省六部制、《開皇律》、大興城、州縣兩級體制……一個個氣勢恢宏的大手筆，一個個前所未有的新制度，都在楊堅的手上變成了現實！

他以非凡的眼光、非凡的膽略、非凡的魄力、非凡的勤奮，一筆一畫地描繪出了自己心目中的藍圖，一磚一瓦地締造出了自己理想中的制度。楊堅就是中國封建社會巔峰期的總建築師。

歷史選擇了楊堅，楊堅也創造了歷史。尤其難能可貴的是，這些巨大的成就竟然是在外敵四面入侵的嚴酷環境下取得的。

第五章

雙管齊下平突厥

四面受敵

隋朝建立之初，形勢稱得上是內憂外患。最大的威脅是來自北方的突厥。當時突厥正處於鼎盛時期，其領土東起大興安嶺，西至西海（今哈薩克斯坦的鹹海），北到北海（今俄羅斯貝加爾湖），南至漠北，東西長達萬里，南北相距五千多里，是北方草原上當之無愧的霸主。

在南北朝末年北齊和北周並立的時候，兩國為了和對方競爭，不得不爭相拉攏討好突厥人。據說北周每年要向突厥上貢十萬匹絹帛，北齊給突厥的好處也有過之而無不及。突厥人當然樂於看見這樣的局面，當時的突厥大可汗佗缽曾經無比狂妄地說，但使我在南兩兒孝順，何憂無物邪！

然而，自從北周滅齊後，平衡就被打破了，佗缽可汗的如意算盤也被打破了——他不但不能再繼續坐收漁翁之利，而且深深感受到了一個統一強大的中原帝國對自己的威脅。陀缽難以接受這樣的局面，因此他不僅收留了原北齊范陽王高紹義，立他為帝，還多次舉兵南下入侵，聲稱要為北齊復仇。

然而，此時的北周統一了北方，實力大大增強；此時的周武帝宇文邕滅了北齊，他早已把突厥人當成了最首要的敵人。西元五七八年五月，宇文邕親自率軍討伐突厥，可惜天不假年，還沒來得及出兵就病死了。

繼位的周宣帝宇文贇在國內胡作非為，自然無暇顧及對突厥用兵，為換取北方邊境的和平，他還同意把趙王宇文招的女兒千金公主嫁給佗缽可汗。楊堅執政之初，為了全心全意應付內亂，也不得不對突厥人委曲求全。他不僅派人護送千金公主去突厥完婚，還不惜付出重金，通過賄賂的方式使對方送回了高紹義。

但隋朝建立後，楊堅就改變了態度。他清醒地認識到要想成就自己統一中國的大業，要想給中原帶來長久的和平，就必須先要使突厥臣服。他決心通過戰爭的方式擊敗突厥，徹底解決這個威脅。因此，楊堅停止了對突厥的歲貢，同時派人整修長城，又任命上柱國陰壽為幽州總管，內史監虞慶則為并州總管，秣馬厲兵，做好了與突厥決戰的準備。

事實上，楊堅之所以敢對突厥如此強硬，可能也跟其父楊忠有關。楊忠曾經兩次和突厥聯兵伐齊，吃過突厥人配合不力、臨陣退兵的苦頭，對突厥人的戰鬥力很不以為然，他曾對周武帝說，頭上長角的往往是食草動物，表面看上去強大的其實往往只是虛張聲勢。雖然突厥人看起來很牛氣，但實際上他們內部首領多而無法令，甲兵惡而爵賞輕，不過是徒有其表而已，有什麼難對付的？

毫無疑問，楊忠的看法對楊堅有著很大的影響。

然而，隋朝這邊嚴陣以待了很久，突厥人卻並沒有什麼動作。因為此時突厥的內部也發生了一次重大的變故。原來，就在楊堅稱帝的這一年，佗缽可汗因病去世，臨死前遺命要求立其兄長木杆可汗之子大邏便為新任可汗。但以佗缽另一個侄子攝圖（乙息記可汗之子）為首的突厥貴族，卻以大邏便之母出身低微為由，擁立了佗缽之子庵邏。

大邏便當然不服，屢屢與庵邏為難。庵邏性格軟弱，根本控制不了局面，便乾脆宣布讓賢。讓給誰呢？那個與他作對的大邏便嗎？

當然不可能，庵邏把可汗的位子給了堂兄攝圖，是為沙缽略可汗。

不過，為了安撫大邏便，沙缽略也不得不封他為阿波可汗，同時又封庵邏為第二可汗，封自己

的弟弟處羅侯為莫何可汗，此外還有其堂叔玷厥雄踞西面，稱達頭可汗。諸可汗各統部眾，分領四方，共尊沙鉢略為大可汗。

正是突厥內部的動亂，讓楊堅獲得了寶貴的準備時間。

與此同時，南方卻並不安定。早在楊堅稱帝之前，南陳皇帝陳頊趁北方內亂，派大將任忠、魯廣達、蕭摩訶、周羅睺等人渡江北伐，企圖收復淮南。陳軍一度進展頗為順利，先後攻克了臨江郡（今安徽和縣烏江）、郭默城（今湖北黃梅）等江淮一帶的大片土地。一時間，隋朝的南方邊境形勢非常危急。

楊堅問計於高熲。高熲推薦了兩個人——一個是韓擒虎，一個是賀若弼。

韓擒虎出身將門，其父韓雄是北周大將軍、中州（今河南靈寶）刺史。他身材魁偉，高大威猛，手臂可站人，胸口碎大石，有萬夫不當之勇，曾經多次率部與陳軍作戰，屢建戰功，威震江淮，後出任和州（今安徽和縣）刺史。

和韓擒虎相仿，賀若弼也是將二代，其父賀若敦在北周官拜金州（今陝西安康）總管。賀若敦曾率軍在湘州（今湖南長沙）和南陳作戰，在孤軍被圍的不利情況下依然全軍而返，自認為功勞很大，沒想到卻反被當時北周執政的宇文護撤職除名，因此牢騷滿腹，頗有怨言。不料後來他的話竟然轉傳到了宇文護的耳朵裡。宇文護勃然大怒，逼令其自殺謝罪。

臨死前，賀若敦把兒子賀若弼召了過來：我向來有平定江南之志，可惜已經無法實現了，你將來一定要完成我的志向。接著他又說道，我是因為出言不慎而死的，你一定要引以為戒！切記！隨後他用錐子把賀若弼的舌頭刺得滿是鮮血。

賀若弼年輕時就以足智多謀而聞名於世，周武帝宇文邕親政後他出任小內史，很受信任。當時他的同事內史中大夫王軌對太子宇文贇很不看好，經常在皇帝面前說宇文贇的不是，有一次心直口快的他還把賀若弼給牽了進去：太子沒有帝王之才。我和賀若弼討論過，我們兩個看法是一樣一樣的。

宇文邕隨即找到了賀若弼。關鍵時刻，賀若弼想起了父親的遺言，便違心地說道：哪有這回事呀，王軌這都是瞎編的。我沒看見皇太子有什麼缺點。

這話等於是把王軌給賣了，因此後來王軌忍不住要責備賀若弼：沒想到你小子竟然是叛徒！賀若弼卻振振有詞地說，管不住自己的舌頭，就可能保不住自己的人頭。咱們做臣子的，說話之前怎麼能不好好考慮呢？

果然如他所言，太子宇文贇即位後，管不住舌頭的王軌最終被殺，而管住了舌頭的賀若弼卻毫髮未傷。

之後賀若弼跟隨韋孝寬一起攻打淮南，是韋孝寬最倚重的智囊，戰後他擔任了壽州（今安徽壽縣）刺史。高熲對賀若弼的評價極高：朝臣之內，文武才幹，無出賀若弼之右者。

楊堅對高熲的推薦自然是言聽計從。

很快，賀若弼升任吳州（今江蘇揚州）總管，韓擒虎則出任廬州（今安徽合肥）總管，一東一西，共同負責籌畫未來對南陳的作戰事宜。

得到了這個任命，賀若弼彷彿蛟龍入大海一樣興奮，父親的遺志，自己終於有機會實現了。他特意寫了一首詩送給自己的好友徐州總管源雄，抒發了自己渴望踏平江南、建功立業的豪情壯志：

交河驃騎幕，合浦伏波營，勿使麒麟上，無我二人名！

不過，賀若弼的激情還是來得太早了點，楊堅的確有滅陳的志向，但不是現在。因為現在有強大的突厥在北面威脅著隋朝，如果沒有降服突厥，就大規模對南陳用兵的話，很可能會被突厥人乘虛而入。因此，楊堅的計畫是先北後南，先突厥後南陳，對南陳，目前不應大動干戈。

楊堅的意圖從他給壽州（今安徽壽縣）總管元孝矩的詔書中就可以看出來。

元孝矩出身於北魏皇族，也是楊堅的親家——他的女兒嫁給了太子楊勇。元孝矩當時鎮守的壽州離南陳邊境很近，向來是南北爭霸的兵家必爭之地，著名的淝水之戰就發生在這裡。

楊堅在詔書中是這麼說的：以公志存遠略，今故鎮邊服，懷柔以禮，稱朕意焉。

「懷柔以禮」四個字清楚地說明了楊堅對南陳的方針——對南陳要以籠絡為主，要和對方保持禮節，不要擅自開戰。

此外，益州總管梁睿也曾主動請命伐陳。楊堅對他的回應是：陳國來朝，未盡藩節，如公大略，誠須責罪。尚欲且緩其誅，宜知此意——陳國對本朝沒有盡到一個藩國的禮節，正如你說的那樣，確實應該問罪，但這事我想從長計議，以後再說。希望你明白我的意思。

由此可知，對南陳保持克制是楊堅經過審慎考慮後做出的戰略決策。當然，保持克制，並不是說什麼都不做，而是要以戰促和。楊堅打算要打一場有限的反擊戰，把陳軍趕回江南，以便震懾南陳，讓他們不敢輕舉妄動。

然而，還沒等楊堅對南陳動手，位於隋朝西北的吐谷渾也來趁火打劫了。吐谷渾本出自鮮卑慕容氏，其首領吐谷渾本是西晉時期遼東鮮卑慕容氏大單于慕容廆的庶長兄，西元四世紀初因與慕容廆不和而率部西遷到了今青海、隴西一帶建國，以自己的名字吐谷渾為國號，國都設在伏俟城（今青海共和縣）。

在北周時期，吐谷渾就很不安分，經常騷擾北周邊境，現在看到隋朝初建，吐谷渾國王夸呂自認為有機可乘，便出兵攻打弘州（今甘肅臨潭縣）、涼州（今甘肅武威）等地。這種毫無自知之明的小國，楊堅當然不會客氣，他馬上任命自己的老朋友元諧為行軍元帥，率行軍總管賀婁子幹等人西征，討伐吐谷渾。

他給元諧的指示是：公總兵西下，目的是要保全黎庶，切勿貪無用之地。王者之師，意在仁義。宜曉示以德，臨之以教，誰敢不服也！

很顯然，楊堅對此次作戰的定性非常明確——保境安民，自衛反擊，而不是要滅人之國，奪人之地。

隋朝的百戰精銳對付小小吐谷渾的烏合之眾，結果自然是毫無懸念。隋軍勢如破竹，連戰連捷，先後俘虜、斬殺敵軍萬餘人，打得吐谷渾舉國震駭，國王夸呂倉皇逃竄。之後元諧沒有繼續擴大戰果，而是按照楊堅的要求停止了進攻。

楊堅任命元諧為寧州（今甘肅慶陽）刺史，賀婁子幹為涼州刺史，以防備吐谷渾的再次入侵。西北安寧了，楊堅得以騰出手來專門對付南陳。

西元五八一年九月，他任命上柱國長孫覽、元景山為行軍元帥，從東西兩面發兵反擊南陳，尚書左僕射高熲則奉命趕赴前線，節度諸軍。隋軍水路俱進，攻勢凌厲，僅僅兩三個月的時間就盡復失地，把陳軍趕回了江南。

西元五八二年年初，大批隋軍在長江北岸擺開陣勢，大有乘勝渡江之勢。

五十三歲的陳宣帝本打算在楊堅新上台的時候趁機渾水摸魚，佔點便宜，沒想到奪人土地不成反而陷自己於險境，當時就又羞又惱，急火攻心，很快就一病不起，一命嗚呼。

此時的南陳已經危如累卵，但內部卻依然紛亂不已。就在陳宣帝遺體入殮、太子陳叔寶和一大幫親屬趴在地上痛哭的時候，旁邊的始興王陳叔陵（陳宣帝次子）在大庭廣眾之下突然抽出早已藏在袖子裡的切藥刀，狠狠地向陳叔寶的脖子上砍去。然而由於刀太鈍，這一刀只是讓陳叔寶受了點傷，但嚇得不輕，嚇暈了過去。

陳叔陵這個二皇子真是夠二，居然還想舉刀再砍，這時周圍的人也反應過來了，大家同心協力一起把他制服。但陳叔陵卻趁亂掙脫，逃回了自己的府邸。隨後他一不做，二不休，乾脆宣布起兵反叛，但除了他的死黨新安王陳伯固外，沒有任何人回應。叛亂很快就被南陳大將蕭摩訶平定，陳叔陵被殺。

陳叔寶隨即即位，這就是大名鼎鼎的陳後主。

與雄心勃勃的父親相比，陳後主沒什麼進取之心，有的只是玩樂之心。只求苟安的陳後主自然不敢和隋朝繼續對抗，故而剛一上台，就立即表示願意歸還此前攻佔的所有江北土地，請求與隋朝講和。

看見南陳已經服軟，高熲便按照既定的方針，決定見好就收，馬上給楊堅上書，請求退兵——理由是南陳宣帝駕崩，禮不伐喪。楊堅當然立即允許，他現在必須把注意力集中到北邊，因為此時北方邊境的形勢已經異常緊張。

由於隋朝停止了對突厥的上貢，突厥大可汗沙缽略非常惱火，其可賀敦（即突厥可汗之妻）北周千金公主（宇文招之女）也經常鼓動他起兵攻打隋朝，為北周復仇。因此，等到內部稍一穩定，沙鉢略就立即對隋朝用兵，他召集各部首領，慷慨激昂地說，我是周室的親戚，如果不能制止隋主自立的話，有何面目見可賀敦。

西元五八一年年底，沙鉢略聯合了盤踞在遼東一帶的原北齊營州（治所今遼寧遼陽）刺史高寶寧，率軍侵犯隋朝。

高寶寧在北齊時期本屬沒沒無聞之輩，甚至連他的身世也根本沒人知道，《北齊書》上只說他是「代人也，不知其所從來」。令人意外的是，這個偏遠地區的小州刺史在北齊滅亡後卻成了叱吒風雲的人物。

北齊後主高緯被周軍抓獲後，北齊各地都相繼投降了北周，但高寶寧卻據守遼東，誓死不降，還推舉逃亡突厥的原北齊范陽王高紹義為主，自任丞相。周武帝宇文邕自然容不下這樣一根釘子，便派心腹大將宇文神舉領兵前去征討。

沒想到高寶寧雖然職位不高，在當地的威信卻很高，他聯合了契丹、靺鞨（據說是滿族的先祖）等東北少數民族各部的首領一起抵抗周軍，甚至連高句麗國王也親自率軍前來助戰。一場惡戰之後，宇文神舉損失慘重，只得知難而退。高寶寧就此一戰成名，威震東北。

他有實力，也有號召力，在遼東根基很深，是當時不可小覷的一股勢力。楊堅對高寶寧也曾爭取過，曾經多次寫信給他，勸他歸順。然而，跟鐵了心想光復北齊的高寶寧談這些，完全是白費嘴皮。

由於都有著同一個敵人——隋朝，高寶寧與突厥結盟自然也是順理成章的事。這次高寶寧與突厥合兵進犯，由於尚屬於試探性質，因而規模並不是很大，很快就被隋軍擊退。但這還是讓楊堅感受到

了極大的壓力。正當他為此絞盡腦汁之際，奉車都尉（掌管御用車輛的官員）長孫晟獻上了一計。

離強而合弱

長孫晟出身於鮮卑豪門，其曾祖父長孫稚是北魏上黨王、太師，他精於騎射，矯捷過人，在當時的貴族子弟中名氣很大。北周末年，他擔任司衛上士，是楊堅的下屬，楊堅對他非常欣賞，曾經拉著他的手對周圍的人說，長孫郎武藝逸群，又多奇略，這樣的人一定是未來的名將。

北周末年，楊堅輔政的時候，長孫晟曾經擔任汝南公宇文慶的副手，負責護送千金公主去突厥和親，在突厥待了很長一段時間。和所有游牧民族一樣，突厥人好勇尚武，因此武功高強的長孫晟在突厥貴族中很吃得開，沙缽略（當時還叫攝圖）經常帶著一幫弟兄和他一起四處遊獵。

有一次看到兩隻大鵰在五百公尺的高空爭奪食物，沙缽略給長孫晟兩支箭，對他說，請射取之。長孫晟也不答話，彎弓就射，一箭發出，「嗖」的一聲，兩隻鵰同時應聲而落。這就是成語「一箭雙鵰」的由來。這神奇的一幕把在場的所有人都看呆了。沙缽略對長孫晟神奇的箭術簡直佩服得五體投地，當場要求自己的子弟要多和長孫晟交往，以便跟他學習射箭。

長孫晟由此在突厥上層貴族中交往甚廣，交情甚密，尤其是沙缽略的弟弟處羅侯，與他更是親如兄弟，無話不談。也正是因為有了這樣一段經歷，長孫晟對於突厥的山川地形、部眾強弱，以及各部首領的性格愛好、生活習慣全都瞭若指掌。

長孫晟給楊堅上書，詳細報告了突厥內部沙鉢略和達頭、阿波、莫何等幾大可汗不和的內情，提出了「遠交而近攻，離強而合弱」的原則，指出應該通過離間突厥各部的關係，使其「首尾猜嫌，腹心離阻」，然後隋朝再乘隙進兵，必可一舉成功。

正苦苦思索卻苦無良策的楊堅看了這封上書後，感覺茅塞頓開，豁然開朗，便馬上召長孫晟進宮面談。長孫晟一面滔滔不絕地口述突厥內部的形勢，一面乾脆俐落地用筆畫出了完整的突厥地圖，並在上面詳細標注了突厥各部的虛實情況。楊堅對此大為嘆服，當場就拍板決定採納他的建議。

隨後，楊堅派太僕元暉出使到位於沙鉢略西邊的達頭可汗那裡，並賜給他狼頭纛（**即繡有狼頭的大旗，突厥人自稱是狼的後代，以狼為圖騰**），表示尊其為突厥君主，對他格外禮敬。甚至達頭的使者到了長安，楊堅也將其置於沙鉢略的使者之上。

與此同時，楊堅又加封長孫晟為車騎將軍，讓他攜帶大量錢幣珠寶，前往出使位於沙鉢略東面的莫何可汗。長孫晟大展金錢外交，沿途對奚、契丹等東北部族大加收買，對自己的好友莫何更是送上無數大禮，同時藉機暗中勸他歸附隋朝。

楊堅的這一策略果然奏效，從此，沙鉢略和達頭、莫何等各部開始互相猜忌，離心離德。沙鉢略的心情好不鬱悶。雪上加霜的是，老天好像也和他作對，在這整整一年裡都沒有下過一滴雨雪，塞北草木盡枯，人畜也大量死亡。這一切，讓沙鉢略不得不把矛頭對準隋朝。

西元五八二年四月，沙鉢略派出兩支軍隊南下，一路進犯雞頭山（位於今甘肅鎮原縣），被隋朝大將軍韓僧壽（**韓擒虎之弟**）擊退；另一路攻擊河北山（今內蒙古狼山），也被隋朝上柱國李充打敗。不過這充其量只是大戰的前奏，真正的對決出現在一個月後。

這年五月，沙鉢略統領達頭、阿波、莫何、貪汗（阿波之弟）、潘那五大可汗和四十萬大軍傾巢而出，全線入侵隋朝。與此同時，遼東的高寶寧也與其配合，向平州（今河北盧龍縣）發起進攻。一場草原霸主和中原猛龍之間的大戰就此爆發！

戰事伊始，雙方互有勝負。隋朝的上柱國李充作風勇猛，在馬邑（今山西朔州）多次打退突厥軍的攻擊；涼州總管賀婁子幹則以智取勝，他據河立營，切斷了來犯敵軍的水源，在突厥軍人馬疲敝之際，縱兵出擊，大破敵軍。

不過，在長達數千里的戰線上，隋軍也多處被突厥軍突破。駐守幽州（今天津薊縣）的上柱國李崇、駐守乙弗泊（今青海樂都縣西）的柱國馮昱、駐守臨洮（今甘肅岷縣）的蘭州總管叱李長叉等人，都先後被突厥擊敗。

形勢危急，楊堅連忙調兵遣將，任命自己的姐夫左武侯大將軍竇榮定出任秦州（今甘肅天水）總管，主持西北地方防務，以阻止突厥的進一步行動。然而，到這年的十月，突厥還是突破了木峽、石門兩個重要的關口（均位於今寧夏固原的六盤山），隨後繼續揮師東南，對隋朝的都城長安構成了極大的威脅。

就在此時，楊堅卻因操勞過度而病倒了。但他依然鎮定自若，他一面命太子楊勇出鎮咸陽，統籌全局；一面又命自己的心腹愛將內史監虞慶則為行軍元帥，日夜兼程，火速率軍趕往弘化（今甘肅慶陽）拒敵。到弘化後，虞慶則率主力留在城內休整，命行軍總管達奚長儒率軍兩千繼續西進，偵察敵情。

達奚長儒是一名百戰老將，早在西元五五三年西魏攻取益州時他就擔任了先鋒，之後他又參與了平齊、擊陳以及討伐王謙叛亂等多次戰役，屢建戰功，此時他的職位是上大將軍。出城後沒過多久，達奚長儒就在周盤（今甘肅慶陽境內）遭遇了沙鉢略親自率領的十幾萬突厥主力。將士們大驚失色，達奚長儒卻神色不變。他勉勵大家說，形勢越是緊張，越是不能慌張。如今我們身處死地，唯有抱定必死之決心，拼死作戰，才能從絕望中拼出希望，從死路中殺出生路。

他把全軍集結成陣，且戰且退。突厥騎兵如排山倒海一般向隋軍襲來。隋軍在達奚長儒的帶領下奮勇抵抗。由於眾寡懸殊，隋軍的陣形還是多次被突厥軍衝亂，但在達奚長儒的指揮下，憑藉高超的戰術素養和堅強的戰鬥意志，屢次都能重新集結成陣。就這樣，達奚長儒和他麾下的兩千士兵連續十四次擊退了數十倍於己的敵人的攻擊，堅持了整整三天三夜。

達奚長儒身上五處受傷，其中兩處甚至前後貫穿，但他依然堅持戰鬥，依然如高山般屹立不倒。在三天的惡戰中，兩千名隋軍將士眾志成城，前仆後繼，雖然死傷大半，殺敵卻數以萬計。他們始終保持著同樣的方陣，邊戰邊退，逐漸退到了弘化城外。可是駐守在弘化城內的隋軍主帥虞慶則見突厥勢大，竟然不敢出兵救援。達奚長儒和他的部下只得繼續堅持，繼續孤軍奮戰。

突厥人驚呆了。他們本來以為以十幾萬人對陣區區兩千人可以輕鬆獲勝的，沒想到隋軍竟然如此頑強。一次次的進攻被隋軍一次次擊退，看到同伴們一個個被隋軍擊倒，突厥人的鬥志終於被徹底擊垮了。他們選擇了放棄——匆匆焚燒了同伴的屍體，解圍而去。

兩千人最終擊退了十幾萬人，達奚長儒創造了奇蹟！

達奚長儒的英雄事蹟很快傳遍了全國。楊堅也非常興奮，專門下詔給予褒獎，言語間極盡讚美之詞：若非英威奮發，奉國情深，撫禦有方，士卒用命，豈能以少破眾，若斯之偉？同時他越級加

封達奚長儒為上柱國，此役的陣亡將士也一律追贈升官三級，並讓其子孫襲爵。

這一戰的失利也極大地影響了突厥人的士氣，打擊了突厥人的信心。

下一步該何去何從？

突厥人的內部現了分歧。

沙缽略打算繼續南侵。但達頭卻不願意——一方面是由於隋朝之前的統戰工作，他和隋朝作戰的意願並不強；另一方面是因為此時他後方的于闐（古西域王國，都城在今新疆和田）、挹怛（又名嚈噠，古西域王國，在于闐以西）等地都發生了叛亂，他當然不能不顧。兩人各執己見，無法達成一致。最終，達頭沒有聽沙缽略的，率部裹挾著戰利品返回西域；沙缽略則一意孤行，依然想要繼續南下。

關鍵時刻，長孫晟出手了。他偷偷找到了與他關係最好的莫何可汗處羅侯之子染干。經過他的一番鼓動，染干匆匆跑到沙缽略帳中彙報：不好了，大可汗，剛剛得到消息，北方的鐵勒人造反，要偷襲我們！

這次攻隋，突厥幾乎是全軍出動，現在聽說後院起火，沙缽略自然是大驚失色。必須馬上回去，否則，很可能老巢不保。他立即率部匆匆退往塞北，同時把被他攻佔的武威（今甘肅武威）、金城（今甘肅蘭州）等地擄掠一空。

突厥終於退兵了。但楊堅知道這一切只是暫時的，此戰突厥的實力並沒有受到太大的損失，也許他們很快就會捲土重來。而經歷了這一次考驗後，楊堅對突厥的戰鬥力也有了清晰的認識。突厥人雖然貌似強大，但其實只是外強中乾的紙老虎，只要自己全力以赴，就一定能戰勝。他決心改變被動挨打的局面，轉守為攻，主動出擊，徹底把突厥打服。

為了避免兩線作戰，在南線，楊堅刻意放下身段，向南陳示好。他多次派使臣出訪南陳，反覆強調，隋陳兩國是一衣帶水的友好鄰邦，要增進互信，加強交流，和平共處，世世代代地友好下去。同時，他按照互相尊重主權和領土完整的原則，即使南陳有人要獻地投降隋朝，他也不予接受。

楊堅遞過來的橄欖枝對於沉迷於溫柔鄉中的陳後主來說，哪裡有不接受的道理？之後的幾年，隋陳兩國邊境一直相安無事，雞犬之聲相聞，使臣頻繁往來。

不僅對南陳，對自己位於江陵的附庸小國後梁，他也很注意籠絡。西元五八二年十二月，也就是突厥剛退兵不久，他就為自己的次子晉王楊廣納後梁主蕭巋之女為妃。後梁雖然沒什麼實力，但蘭陵蕭氏卻是南朝的皇族，而且是文化世家，在南方地區影響很大，和蕭家結親對於帝國南線的安定大有裨益。除此以外，楊堅還下令罷免了從西魏開始就設立的負責監控後梁政權的江陵總管府。蕭巋對此感恩戴德，對楊堅也更加死心塌地。

南線無憂，楊堅因此得以專注於北線的戰事。

敦煌戍卒史萬歲

西元五八三年四月，突厥又數次騷擾隋朝邊境。楊堅以此為由，下詔宣布討伐突厥，這封詔書寫得極有氣勢：東極滄海，西盡流沙，縱百勝之兵，橫萬里之眾，亙朔野之追蹤，望天崖而一掃。何敵能當，何遠不服！……諸將今行，義兼含育，有降者納，有違者死。使其不敢南望，永服威刑！

「東極滄海，西盡流沙」說明這是一次規模極大的全面出擊；「使其不敢南望，永服威刑」則指出了此次戰役的目標——不是為了擴張領土，滅掉突厥，而是為了讓突厥鎮服，從此不敢南侵。

隋軍以衛王楊爽、河間王楊弘、秦州總管竇榮定、上柱國豆盧績、左僕射高熲、內史監虞慶則等人為行軍元帥，兵分八路，向突厥發起全線進攻。

其中，楊爽擔任中路軍主帥，並且節度諸軍。時年二十一歲的楊爽是楊堅的五弟，也是最小的弟弟，比楊堅的長女楊麗華還要小兩歲，父親楊忠去世的時候，他只有六歲，之後便一直由大嫂獨孤皇后撫養長大，因此極受楊堅的寵愛。

順便說一句，據說楊爽還是《隋唐演義》裡靠山王楊林的原型。

這次楊爽率上柱國李充等四位行軍總管由朔州（今山西朔州）道出塞，在白道（今內蒙古武川）附近發現了沙鉢略率領的突厥軍。李充近年來一直擔任朔州總管，與突厥多次交過手，深知突厥人的底細，他向楊爽建議說：突厥近年來多次獲勝，驕傲自大，一定想不到我軍會主動進攻他。如果讓我率精兵突襲，一定能夠獲勝。楊爽深以為然，便命李充統精騎五千，前往偷襲沙鉢略軍。

事實的確如李充所言，在突厥人的眼裡，他們是狼，隋朝人是羊，從來只有狼攻擊羊，哪裡有羊攻擊狼的道理？因此突厥軍做夢也沒想到隋軍會這麼做，頓時猝不及防，亂成了一鍋粥。這樣的一場戰鬥，結果自然毫無懸念——隋軍大獲全勝，俘虜數千人，繳獲牛羊數萬頭。沙鉢略本人也非常狼狽，他身受重傷，躲在茂盛的草叢中，氣都不敢出，這才勉強躲過了隋軍的搜尋，得以僥倖逃脫。

慘敗之後的突厥分外悲慘。由於持續不斷的旱災，突厥人近一年來一直缺衣少食，而在此戰中他們又損失了大量牛羊，饑荒情況自然也就更加嚴重。無奈之下，突厥人只好把屍骨粉碎為糧以果腹充饑，但這又導致了疫病的流行，一時間，死者極多，屍橫遍野，可謂慘不忍睹。

與此同時，在東北方向，幽州總管陰壽則率軍十萬出盧龍塞（今河北遷西縣喜峰口），攻打盤踞遼東的高寶寧。高寶寧慌忙向突厥求救，但此時的突厥早已自顧不暇，哪裡能顧得上他？孤立無援的高寶寧根本抵擋不住隋軍凌厲的攻勢，無奈只得放棄老巢黃龍城（今遼寧朝陽），逃到了漠北。之後，陰壽留部將成道昂鎮守黃龍，自己則率軍返回幽州。

然而，高寶寧深諳「敵進我退，敵駐我擾，敵疲我打」的遊擊戰術精髓，陰壽大軍剛剛退走，他又帶著契丹、靺鞨等部族的一幫嘍囉反攻黃龍城。成道昂苦戰多日，才勉強打退了高寶寧的進攻。

陰壽對高寶寧深感頭痛，不過他很快就想出了一招。陰壽派人潛入高寶寧軍的內部，用重金收買了高寶寧的親信趙世模等人，同時又四處散布重金懸賞高寶寧的消息。這一招在流離失所、缺衣少食的高寶寧軍中非常奏效，沒過多久，趙世模等人紛紛率部來降，叛軍內部土崩瓦解。

窮途末路的高寶寧只得率少數殘部再次北逃，想要投奔契丹。但他的部下趙修羅等人已經失去了信心，加上難以抵禦重賞的誘惑，便在中途殺了高寶寧，隨即提著他的首級前往陰壽的大營領賞。東北自此宣告平定。

剷除高寶寧，對此時的隋朝來說意義十分重大。不僅從根本上解決了東北的邊患，完成了周武帝未竟的統一事業，鞏固了隋朝在河北等原北齊地區的統治，而且使突厥失去了一個重要的盟友。從此，隋朝就可以全心全意對付突厥這個敵人了。

隋軍在西北方向也取得了很大的戰果。河間王楊弘率軍從靈州（今寧夏靈武）道出塞，大破突

厥軍。他麾下的行軍總管龐晃則率部從賀蘭山（位於今寧夏北部）長驅直入，勢如破竹，斬首數千級而回。

相對於順風順水的楊弘，秦州總管竇榮定這一路就要艱難得多了。他率步騎三萬出涼州（治所今甘肅武威），在高越原（今甘肅民勤西北）遇到了阿波可汗率領的突厥大軍。

高越原地處戈壁荒原，寸草不生，乾旱無比。由於情況不熟，隋軍隨身攜帶的水很少，很快就喝完了。將士們只好刺馬飲血以補充水分，但這畢竟是杯水車薪，根本解決不了問題，因此還沒等開戰，隋軍就已經死了不少。這樣下去，恐怕不等敵軍攻擊，隋軍就已經不戰自敗了。竇榮定對此束手無策，無奈地仰望熾熱的太陽，發出一聲長歎：難道這是天要亡我嗎？

大漠戈壁的氣候變幻莫測。竇榮定的話音未落，忽然天色大暗，瓢潑大雨從天而降，隋軍的飲水問題就這樣徹底得到了解決。久旱逢甘霖，絕處逢生機，隋軍上下士氣大振。隨後竇榮定指揮部隊乘勢進擊，屢次擊敗突厥軍。然而阿波可汗也非常強悍，儘管戰事不利，但他很快再次佔據了有利地形，穩住了陣腳。之後，兩軍又重新陷入了對峙局面。

時間一天天地過去，就在竇榮定苦思破敵之策而不得的時候，突然有人叩轅門求見。

「來者何人？」

「敦煌戍卒史萬歲！」

史萬歲是京兆杜陵（今陝西西安南郊杜陵原）人，出身於武將世家，其父史靜曾任北周刺史，後在平齊一戰中戰死。也許是受家庭影響，史萬歲從小就練就了一身過人的武藝，《隋書》稱之為「精騎射，驕捷若飛」。不過你別以為他是一介武夫，事實上，他還熟讀兵書，深諳兵法，此外還精通占卜。

尉遲迥叛亂的時候，史萬歲擔任開府，隸屬於名將梁士彥的手下。有一次在行軍的時候，看到天上飛過一群大雁，史萬歲對梁士彥說，讓我來射排在第三位的那一隻。隨後他一箭射出，雁群中那隻倒楣的大雁應弦而落。全軍上下對他的箭術無不嘆服。

和叛軍作戰時，每次他都奮不顧身地衝鋒在前，屢立戰功。鄴城一戰開始的時候，叛軍在尉遲迥的指揮下攻勢極猛，政府軍連連敗退。關鍵時刻，史萬歲大呼一聲：事急矣，吾當破之！隨後他拍馬衝入敵陣，連續擊殺數十名叛軍，如入無人之境。他的英勇表現大大鼓舞了部隊的士氣，為政府軍後來扭轉戰局立下了大功。

戰後論功行賞，史萬歲被越級擢升為上大將軍。這一年他才三十一歲。世家出身，烈士子弟，年輕有為，功勳卓著，看起來，史萬歲的前途似乎是一片光明。柱國，上柱國……幾乎已經唾手可得。就在史萬歲春風得意馬蹄疾的時候，突然馬失前蹄，摔了個大跟頭——大將軍爾朱勣謀反，史萬歲也受到了牽連，被開除黨籍，免去所有職務，一擼到底，發配到了毗鄰突厥的敦煌當了一名戍卒，也就是大頭兵。

新兵往往要被那些老兵油子欺負，初來乍到的史萬歲就受到了隊長的欺辱。這個隊長非常自負，當然他的自負也是有理由的。此人武藝高強，膽識過人，經常單槍匹馬闖進突厥的領地，擄掠羊馬而回。突厥人見識過他的厲害，對他非常懼怕。

隊長看不起史萬歲，史萬歲心中不服，便自稱也有武藝。隊長不信，要他表演一下騎射功夫：你行的話，我才信你。史萬歲二話不說，提弓上馬，馳入突厥境內，很快就搶得大批牛羊，滿載而

歸。隊長一下子對他刮目相看。之後的日子裡，兩人經常結伴同行，深入突厥數百里，四處搶掠，來去如風，突厥人對他們畏之如虎，任其來去。

一時間，「追風雙俠」、「敦煌戍卒史萬歲」的威名傳遍了大漠內外。不過，史萬歲追求的可不是什麼民間俠士，他追求的是名垂青史。他時刻都渴望著重返刀光劍影的戰場，建不世之功，揚萬世之名。他相信，暗淡的人生遲早會有大放光芒的一天。

這一天很快就到了。得知竇榮定在離敦煌不遠的高越原討伐突厥，史萬歲覺得自己的機會來了，便馬上辭別隊長，從敦煌出發，星夜兼程，趕來投軍。竇榮定此時正和阿波兩軍相持不下，苦無良策，見到史萬歲這個威名遠揚的勇將，頓時眼前一亮。

該怎樣發揮史萬歲的作用？竇榮定眼珠一轉，馬上就有了主意。他派人給阿波傳話說：與其這樣曠日持久地對壘下去，不如咱們各派一個壯士出來單挑，一決勝負。

阿波可汗立即應允。像突厥這樣的游牧民族，可能會缺水、缺糧、缺衣、缺美女、缺文人、缺心眼，但絕不會缺勇士。阿波派出一員猛將出陣挑戰。

竇榮定命史萬歲應戰。史萬歲躍馬上前，一道寒光、一聲慘叫，轉眼間敵將的首級已經在史萬歲的手中。見此情景，阿波可汗大驚失色，不敢再戰，只好按照約定，引軍退去。但他並沒有走遠，因為他覺得就這樣灰頭土臉地回去未免太沒面子了。就在阿波感到舉棋不定進退維谷之際，長孫晟出招了。此時他正在竇榮定的軍中擔任偏將，派人給阿波傳話說，攝圖（沙鉢略）跟隋朝作戰經常能獲勝，你卻一敗再敗。況且攝圖和你一向不對盤。你這次回去，他必然要怪罪於你，甚至會找理由吃掉你，可汗你自己想想，你鬥得過攝圖嗎？你怎麼辦？

長孫晟的這番話擊中了阿波的要害。是的，他本來是陀鉢可汗指定的接班人，正是由於沙鉢略的阻撓他才與汗位失之交臂。他對沙鉢略早就充滿了怨恨，而沙鉢略對他也十分猜忌，兩人一直貌合神離。長孫晟所說的情況，的確很可能發生。

怎麼辦？阿波心亂如麻，思來想去，越想越沒頭緒，最後他覺得解鈴還須繫鈴人，便派出使者專程向長孫晟請教。

這一切早在長孫晟的預料之中，他馬上提出了自己早已準備好的解決方案：如今達頭和隋朝交好，攝圖不能制。可汗你何不依附大隋天子，同時聯合達頭，此萬全之計也。怎麼可以以負罪之身，還歸攝圖，受其侮辱呢？

聽了這個建議，阿波的心情頓時豁然開朗。他立即與竇榮定簽訂停戰協議，同時派遣使臣，跟隨長孫晟到長安請和，一切安排妥當後，才引兵返回。

然而，就在阿波退兵的同時，突厥和隋朝在幽州又爆發了一場大戰。平定高寶寧後還不到一個月，隋朝幽州總管陰壽去世了，繼任的是李穆的侄子上柱國李崇。在李崇的運作下，加上看見隋朝在和突厥的爭鬥中屢屢獲勝，契丹、奚、霫等東北的少數民族紛紛背棄突厥，歸順隋朝。然而，這一歸順，卻出了問題。

突厥東部地區的首領是沙鉢略的弟弟處羅侯，契丹、奚等民族此前一直屬於他的勢力範圍，此人和長孫晟關係不錯，本來在侵犯隋朝的戰事中並不十分賣力，但現在看見自己的利益受損，他也無法忍受了。西元五八三年六月，處羅侯集結了重兵，猛攻幽州。

由於前不久剛剛取得了一場大勝，隋軍上下根本沒想到突厥人會在這個時候攻擊自己，所以毫

無防備，幽州城內此時的兵馬並不多。李崇選擇了主動出擊，留下部分軍隊守城，自己則親率步騎三千，出城拒敵。由於眾寡懸殊，迎接李崇的是一場接一場的惡戰。

轉戰十餘日後，李崇所部被突厥大軍圍困於一個叫砂城的小城堡。砂城荒廢已久，根本無險可守，而隋軍又沒有糧草，顯然已經陷入絕境。但頑強的李崇依然不肯放棄，為了解決軍糧問題，他每到晚上就率軍出城偷襲突厥軍營，奪取牲畜以供食用。

然而，由於連日苦戰，隋軍的人數還是越來越少，最後李崇手下僅剩一百多人，且大多受了傷，又一直在忍饑挨餓，難以再戰。突厥人知道勝券在握，因此也不急於攻城，而是派出使者企圖招降李崇，被李崇嚴詞拒絕。

此時李崇也自知不免，決心以死報國：有心殺敵，無力回天。我喪師失地，唯有一死以謝國家。接著他勉勵大家找機會突圍，向皇帝覆命，自己則仰天大呼：有去無回，有死無生。隨後單槍匹馬衝入敵陣，在殺死兩名突厥兵後，被敵軍如蝗的箭雨射成了刺蝟，壯烈犧牲，時年四十八歲。

降服突厥

李崇戰死後，處羅侯並沒有乘機進軍，擴大戰果，而是很快就領兵退走了。因為他此時突然得到消息，突厥內部發生了驚天巨變！

事情是這樣的：幾乎就在阿波向隋朝請和的同時，沙鉢略就得知消息了。一聽說這事，沙鉢略肺都氣炸了，他對桀驁不馴的阿波早就看不順眼了，早就想廢掉他了，現在阿波這麼做，他覺得正好可以給他扣上「叛徒、內奸」的帽子，把他徹底打倒。他立即率軍奔襲阿波的老巢。此時阿波還在回來的路上，家裡留守的人員不多，加上群龍無首又猝不及防，怎麼可能是沙缽略的對手？這一戰，沙缽略盡獲其眾，盡取其地，還殺了阿波的母親。

正是沙缽略這一行為直接導致了突厥的分裂。不過他這麼做其實也是別無選擇。阿波、達頭都已經背棄了自己，和自己的敵人隋朝結盟，如果他不先下手為強，大可汗這個位子還坐得穩嗎？

得知老巢被佔、老母被殺的消息，阿波怒火中燒，當場發誓：不報此仇，誓不為人！然而此時他已無家可歸，無處可去，只好率部西奔，投靠達頭。隨後他向達頭借得十萬兵馬，氣勢洶洶地回師東進，去找沙缽略算帳。突厥的內戰就此爆發。

而隨著沙缽略和阿波兩大可汗的反目成仇，突厥內部的其他勢力也迅速分化。貪汗可汗是阿波的弟弟，自然毫不猶豫地站到了哥哥這邊。沙缽略的堂弟地勤察一向不滿沙缽略的驕橫跋扈，這時也率部脫離沙缽略和阿波並肩戰鬥。

從此，突厥正式分裂成了東西兩大集團——東突厥以沙缽略和其弟處羅侯為首，西突厥則以阿波、達頭等人為首，雙方勢不兩立，征戰不休。

長孫晟的反間計大見成效。他敏銳地察覺到了突厥大可汗沙缽略和其他幾個小可汗之間的潛在矛盾，隨時見縫插針，四兩撥千斤，把潛在的矛盾表面化，把簡單的矛盾複雜化，把小矛盾激化成大矛盾最終使其兵戎相見。

歷史總是不斷地重複。十幾年前的一幕現在又重演了，只不過是對象卻換了。那時，突厥是統

一的，中原是分裂的，北齊和北周為了在競爭中獲勝爭相討好突厥；現在，中原是統一的，突厥是分裂的，東西突厥為了在內戰中獲勝爭相向隋朝求援。楊堅當然不可能答應。突厥的內鬥正是出於他和長孫晟的策劃，他怎麼會破壞自己來之不易的成果？因此他毫不猶豫地拒絕了突厥各方的請求，選擇了袖手旁觀。

轉眼一年多過去了。到了西元五八四年九月，突厥內部曠日持久的爭戰逐漸分出了勝負。正所謂猛虎難敵群狼，沙鉢略雖然以悍勇著稱，但還是抵擋不住阿波、達頭、貪汗等人的聯合攻勢，以至於一敗再敗，幾無還手之力。思慮再三，他不得不低下了高傲的腦袋，硬著頭皮向昔日的敵人隋朝稱臣求援。為表示誠意，其可賀敦千金公主宇文氏還請求改姓楊氏，認楊堅為乾爹。為了求生，連認仇作父這樣的事都幹出來了，可見沙鉢略夫婦此時的處境有多困難。

按照「離強而合弱」的既定原則，楊堅欣然接受了沙鉢略的要求，同時冊封千金公主為大義公主。很顯然，這是個帶有諷刺性的封號。你主動要求做我這個殺父仇人的乾女兒，真是大義滅親哪！不過，對於這些沙鉢略夫婦已經顧不上了，因為此時他們幾乎已瀕臨絕境、危在旦夕，如果得不到隋朝的幫助，恐怕連生存都有問題。

楊堅派使者前往突厥，傳達了自己的旨意。沙鉢略隨即上表謝恩。

> 從天生大突厥天下賢聖天子伊利居盧設莫何沙體略可汗致書大隋皇帝：皇帝婦父，乃是翁比。此為女夫，乃是兒例。兩境雖殊，情義如一。自今子子孫孫，乃至萬世，親好不絕。上天為證，終不違負！此國羊馬，皆皇帝之畜。彼之繒彩，皆此國之物。

看到這個表文，楊堅心裡非常不爽。開頭就是長長的一大堆頭銜；後面還說什麼「此國羊馬，皆皇帝之畜。彼之繒彩，皆此國之物。」看起來幾乎和自己完全對等。

這怎麼行？

楊堅立即給沙缽略回信，稱將派特使前來看望乾女兒大義公主，順便也慰問一下乾女婿沙缽略。尚書右僕射虞慶則擔任正使，車騎將軍長孫晟則出任副使。很快，虞慶則一行到了突厥。

沙缽略對此早已做好了充分的準備。雖然已經今非昔比，但該擺的譜還得擺。大帳外，大批突厥士兵全副武裝，手持刀槍分列兩旁。大帳內，無數金銀珠寶排列整齊，閃閃發光光彩照人。沙缽略傲氣十足地坐在大帳正中，等著虞慶則向他行禮。

很顯然，他的意思是：我依然有強大的軍隊，我依然有無盡的財富，我依然是突厥的大汗，我依然可以與隋朝皇帝平起平坐。對沙缽略刻意安排的盛大排場，虞慶則視若無物。他只是平心靜氣地對沙缽略說了四個字：跪接聖旨——我不管你擺多大的架子，皇帝的詔書必須跪接，才能表明你臣服的誠意。

沙缽略坐在椅子上一動不動，隨口說道，不好意思，我身體欠佳，不好起身。不過，這樣的謊話似乎連他自己也不相信，於是他又補充道，我父伯以來，不向人跪拜——這倒是句實話，作為近幾十年來的東亞霸主，突厥可汗一向都不可一世，什麼時候跪拜過別人？

虞慶則當然不會就此屈服，他還是堅持要沙缽略下跪。

沙缽略對此置若罔聞。

虞慶則指責沙鉢略無禮。

一時間，氣氛陡然緊張，緊張得讓人透不過氣來。眼看陷入了僵局，千金公主出面了。她走到虞慶則身邊，輕輕對他耳語：可汗豺狼性；過與爭，將齧人——可汗這個人像狼一樣，你別把他逼得太急，否則會吃人的。

顯然這話暗含威脅。不過，虞慶則腦子清楚得很，如今的沙鉢略只不過是外強中乾，沒什麼可怕的。他還是寸步不讓，依然堅持自己的原則。隨著時間一分一秒地過去，空氣中火藥味的濃度越來越高，彷彿只要有一丁點的火星，就會釀成不可收拾的後果。

扭轉這一局面的是長孫晟。他和顏悅色地對沙鉢略說，突厥與隋俱大國天子，可汗不起，安敢違意。這話說到沙鉢略的心坎裡去了，他立即點點頭，表示同意。然而，接下來長孫晟卻話鋒一轉：但可賀敦為帝女，則可汗是大隋女婿，怎能不敬婦翁。這話說得有理有據，而且也給了沙鉢略一個改變主意的台階。

沙鉢略陷入了思考。他本想以氣勢逼隋使屈服，讓他保有和隋朝平起平坐的面子，但虞慶則的表現讓他知道這絕無可能。現在他只能讓步，也必須讓步，因為他畢竟有求於隋朝。如果得不到隋朝的支持，光憑他自己根本對抗不了阿波。

弱國無外交啊！這樣一想，沙鉢略終於清醒過來了。如果再這樣一味地死要面子，自己就可能會失去腦袋瓜子。他決定順著長孫晟給的台階往下走。他也只能順著長孫晟給的台階往下走。

他苦笑著對手下大臣們說，須拜婦翁。接著他走下堂來，伏地叩頭，跪著接過了詔書。可是這樣的行為讓他感到十分屈辱，他強忍淚水，卻依然還是淚流滿面。大臣們也紛紛抱頭痛哭。

是呀，這實在是太丟人了，即使當年沙鉢略的叔父陀鉢可汗稱北齊北周為兩個兒子，可人家中原皇帝也沒有跪拜過你。沙鉢略和這些突厥貴族，原本一直是牛氣沖天、說一不二的角色，現在卻突然要奴顏婢膝看人臉色，如此巨大的落差，有誰能夠接受？

然而，還沒等他們的情緒緩過來，虞慶則又提了個更進一步的要求——沙鉢略在上表時必須稱臣。沙鉢略對此一頭霧水。

左右有人回答說，隋朝的臣，就相當於突厥的奴。

沙鉢略聽了心裡更不是滋味，但此時他跪都跪了，面子早就沒了，哪還有什麼放不下的？於是，他乾脆順勢對虞慶則說道，得以成為大隋天子之奴，全靠了你虞僕射呀。這話雖然聽上去有些肉麻，但其實也多少反映了他此時的心聲——剛才如果不是虞慶則一味堅持，自己的傲慢說不定早就毀了兩國的關係，壞了自己的大事。

為表示感謝，隨後他又送給虞慶則一千匹馬，還把自己的堂妹嫁給了他。虞慶則毫不客氣，全盤收下。從此，東突厥算是正式歸附了隋朝。

不過，楊堅並沒有改變他不偏不倚、坐山觀虎鬥的既定政策，在接納沙鉢略之後，他又派上大將軍元契出使西突厥，以安撫阿波可汗，並再三強調，我對貴國兩派之間的爭端不持立場。

而東西突厥的爭鬥還在持續。隨著時間的推移，形勢也越加明朗。阿波、達頭聯軍勢如破竹，連戰連勝，實力越加壯大，佔領了東到都斤山（今蒙古國杭愛山）、西到金山（今新疆北部阿爾泰山）的廣大地區，龜茲、鐵勒、伊吾等西域各民族都倒向了他們。牆倒眾人推，破鼓萬人捶，此時不僅西域諸胡全都跟著阿波與沙鉢略為敵，就連他過去在東方的小弟契丹竟然也來趁火打劫。沙鉢

略勢單力孤，疲於應付，終於再也無法支撐下去了。

西元五八五年七月，沙缽略遣使向隋朝告急，請求隋朝允許他帶所部寄居於白道川（今內蒙古武川）。楊堅也看出沙缽略現在的處境已經岌岌可危，如果自己再不出手拉他一把，他隨時可能會被阿波滅掉。本著「離強而合弱」的原則，他爽快地答應了沙缽略的要求，並讓晉王楊廣（時任河北道行台尚書令，駐於晉陽，今山西太原）發兵接應，同時送給他大量的糧草和衣服。沙缽略就這樣內遷到了白道川。

隨後，在隋朝的大力支援下，沙缽略開始轉守為攻，率軍反擊阿波，總算打了個勝仗，勉強止住了頹勢。不料，此時阿拔人（關於阿拔人，史書記載甚少，只知道居於漠外）卻趁沙缽略後方空虛，偷襲了他在白道川的大營，還擄走了其妻子兒女。

關鍵時刻，又是隋軍斷然出手，擊敗了阿拔人，救回了沙缽略的家人。沙缽略對楊堅更加感激涕零。他派自己的第七子庫和真入朝，同時給楊堅上表：天無二日，土無二王，大隋皇帝真皇帝也，豈敢阻兵恃險，偷竊名號！今感慕淳風，歸心有道，屈膝稽顙，永為藩附。

楊堅也看出沙缽略這次是真服了他喜出望外，立即下詔說，往雖與和，猶是二國；今作君臣，便成一體……同時他還為此祭告宗廟，將此事告知天地、祖先。這麼短的時間就讓北方游牧民族臣服，這在中國歷史上是從來沒有過的事。這怎能不讓他感到自豪。

對庫和真，他也大加款待，不僅在內宮宴請，賞賜豐厚，還特別加封其為柱國。

之後，他又派使臣出使契丹，對他們侵犯突厥的行為進行了嚴厲的譴責，要求他們不得以武力改變現狀。契丹哪裡敢得罪強大的隋朝，連忙派人到長安謝罪。

西元五八七年正月，沙鉢略又再次請求南遷到恆、代之間（今內蒙古、山西交界），楊堅又同意了。這次，沙鉢略把牙帳設在了紫河鎮（今內蒙古托克托縣），為了表示對隋朝的感謝，他還出去打獵，親手射殺了十八頭鹿，將其尾巴和舌頭獻給楊堅。

不過，從當年的橫行天下變成了現在的寄人籬下，這樣巨大的轉變還是讓沙鉢略感到難以接受，難以忍受。不久他就得了重病，鬱鬱而終。沙鉢略死後，其弟處羅侯（**也就是長孫晟的好友**）繼立，是為莫何可汗。楊堅隨即派長孫晟持節趕赴東突厥，並賜以鼓吹、旗幡，幫助莫何迅速穩定了局勢。

莫何有勇有謀，他剛一即位就讓部下打著隋朝的旗號西征，向阿波可汗發動了突襲。由於沙鉢略剛死，阿波根本想不到東突厥會在這個時候進攻他，因此毫無防備。而其部下看見隋朝的旗幟，以為隋軍這次也出兵了，大多放棄抵抗，望風而降，由此可見隋軍在突厥人的心裡留下了多大的陰影。

這一戰，莫何大獲全勝，生擒頭號死敵阿波。隨後他向楊堅上書請示如何處置阿波。楊堅召集文武商量此事。大臣們大多主張將阿波處死，但楊堅卻一直沉吟不語。過了很久，他才問長孫晟：卿以為何如？

長孫晟回答說，如果阿波是侵犯我國，那當然應該將其明正典刑。但是，現在他們是自相殘殺，跟我們一點關係都沒有。如果我們殺了阿波，只怕他的支持者會怨恨我們，不如兩存之。

尚書左僕射高熲也提出了類似的看法。他們的意見正合楊堅之意，於是他連連稱善，下令留阿波一命。

阿波失敗後，東西突厥的實力此消彼長，雙方變得勢均力敵。此後，無論是東突厥的莫何，還

是西突厥的達頭都必須盡力向隋朝示好。就這樣，楊堅順利達成了降服突厥的戰略目標。

綜合運用外交、軍事、政治等各種手段，分化強敵，使其內部分裂，相互爭鬥，彼此制約。然後按照「離強而合弱」的原則，拉一派打一派，使對手內部的各方勢力保持分裂且不斷處於動態平衡之中，從而徹底消除對手對自己的威脅。這就是楊堅處理突厥的辦法。

突厥對隋朝的臣服極大地震懾了其他的草原民族。自從沙缽略向隋稱臣以後，契丹、靺鞨、奚等東北各部族也都爭先恐後地遣使入朝，宣布歸附隋朝。隋朝北方邊境的威脅從此消除。

第六章

史上最勤儉的皇帝

識時務比識字重要

開國僅僅幾年的時間，內政一片清平，外患已經解決，國家轉危為安，制度走上正軌，新朝所取得的一系列成就著實讓人嘆服，這也讓楊堅和他重用的心腹重臣如高熲、蘇威、虞慶則、楊雄等人迅速積累起了很高的聲望和權威。

然而，有得意者，就有失意者。上柱國王誼就是其中一位。王誼文武全才，在北周時就深受重用，曾先後擔任內史大夫、相州刺史、襄州總管等要職，封爵楊國公。值得注意的是，這個爵位是憑他自己的功績得來的，可不是像楊堅那樣繼承來的。周武帝在臨死前對太子宇文贇說的一句話，充分體現了王誼在其心中的地位：王誼社稷臣，宜處以機密，不須遠任也。

北周末年，楊堅矯詔輔政的時候，王誼鼎力相助，曾臨危受命出任主帥，率軍平定了三方叛亂之一的司馬消難，對楊堅的上位居功至偉。

隋朝建立後，王誼本期望大顯身手、大展宏圖、大幹一番事業，然而他被任命為三公之一的大司徒，職位雖高卻只是個名譽職位，沒有任何的實權。其實王誼和楊堅私交甚好，兩人不僅是同學，而且還是親家。楊堅的第五女蘭陵公主嫁給了王誼的兒子王奉孝。年富力強卻被晾在一邊，滿腹才華卻無用武之地，王誼的心裡別提有多失落。

偏偏官場失意，家事也不如意。就在這個時候，其子王奉孝年紀輕輕竟然因病去世，按照當時的禮制規定，蘭陵公主要守喪三年。不過當時蘭陵公主也就十多歲，看著天真爛漫的小女孩兒每天披麻戴孝的，王誼有些於心不忍，便上表請求提前解除其孝制。

沒想到王誼的一片好心，卻成了別人攻擊他的把柄。御史大夫楊素竟然以此為由彈劾王誼，說王誼的做法違反了有關禮教的律令，請求將他治罪。楊堅雖然沒有按楊素的要求將其法辦，但也對王誼進行了一番警告：下不為例。之後楊堅對王誼也更加疏遠。

其實這個時候王誼應該清楚，楊堅現在對他已經是非常非常地猜忌了。有句話我覺得挺有道理：情商比智商重要，識時務比識字重要。如果識時務的話，此時王誼應該知道，此時他只有遠離楊堅，遠離朝政，遠離是非，徹底隱退，才可能全身而退。但他偏偏依然毫無顧忌，我行我素。

恰好此時元諧也因為對高熲等人不滿而被免職，兩個同窗好友同病相憐，便經常聚在一起喝酒聊天。兩人都是楊堅的舊友，都建有大功，都是豪門世家出身，都向來自視甚高、心高氣傲，如今又都受到了楊堅的冷落，他們的心裡當然不能平衡，有時也難免說一些過頭的氣話。然而除了發牢騷，他們也沒有別的辦法，只好請些和尚道士來做做法事，以圖改變運氣。西元五八三年三月，他們的這些行為被一個和尚告發，楊堅立即下令對此立案調查。

究竟是怎麼調查的，史書上並沒記載，只知道最後的結果是王誼因「大逆不道，罪當死」而被賜死，同案的元諧卻因「無逆狀」而被釋放。

王誼臨死之前，楊堅特意和他見了一面。楊堅的臉繃得像塊鐵板，表情沉痛，一字一頓地說，朕與公舊為同學，甚相憐憫，將奈國法何？——我和你曾經是同學，很可憐你，可是你觸犯了國法，我也沒有辦法。

可以看出，這次楊堅對王誼的處理和開皇初年對劉昉、盧賁一案的處理完全不一樣。一方面是時勢不同。那時剛剛建國，人心不穩，不能妄開殺戒，而如今國家已經穩定，楊堅的地位正如日中

天。另一方面是對象不同。劉昉等人不過是佞臣而已，對自己威脅不大。而王誼卻不一樣，地位高名望高軍功高，楊堅對他自然也更為防範。

事實上，王誼的罪名肯定是莫須有的，這從楊堅給他定罪的詔書中就可以看出來：信用左道，所在詿誤。此而赦之，將或為亂——信用旁門左道，犯下不少錯誤。如果這次赦免了他，將來他也許會作亂。

顯然，王誼的罪狀只不過是「信用左道」而已，而「將或為亂」四個字更說明了這完全是欲加之罪何患無辭。王誼死得真是冤哪！

也許他至死都不理解，楊堅為什麼要殺他？當年那個肯為兄弟兩肋插刀的好哥兒們為什麼會變得如此無情無義？改變這一切的是權力。為了權力，易牙可以烹兒；為了權力，吳起可以殺妻；為了權力，李世民可以弒兄；為了權力，楊堅當然也可以毫不猶豫地把自己的同學賜死。

而楊堅之所以執意要將罪狀並不明顯的王誼置於死地，很可能是要借他的人頭震懾那些對自己不服的關隴勳貴。論職位，王誼官居一品，位列三公；論功勞，王誼曾率軍討平司馬消難；論關係，王誼是自己的兒女親家又是同窗好友。連這樣的人我都殺了，看你們誰還敢對現狀不滿！

不過，楊堅的這種高壓政策不可能對所有人都起作用，比如梁士彥和宇文忻這種桀驁不馴、敢作敢為的人。兩人都是在北周時就威名遠揚的大將，在平齊的時候，梁士彥憑藉死守晉州一戰而威震天下，宇文忻也曾多次力挽狂瀾扭轉敗局。平定尉遲迥之役，兩人均擔任行軍總管，為官軍的獲勝立下了大功，尤其是宇文忻在鄴城一戰幾乎起了決定性的作用。

楊堅對戰功赫赫的梁士彥極為猜忌。隋朝剛一建立，他就把梁士彥徵還京師，免去一切職務，讓他賦閒在家。

由於和楊堅有舊交，宇文忻在隋初還頗受重用，擔任右領軍大將軍，後來楊堅還曾想讓他率軍攻打突厥。然而高熲卻勸諫說，此人有野心，不能讓他統領大軍。經此提醒，楊堅也想起了當初宇文忻曾接受尉遲迥賄賂的往事，對宇文忻也不再信任，後來乾脆隨便找了個理由將他免職，趕了回家。

宇文忻從小就胸懷大志，一向以韓、白、衛、霍（**韓信、白起、衛青、霍去病**）自許，怎麼甘心就這樣在家裡渾渾噩噩地度過餘生。於是他找到了與他命運相仿的好友梁士彥，圖謀起兵造反。他鼓動梁士彥說，帝王豈有常乎？相扶即是。——帝王難道是天定的嗎？只要咱們互相扶持，我們也行。

不久，又有一個人加入了他們的行列。

誰呢？當年扶持楊堅輔政的關鍵人物——劉昉。

如果說宇文忻和梁士彥的友情來源於同樣的經歷，那麼劉昉和梁士彥的關係則是來源於同一個女人——梁士彥的妻子。據說好色的劉昉看中了梁妻的美貌，經常到梁士彥家串門。劉昉泡妞，例無虛發，很快他就和梁妻好上了，可憐的梁士彥戴了綠帽子卻毫不知情，居然還和劉昉成了好哥兒們。

三個人經常在一起策劃。他們最初是打算在皇帝去宗廟祭祖之時乘機率僮僕發難，襲擊車駕。後來又覺得這樣實在太過冒險，便重新制訂了另一套方案。從河東重鎮蒲州（今山西永濟）起兵，招募流寇充當兵士，奪取朝廷徵調的布帛充作軍需，隨後攻取河北一帶，再圖謀天下。沒想到他們的密謀被梁士彥的外甥裴通偷偷向楊堅告發了。老謀深算的楊堅故意裝作什麼都不知道，反而將計就計，任命梁士彥為晉州（今山西臨汾）刺史。

心想事成，梁士彥自然喜出望外：真乃天助我也！

宇文忻也非常激動：太好了，你在河東起兵，我肯定會參加征討。到時我們裡應外合，大事定然可成。

隨後梁士彥又奏請讓他的心腹愛將薛摩兒擔任長史，楊堅也爽快地答應了。一連串的好消息讓三人興奮得難以自已。然而，由於裴通的通風報信，他們的一舉一動楊堅全都瞭若指掌。

西元五八六年八月，楊堅覺得火候差不多了，便在朝會的時候把梁士彥、宇文忻、劉昉三人全部抓了起來，怒斥道：你們想造反嗎？

三人大吃一驚，隨即本能地否認。楊堅讓薛摩兒與他們當場對質。這下他們才沒話可說。很快，三人都以謀反罪被處死，家產妻子全部籍沒（家產充公，妻妾兒子都充作官奴），其兄弟叔侄則被免死除名。比如宇文忻之弟、時任萊州刺史的建築大師宇文愷就因此受到牽連而被削職為民。過了幾天，楊堅下令把三家的財產全部置於射殿（皇家練習射箭的宮殿），讓官員們隨意射取，給文武百官上了一堂生動的現場警示教育課。

和梁士彥、宇文忻等人形成鮮明對比的是另一名北周宿將——上柱國梁睿。

梁睿自從率軍平定王謙之亂後，就一直擔任益州總管這一要職，手握重兵，雄踞西川，威名遠揚，隋朝建立後，看到楊堅的所作所為，他心如明鏡，便主動申請入朝。楊堅其實對梁睿也早就感到不放心了，現在看到他這麼善解人意，自然是非常開心。楊堅立即批准梁睿的請求，召其回京，並大加賞賜，禮遇甚厚，在大殿召見他時，楊堅還特意走下御座，與他親切握手，交談極歡。之後梁睿就一直稱病在家，深居簡出，很少和外界往來。楊堅對他也極為尊重，特地賜給他版輿（木質座車），每次朝覲時都派三人護衛他一起上殿。梁睿也因此得以善終。

由此可見，在政壇，和在賭桌上一樣，知道何時離開往往是最重要的。然而，像梁睿這樣主動功成身退的人畢竟是少數。

對那些不識時務戀棧不去的勳貴，尤其是在北周時就成名的武將，楊堅往往會找理由將其免職。比如元景山，自北周末年起就曾先後擔任亳州（今安徽亳州）總管、安州（今湖北安陸）總管等要職，一直在南線與陳軍作戰，屢戰屢勝，威震江南，但隋朝建立後沒多久他就被楊堅以某種藉口撤職，後來一直未被起用，終老於家。

再如宇文慶是楊堅稱帝前無話不談的老友，甚至連奪取天下的構想都對他毫不避諱，儘管在隋初宇文慶頗受信任，歷任左武衛大將軍、涼州總管等職，但數年後他就被徵還京師，雖然待遇很高，但卻不再任用。

這樣的例子還有很多很多。

勵精圖治

顯然，隋朝初年這一連串看似撲朔迷離的人事變動，一次次仿若暴風驟雨的人事風波，其實都貫穿著一條主線，那就是除舊布新，抑制功勳卓著的舊將，重用威望不高的新人。這段時間楊堅的政策，其實有點像宋太祖趙匡胤的杯酒釋兵權。對於他認為對自己有威脅的勳貴武將，通常會解除

他的權力將其召回京城，但依然給他們很優厚的待遇，雖然也有一些殺戮，但通常並不濫殺。

而楊堅之所以能在人事問題上做出如此大的調整而沒有引起過多的動亂，很大程度上是因為他極高的威信。當時的隋朝在他的統治下，政治較為清明，經濟發展迅速。這些成就的取得，與楊堅的勤政是分不開的。

一年三百六十五天，他每天都天不亮就上朝，上朝後依次召見五品以上的官員，和他們一起商討各項國事，忙得連午飯也不回去吃，而是讓侍衛隨便拿點盒飯湊合，一直到太陽落山才回宮。回宮之後，他還要繼續批閱文件和各種奏摺，經常要工作到深夜。

禮部尚書楊尚希看他事必躬親，每天忙得不可開交，忍不住勸諫說，周文王以憂勤損壽，武王以安樂延年。願陛下舉大綱，責成宰輔，繁碎之務，非人主所宜親也——周文王因為過分勤勞導致早死，周武王因為安樂得以長壽。陛下您只要抓大的方針，其他的事責成宰相處理就可以了。繁碎的小事不是皇上您應該處理的。

楊尚希的中學歷史肯定是體育老師教的，用的典故好像與史實完全不符——事實上，應該是周文王長壽，周武王早死才對。當然了，楊尚希的水準糊弄楊堅是足夠了，史書上稱楊堅「素無學術」。

聽了楊尚希的話，楊堅回答了四個字：公愛我者——你是愛我的人哪。不過，話雖這麼說，他並沒有改變他的工作態度，依然是個廢寢忘食的工作狂。

除了勤奮，楊堅的節儉在歷史上也是很出名的。據說他每次吃飯，只允許有一道葷菜，六宮嬪妃穿的都是多次換洗的舊衣服，就連自己上朝時乘坐的車子壞了，也捨不得報廢更換，而是修了又修，反覆使用。

有一次他無意中看到送到宮中的乾薑是用布袋包裝的，認為實在太過浪費，便召來有關官員一通怒罵，但這官員不知是聽錯了還是笨死了，下次送香的時候竟然用更貴重的氈袋包裝，這下楊堅更火了，立即把這個官員抓來狠狠地痛打了一頓。

總而言之，楊堅這個皇帝的工作生活狀態可以用這樣一句話來概括：起得比雞還早，睡得比狗還晚，吃得比豬還差，幹得比驢還多。

事實上，楊堅不僅自己厲行節儉，而且還把節儉作為大隋的核心價值觀，希望能夠移風易俗，以扭轉崇尚奢靡的不良風氣，營造艱苦奮鬥、蓬勃向上的社會風尚。

當時每年正月十五的元宵節是一個十分隆重的節日，全國各地的街市上都熱鬧非凡，燈火輝煌，鑼鼓喧天，車水馬龍，幾乎所有的男女老少都穿上節日的盛裝，載歌載舞，盡情地遊戲玩耍，享受一年一度的狂歡。

但這樣的快樂在隋初卻成了歷史。西元五八三年十二月，治書侍御史柳彧上書要求廢止這一節日。在表文中，他先是說這種狂歡活動要花費百姓大量財力，與國家提倡節儉的政策不符，接著又進一步指出，元宵節這天男女混雜，貴賤不分，格調低下，實在是有傷教化，不利於大隋的精神文明建設。柳彧的話，句句都說到了楊堅的心坎裡，他不僅痛恨浪費，而且對等級、規範之類也極為注重。他立即批准了柳彧的建議。

除了生活上力誡浮華外，楊堅還將此推廣到了其他方面——比如文風。自從魏晉以來，駢體文盛行，這種文體講究對仗的工整和聲律的鏗鏘，注重形式技巧，堆砌華麗辭藻，但由於受到字句和聲律約束，內容往往受到限制，甚至空洞無物。崇尚樸實的楊堅對這種華而不實的東西深惡痛絕。

西元五八四年九月，他採納治書侍御史李諤的建議，通令全國，要求所有公私文書都要摒棄虛華，據實撰寫。然而，數百年的傳統哪裡是一道命令就能輕易改變的，很多官員依然延續著原來的寫法，泗州（今江蘇宿遷東南）刺史司馬幼之就是其中一個。他精心寫了一篇辭藻華美、典故繁多的表文。但在這個時候賣弄文采，實在是太不合時宜了。楊堅看了這篇表文勃然大怒，立即下令將他抓起來治罪。

文辭美，要倒楣。文采好，進監牢。看到楊堅動真格的，官員們這才不敢造次，不敢再寫這種華麗的文章，樸素的文風也就逐漸成了主流。

楊堅的這一系列舉措，對當時的社會風氣影響很大。正如李諤所說，及大隋受命，聖道聿興，屏黜輕浮，遏止華偽……毫無疑問，這種社會風氣的改變對秩序的穩定、經濟的發展有一定促進作用，但也存在明顯的負面效應，比如干預太多，規定太死，使得當時百姓的生活比較單調刻板沉悶甚至有些死氣沉沉。

不過，雖然在楊堅的統治下，百姓的生活不夠豐富多彩，但他們似乎意見並不大，因為他們的負擔比以前減輕了不少。楊堅在隋初執行輕徭薄賦的政策，把徭役從每人每年三十天減少為二十天，調絹從每人每年一匹（也就是四丈）減少為兩丈……

然而，這樣大幅度的減稅，如何保證政府的財政收入呢？楊堅有辦法。他把矛頭對準了隱瞞人口。

魏晉南北朝時期士族盛行，很多豪強大族不僅本身人丁眾多，而且還有眾多的依附人口，由於當時賦稅是按人口數徵收的，為了逃稅，這些大族幾乎都隱瞞了大量的人口。除此以外，由於未成年人和老年人所繳的賦稅較低，因此人們紛紛謊報年齡，詐老詐小的事情司空見慣。對這樣的現狀，楊堅當然不能容忍。

西元五八五年五月，在楊堅的親自部署下，大規模檢查戶口的行動在全國範圍內同時啟動了。各地各級官吏全都深入到各個街道、各個鄉村，逐戶逐個清點人員數量，以檢查是否有隱瞞人口不報的情況；同時他們還要當面驗看每個人的長相，核對其年齡。同時楊堅還要求，那些聚族而居、人口眾多的大家族必須要分家居住，堂兄弟以下不能合為一戶，以便減少每戶的人數，防止這些家族藉著人多而混水摸魚。

此次人口普查行動在史書上被稱為「大索貌閱」。「大索貌閱」一施行就大見成效，全國登記人口一下子就猛增了一百六十四萬多。

隨後，宰相高熲又精心編制了徵收租稅的樣本，稱為「輸籍定樣」，並頒發到各地，照此執行。之所以要這麼做，是因為之前有關租稅的條文彈性很大，比較籠統。這些條文的彈性越大，官員的權力也越大，徇私的空間也就越大，很多地方官都徇私枉法，弄虛作假，造成了嚴重的稅款流失和稅賦不均。

而高熲編制的「輸籍定樣」則非常細緻嚴密，它根據每戶的資產人丁情況，將其劃分為幾個等級，並提出了相對應的租稅，使得每戶所應承擔的賦稅公開化、明確化，一目了然，便於監督檢查，從而大大減少了官吏的舞弊行為。這樣一來，國家的稅收得到了保證，財政收入逐年提高，而廣大貧苦百姓的負擔卻相對減輕，大大增加了他們的生產積極性。

「大索貌閱」和「輸籍定樣」施行以來，效果極為顯著，按照《隋書》的說法就是：自是奸無

所容矣——想通過造假逃避賦稅的人從此再也無法藏身了。

正是楊堅和高熲設計的兩項措施造就了後來隋朝的富足。也許，中國歷史上從來都不缺胸懷大志、指點江山的人，缺的是楊堅、高熲這樣踏實、嚴謹、實幹的人。

如果說，「大索貌閱」和「輸籍定樣」是隋朝財政制度的創新，那麼均田制則是隋朝財政的基礎。均田制始於北魏，當時由於長期戰亂導致土地荒蕪，北魏政府把這些土地分配給農民，農民則向政府交納租稅，此制度一經推出，就體現了旺盛的生命力。不僅農民有了土地，而且政府也有了穩定的租稅來源，實現了政府和農民的雙贏，故而之後的北周、北齊一直沿襲此項政策。

按照隋制，男丁可以分得露田八十畝，婦女則為四十畝，但這些土地在當事人年老（六十歲以後）或死了就要歸還國家，此外，每個男丁還有永業田二十畝，這類土地則可以傳給子孫。

隋朝規定，從王公到都督，都有額外的永業田，多的有上百頃（一頃相當於一百畝），少的也有數十畝，不僅如此，他們還可以按照品級的不同得到相應大小的職分田，作為其俸祿的一部分。官員佔有了如此多的土地，民田自然就不足，由於人口的迅速增長，隋朝才建立不久就產生了百姓授田不足的問題。

納言蘇威建議削減官員的土地，但大司徒王誼（當時他還沒死）卻堅決反對。此時楊堅稱帝時間不長，地位還不太穩固，在百姓和官員之間，迫於現實，他不得不選擇支持官員的利益，站在了王誼這邊。無奈，楊堅只好下令把成丁的年齡從十八歲提高到二十一歲，才算暫時性地緩解了這一難題。

為了治理好國家，楊堅可謂殫精竭慮、費盡心力。然而，上天對他似乎特別苛刻，總是不停地給他製造難題。隋朝初年，水旱災害極為頻繁，尤其是京城長安所在的關中地區，幾乎年年都鬧旱災。西元五八三年乾旱嚴重，關中出現了糧食危機，因此楊堅不得不下令從關東（潼關以東）十三州運糧支援關中。

為了方便轉運，他還專門修建了黎陽倉（位於今河南浚縣）、河陽倉（位於今河南偃師）、常平倉（位於今河南陝縣）、廣通倉（位於今陝西華陰）等幾大糧倉。這些糧倉規模都極為宏大，儲糧都在幾百萬石以上。

不過，糧倉雖然修好了，但糧食要從河南運往京城卻依然十分費力，尤其是從潼關到長安一段，只有渭河一條航道，而渭河多泥沙，深淺不定，船行極為困難，有時甚至只能走陸路，靠挑夫肩扛手提，效率極低。為打通這一瓶頸，楊堅決定開鑿運河。

西元五八四年六月，這一工程正式開工，專案總負責人為建築專家宇文愷。宇文愷不負所託，僅僅用了三個多月的時間就圓滿完成了任務，楊堅將這條運河命名為廣通渠。廣通渠西起大興城北，東至潼關匯入黃河，長度達三百餘里。這條運河的建成不僅使得潼關到長安的漕運從此暢通無阻，而且極大地改善了渭南一帶的灌溉條件，因此又被沿岸百姓稱為富民渠。

三年後，楊堅又修建了另一條運河——從揚州到山陽（今江蘇淮安）的山陽瀆。山陽瀆南接長江，北至淮河，不僅方便了江淮地區的漕運，還為日後平陳時的後勤補給帶來了極大的便利。

廣通渠和山陽瀆兩條運河的建成也為隋煬帝楊廣修建的大運河奠定了基礎。

毫無疑問，這些大型水利工程對改善民生意義重大，但要讓百姓真正安居樂業，最重要的還是吏治。楊堅對於地方官的考察選拔十分重視，每年都要組織嚴格的考評，在這一制度下，那些作風

清廉而又能力出眾的地方官紛紛脫穎而出，其中最有名的有房恭懿、梁彥光等人。

房恭懿原先仕於北齊，曾任縣令、太守等職，齊亡後留任，之後因受到尉遲迥之亂的牽連而被免。開皇初年，在納言蘇威的推薦下，他再次出山，擔任新豐（今西安臨潼西北）縣令。在當年的政績考核中，他名列三輔地區（京畿一帶）第一名，因此楊堅對他大加賞賜，先後賞給他絹四百段、米三百石，房恭懿將其全部分發給了貧苦百姓，自己卻分文不取。

這種愛民如子的行為更增加了楊堅的好感，為此他特意在自己的寢宮親切接見房恭懿，向他請教治理之道，並且很快就提拔他為澤州（今山西晉城）司馬。不久，房恭懿又轉任德州（今山東德州）司馬。

一年多後，房恭懿在德州的政績又被評為全國第一。楊堅非常驚奇，在朝堂上當著全國各地進京彙報的官員們的面，對房恭懿大加表揚：房恭懿志存體國，愛養百姓，是當今天下模範，你們要好好向他學習呀！接著又說，房恭懿所在之處，百姓視之如父母，朕如果置之而不賞，上天宗廟一定會責怪我的呀！隨後他提拔房恭懿為使持節、海州諸軍事、海州（今江蘇連雲港）刺史。

梁彥光在北周時就曾先後擔任小內史、御正下大夫、青州刺史等要職。隋朝建立後，他被改任岐州（治所今陝西鳳翔）刺史。岐州民風質樸，梁彥光採用無為而治的方法，效果極佳，百姓安居樂業，生活富裕，每年上交的賦稅都是天下第一。

西元五八二年，楊堅到岐州巡視，發現梁彥光在那裡很得民心，政績出色，便對他大加賞賜，還專門下詔表彰：彥光操履平直，識用凝遠，布政岐下，威惠在人，廉慎之譽，聞於天下。四海之內，凡曰官人，慕高山而仰止，聞清風而自勵。

幾年後，梁彥光又調任相州（治所今河南安陽）刺史。相州一帶，本是北齊國都鄴城所在地，也是當年尉遲迥反叛楊堅的大本營。在尉遲迥之亂平定後，為了防止死灰復燃，楊堅下令焚毀了鄴城，遷相州治所至安陽，同時還把當地所有的富家大族以及士大夫全都遷到了關中。有錢的、有德的、有能力的人都走了，剩下的人都是無錢、無德的無名之輩，因此相州之後日趨沒落，百姓生活貧困，民風極壞，治安極差，黑惡勢力橫行。

到相州後，梁彥光還是照搬在岐州時那套行之有效的寬鬆施政手段。然而，橘生淮南則為橘，生於淮北則是枳。時勢不同了，梁彥光這一套在相州失靈了。相州的那些刁民居然把他的無為當成了無能，甚至還編了歌謠來諷刺他，稱他為「著帽餳」——意思是戴著帽子的軟糖。很快消息就傳到了楊堅那裡，梁彥光因此被免職。

僅僅一年多後，他再次被楊堅起用，任命為趙州刺史。梁彥光向楊堅請求想再去相州試試，楊堅一開始不同意。不過在梁彥光的一再堅持下，他最後還是答應了他的要求。相州的奸猾之徒聽說梁彥光這個「著帽餳」又來了，好像看到了一個免費上門表演的小丑一樣，全都歡樂不已。

然而他們錯了。這次，梁彥光變了。他一到相州就馬上發起了轟轟烈烈的打黑運動，辦了一批大案要案，抓了一批涉黑犯罪份子，受此震懾，僥倖沒被抓的地痞流氓也全都聞風而逃，相州的治安形勢迅速好轉。之後，梁彥光又用自己的俸祿，徵集關東各地的學者，在境內每個鄉都設立學堂，教授聖賢之道，每個季度他都要親自考試，並且邀請那些學習勤奮、成績優異的學生到他府上一起吃飯，同時還資助大量財物。

《隋書》還記載了這麼個故事：當地有個叫焦通的人，因為對父母不孝而被人告到了梁彥光那

裡。不過梁彥光並沒有處罰他，而是把他帶到州學，讓他去看孝子的畫像，看到「韓伯瑜泣杖」（韓伯瑜的母親用杖打他，卻沒有打痛他，他哭著說，以前您打我很痛，現在你的力氣變小了，打我都不痛了，我好難過）的圖，焦通非常感動，從此改過自新，成了一個著名的孝子。

在梁彥光的大力宣導下，相州一年一個樣，從民風險惡變得民風淳樸，從文化沙漠變得文化鼎盛，從日趨沒落變得日趨發達……

實際上，當時像房恭懿、梁彥光這樣清廉能幹、深得民心的地方官還有很多很多——比如，令狐熙、樊叔略、高勱、侯莫陳穎……這幾年，在楊堅和這些官員的共同努力下，隋朝政通人和，國泰民安，社會欣欣向榮，經濟蒸蒸日上。歷經苦難的北方人民終於過上了久違的太平日子。

但雄心勃勃的楊堅並沒有滿足，他又瞄準了下一個目標——平定江南的陳朝，完成一統華夏的偉業。

第七章

金陵王氣黯然收

風流天子陳後主

作為楊堅的對手，陳朝的皇帝陳叔寶知道楊堅的意圖嗎？

陳叔寶彷彿鴕鳥一樣，對隋朝的威脅視而不見，沉迷於享樂之中。

其實在陳叔寶剛即位的時候，隋朝已經佔有了長江以北的全部土地，無論是領土、人口還是國力、軍力都佔有壓倒性的優勢，陳朝的局勢已經岌岌可危。但陳叔寶對此卻毫不在意。他在意的只有兩個字——享受。他覺得，如果當了皇帝卻不盡情享受，就像有了用不完的錢卻捨不得花一樣，完全是冤大頭。

他的後宮裡佳麗無數，除了皇后沈氏以外，還有張貴妃、孔貴嬪、龔貴嬪、王美人、李美人、張淑媛、薛淑媛、袁昭儀、何婕妤、江修容等一大幫美女。其中最得寵的是張貴妃。張貴妃名叫張麗華，她出身寒微，父兄都以織席為生，十歲的時候被選入宮，當了龔貴嬪的婢女。沒想到當時還是太子的陳叔寶對她一見傾心，驚為天人，當場就臨幸了她，生下了皇子陳深。

張麗華長得極為漂亮，據說她髮長七尺，眉目如畫，肌膚如雪，顧盼之間，光彩奪目，遠遠望去，宛若仙子，不僅如此，她還生性聰慧，舉止嫻雅，氣質不凡，善於察言觀色，極其溫柔體貼，因而深得陳叔寶的寵幸。

陳叔寶在宮中修建了臨春、結綺、望仙三座樓閣，高達數十丈，連綿數十間，外有珠簾，內有寶床。樓閣以黃金、玉石、翡翠、珍珠為裝飾，其窗戶、欄杆、門檻、樑棟等處則全部是用名貴的檀木、沉木所製成。微風吹過則香飄數里，朝日初照則燦爛無比。樓閣的外面則是構思奇巧的假山，清澈見底的人工湖和鮮豔欲滴的各種奇花異草。這三座樓閣可謂是極盡奢華。按照《陳書》的記載是：瑰奇珍麗，近古所未有。

陳叔寶自己住在臨春閣，張麗華住在結綺閣，孔、龔二貴嬪住在望仙閣，三閣之間都有通道相連。陳叔寶經常和張麗華等寵妃坐在樓閣上，或左擁右抱，或倚紅偎翠，或調素琴，或閱金經。陳叔寶覺得：這真是神仙一樣的生活呀！

也許細心的讀者會發現，這三座樓閣怎麼沒有沈皇后的份啊？

因為沈后並不得寵。

沈后名叫沈婺華，出身於江東大族吳興沈氏，是個大家閨秀，文靜端莊，才華出眾，不過陳叔寶卻並不喜歡她，甚至一年半載都不去看她。據說有一次陳叔寶好不容易去了沈后那裡一趟，卻屁股還沒坐熱就打算走。沈后也毫不在意，馬上起身送他。這讓陳叔寶覺得很沒有面子——你居然不挽留我？於是他臨走前送給沈后一首詩：留人不留人，不留人也去。此處不留人，自有留人處。

沈后也不甘示弱，當即回贈了他一首：誰言不相憶，見罷倒成羞。情知不肯住，教遣若為留。——誰說我不想念你？見了還有些難為情。明知道你是不肯住下來的，若是留你，倒顯得是為了消遣裝樣子。

不過，從這個故事中也可以看出，陳朝宮廷內的文風之盛。事實上，陳叔寶本人就是個才子，酷愛琴棋書畫，精通詩詞歌賦。正所謂愛屋及烏，他的用人標準也是「唯文才是舉」，誰的詩詞、文章寫得好，誰的官就當得大。比如當時最著名的文學大師江總，就被他提拔為宰相（**尚書令**），另一位文人孔範則被任命為都官尚書。江總、孔範等人雖然文采出眾，可是對治國卻一竅不通。

陳叔寶最喜歡幹的事情是把江總、孔範等一幫文人叫到宮中，把這些人稱為「狎客」（後來狎客成了嫖客的代名詞），再叫上自己的嬪妃、女學士（他把後宮中有文才的宮人封為女學士），男男女女一大幫人，一起飲酒作樂，一起吟詩作賦，一起開文學沙龍。他們互相贈答，然後挑選出其中特別豔麗的作品，譜上曲調，讓宮女們演唱，經常通宵達旦，樂此不疲。

喝著美酒，摟著美人，看著美景，作著美文，聽著美曲，陳叔寶的心裡別提有多樂了。著名的豔曲《玉樹後庭花》就產生在這樣的場合：

> 麗宇芳林對高閣，新裝豔質本傾城。映戶凝嬌乍不進，出帷含態笑相迎。妖姬臉似花含露，玉樹流光照後庭。花開花落不長久，落紅滿地歸寂中！

這首《玉樹後庭花》是陳叔寶的代表作，也被後人視為亡國之音的代表作。

陳叔寶處理政事的方法也與眾不同。他勤於享樂，懶於上朝，大臣們的奏摺、文書，都由兩個太監送到宮中，他自己則醉臥美人膝，與寵妃共掌天下權——通常都是讓張麗華坐在他懷中，一邊摸著柔軟的胸部，一邊寫著隨意的批覆。遇到麻煩事，就讓張麗華幫他分析、替他決斷。

張麗華權傾天下，說一不二，公卿大臣們因此全都競相討好攀附她。因為張麗華的霸道和她的容貌一樣出眾，誰不這麼做，誰就會被她打擊報復，甚至會丟官。

除了張麗華，孔貴嬪也很得寵，孔範對她刻意巴結，還和她結為兄妹。在孔貴嬪的幫助下，孔範成了陳後主最信任的朝臣之一。孔範雖然手無縛雞之力，胸無安邦之略，卻自詡為文武全才，目空一切。他對陳叔寶說，外間諸將，都是行伍出身，只有匹夫之勇。深謀遠慮的事，豈是他們所知道的。陳叔寶對孔範向來言聽計從，聽了他的話，對將領們自然不再信任。從此只要他們稍有失誤，就奪去他們的兵權，把他們的部曲分給孔範等文人，甚至連大將任忠也未能倖免。將領們因此全都怨聲載道。

陳後主這樣的人當了皇帝，身邊也一定少不了酷吏。中書舍人施文慶、沈客卿就是這樣的人。由於陳後主大興土木，奢靡無度，搞得府庫極度空虛，施文慶等人掘地三尺瘋狂搜刮百姓，各種稅費層出不窮。百姓們因此全都怨聲載道。

在陳叔寶的統治下，陳朝內部一片混亂，按照《陳書》的說法就是：賄賂公行，賞罰無常，綱紀瞀亂矣！

陳叔寶這樣胡作非為，肆意妄為，陳朝難道就沒人勸諫嗎？

當然有。

老臣毛喜曾歷任丹陽尹、吏部尚書、侍中等要職，他足智多謀，是陳宣帝的心腹謀臣，宣帝對他幾乎言聽計從。對陳叔寶的行為，忠心耿耿的毛喜看在眼裡，急在心裡。

有一次陳叔寶正和江總等一幫寵臣飲酒賦詩，不知怎麼想到了毛喜，點名讓他應和。毛喜打算藉機勸諫，然而他話還沒來得及出口，就發現陳叔寶已經醉得糊裡糊塗，神志不清。顯然沒辦法給這樣的人進諫。

怎麼辦？

毛喜靈機一動，在走到陳叔寶面前的時候，假裝心臟病突然發作，口吐白沫，倒在地上，不省

人事。周圍頓時亂作一團，江總等人慌忙把毛喜抬出去找太醫診治。出了這麼一件大煞風景的事，這場宴席自然也就不了了之。

陳叔寶酒醒後，覺得毛喜的病很是蹊蹺，便對左右說，我懷疑這個老不死的根本就沒病，他只是想阻撓我喝酒，不讓我開心。接著他又說，毛喜負氣使性，讓我難堪。我打算把他交給他的仇家，讓他們殺了他。

秘書監傅縡趕緊勸阻：陛下，看在先皇的面上，您就饒恕他這一次吧！

陳叔寶這才勉強消了氣，憤憤地說，那我就給他一個小郡，讓他滾出京城，省得我見了他心煩。於是毛喜被貶為永嘉（今浙江永嘉）內史。

傅縡這次救了毛喜，但他自己的命運卻比毛喜還要慘。陳叔寶當太子的時候，傅縡曾經擔任過很長時間的太子庶子（太子屬官），兩人朝夕相處，關係不錯，故而陳叔寶即位後他就被提拔為秘書監。但傅縡為人正直，性情剛烈，和施文慶等佞臣很不對盤。因此那幫小人成天在陳叔寶面前說他的壞話，他也就逐漸被陳叔寶疏遠。

後來傅縡受到施文慶等人污蔑，說他收受高句麗使者的賄賂，因此被下獄。在獄中，傅縡給陳叔寶上書說：做帝王的，應該恭奉上天，愛民如子，節制貪欲，疏遠奸佞，天未明就穿衣起床，天已晚還沒吃飯，如此才能恩澤施於天下，福德傳於後代。然而陛下近來沉迷酒色，揮霍無度；聽信小人宦官擅政，厭惡忠直之士如同仇敵，輕視生民之命如同草芥；後宮妃、嬪、宮女都穿錦緞，御用廄馬餵食稻麥，而百姓卻流離失所，僵屍遍野；朝野上下貨賄公行，國家庫藏日益耗費……最後他的言語更是激烈：如此下去，神怒民怨，眾叛親離，臣恐東南王氣自斯而盡！

看到這樣的話，陳叔寶自然是非常惱火。不過他畢竟不是那種冷酷無情的人，想起傅縡和自己相處多年，一時心軟，便派使者找到了傅縡：我欲赦卿，卿能改過不？然而倔強的傅縡回答說：臣心如面，臣面可改，則臣心可改。這下終於徹底激怒了陳叔寶，他立即下令將傅縡賜死。

傅縡死後，陳叔寶更加不受約束，整日紙醉金迷，荒淫無度。然而，在內憂外患的局面下依然不理朝政、窮奢極欲。陳叔寶的好日子已經進入了倒數計時。

預則立，不預則廢

在擊敗突厥後，楊堅就開始謀劃伐陳。

當然，這個時候表面上兩國之間還是很友好的，經常派使臣互訪，交換國書。為了麻痺陳叔寶，楊堅在給陳叔寶寫國書的時候用詞都非常禮貌，每次的署名都是「堅頓首」。可是陳叔寶卻不知天高地厚。有一次在給楊堅的回信裡面，他居然傲慢無比地說，想彼統內如宜，此宇宙清泰——想來你那裡應該還過得去吧，我這裡是又清淨又太平。

這封信讓楊堅很惱火。什麼叫「彼統內如宜，此宇宙清泰」！你小子也太狂妄了！

朝堂上，楊堅怒氣沖沖地把這封信的內容展示給群臣看。大臣們群情激憤。

上柱國楊素陷入了思考：一向沉靜內斂、深不可測的皇帝這次為什麼會這麼幹？他的用意是什麼？一下子，他就徹底明白了：皇帝這是要南征。他馬上大步流星地從朝臣佇列中走出，跪倒在楊

堅面前請罪：臣有罪。

一時間，他成了整個朝堂上的焦點。

楊堅問，卿何罪之有？

楊素一邊磕頭，一邊大聲說道，君主受辱，罪在臣下。臣楊素請命伐陳！

他的這一舉動讓楊堅非常滿意。在中國古代，或者說，在人治社會，還有什麼比「讓領導滿意」更好的發達之道呢？楊素從此走上了仕途的快車道。

其實在這之前，他剛剛摔了個大跟頭。隋朝建立後，楊素被晉封為上柱國，不久又擔任了御史大夫這一要職。然而，就在他春風得意甚至有些得意忘形的時候，沒想到卻因為無意中和老婆說的一句話而丟了官。

他老婆出身於大族滎陽鄭氏，性情強悍，作風強勢，是隻母老虎。楊素一向恃才自傲，目空一切，自然也不會輕易讓步。這樣兩個人在一起生活，摩擦當然是難免的。有一次，兩人不知怎麼又吵起來了，號稱才辯無雙的楊素居然敗下陣來。他恨恨地說，我若做天子，卿定不堪為皇后。

為了報復自己的丈夫，鄭氏竟然把這句話告訴了楊堅。這種大逆不道的話，如果認真追究，足以置楊素於死地。不過楊堅考慮到這畢竟只是夫妻吵架說的氣話，而且當時楊素的地位、功勞、影響力都遠不到威脅自己的地步，楊堅對他也並不是十分猜忌，因此特意網開一面，只是免去了其御史大夫的職位，但依然保留了上柱國的虛銜。

經歷了這一次的打擊，雖然楊素不再那麼驕狂，但他依然充滿自信，他相信自己遲早會成功。這次終於讓他抓住了難得的機會。之後，他又多次上表，進獻平陳方略。楊素的表現讓他重新獲得了楊堅的信任，很快他就被任命為信州（治所今重慶奉節）總管，籌備伐陳事宜。

看出楊堅心思的當然也不止楊素一人。吳州（治所今江蘇揚州）總管賀若弼、虢州（治所今河南靈寶）刺史崔仲方、光州刺史高勱（治所今河南潢川）等人也紛紛上表，爭獻平陳之策。

其中崔仲方提出來的頗具代表性。他說，咱們應在武昌以下的長江下游密布精兵，武昌以上的長江上游則多造戰艦，順流東下，如果敵人以精兵赴援，咱們的下游諸軍就可以擇機渡江，如果敵軍擁兵自衛，咱們的上游水軍就可以鼓行而前……概括來說就是：多路齊發，水陸並進，令敵顧此失彼。

看了崔仲方的上表，楊堅深有感觸，便立即召他入朝，與他當面商議。一番交談後，楊堅心情大悅，對崔仲方大加賞賜，同時改任他為基州（治所今湖北鐘祥）刺史，參與伐陳準備。

接著，楊堅又找到了高熲，高熲也獻上了一計：南方的農作物比我們北方成熟得早，我們可以在他們的收穫季節，徵集少量部隊，虛張聲勢揚言要大舉進攻，他們必定會顧不上收割而屯兵防禦，等他們的部隊集結以後，我們便撤兵。這樣幾次以後，我們再集結部隊的時候，他們就放鬆了警惕，我們正好乘虛而入，渡過長江。

接著高熲又說，江南土薄（地下水位高），所有財物都不放在地窖而放在茅屋裡。如果我們暗中派人去放火，燒掉他們的倉庫，他們再建，咱們再燒，這樣不出幾年，陳國的財力必定會被耗盡。

楊堅大喜：此計甚妙！

隨後他依計而行，陳人疲於應付，疲憊不堪。

兵法云：知己知彼，百戰不殆。為了知彼，楊堅還在陳國內部安排了內應——陳直閣將軍裴

蘊。裴蘊之父裴忌曾任陳都官尚書，西元五七七年與吳明徹一起北伐，失利後被北周俘虜，留在了北方。楊堅建隋後，封裴忌為江夏郡公，對他極為優待，百般關愛。也許是有感於楊堅的恩情，裴忌主動策反了自己的兒子裴蘊。此事極為機密，甚至連宰相高熲都不知道。有了裴蘊臥底，陳朝內部的一切大小事情，楊堅都瞭若指掌。

然而，儘管已經做了非常充分的準備，楊堅卻依然還沒有下定最後的決心。畢竟伐陳和打突厥不一樣，打突厥只是一場反擊戰，把突厥擊敗即可；而伐陳是滅國之戰，意義更大，規模更大，困難無疑也更大。

兩百年前，前秦國主苻堅曾雄心勃勃地率百萬大軍南征，企圖以投鞭斷流泰山壓卵之勢統一天下，結果卻是以風聲鶴唳、草木皆兵之態鎩羽而歸，甚至不久之後就身死國滅，貽笑千載。如此慘痛的教訓，怎能不讓他掂量再掂量，慎重再慎重。

他閉門靜思，仔細推敲，反覆斟酌，卻始終無法決定。

怎麼辦？

還是出去走走吧。帶著滿腹的心事，帶著心腹的大臣，他回到了他的出生地同州（今陝西大荔）。在這裡，他也沒閒著，一場場的會議、一次次的腦力激盪，但他卻依然感到心裡沒有底。恰在此時，他忽然靈光一閃，想起了一個人——因病沒有同行的內史令李德林。

他立即派人去長安徵召李德林前來，還親筆在敕書後面寫道：伐陳事意，宜自隨也——有關伐陳之事，想聽取你的意見，最好你親自來一趟。不僅如此，他還讓正好回京城辦事的高熲專程去探望李德林，並且特別關照說，如果李德林由於健康原因不能前來，你一定要幫我把他的看法記下來帶給我。

看到楊堅如此看重自己，已經被冷遇多時的李德林非常感動。他立即抱病來到同州，向楊堅提出了自己的建議。李德林的話徹底打消了楊堅的顧慮，彷彿一根緊縛著他的繩子一下子被解開了，讓他感到無比地輕鬆。他激動地對李德林說，等到平陳後，我一定會讓你成為山東（崤山以東）地區最顯赫的人物。

他終於不再猶豫。

攻陳之前，楊堅決定先解決掉自己的附庸國後梁。西元五八七年八月，楊堅徵召後梁國主蕭琮（**蕭巋已於五八五年去世**）入朝。蕭琮當然不敢違抗命令，他只好乖乖地帶著文武百官兩百多人到了長安。

隨後，楊堅任命大將崔弘度為江陵總管，進駐江陵。崔弘度是當時著名的酷吏，「寧飲三升醋，不見崔弘度」的民謠幾乎家喻戶曉，聽說這個煞星要來，江陵的百姓全都非常驚恐。

八月二十三日，蕭琮的叔父蕭岩、弟弟蕭瓛等人派人與陳荊州刺史陳慧紀聯繫，請求歸降陳朝。九月十九日，陳慧紀引兵到江陵城下，接應蕭岩等和百姓十萬人南奔。

其實，崔弘度在八月下旬就到了離江陵僅百餘里的鄀州（今湖北荊門），卻一直徘徊不進，在那裡整整停留了二十多日，像看戲一樣興致盎然地看著蕭岩等人從容入陳後，才急速進軍佔領了江陵。顯然，這是楊堅有意安排的。他的目的就是要引誘陳朝接納後梁叛臣，陷敵於不義，為攻陳尋找藉口。

因此，在得知這一消息後，楊堅的反應極為激烈，一方面立即廢掉後梁，改封蕭琮為上柱國、莒國公；一方面又對陳朝的行為大加指責：陳人叛逃，我從來不接受，你陳國居然敢公然接受我的

叛臣。

接著他公開發表聲明，聲稱由於陳人違反約定，兩國關係徹底破裂，從此進入敵對狀態。在朝堂上，他義正詞嚴地對朝臣們說：我為民父母，豈可限一衣帶水不拯之乎？——我是天下百姓的父母，怎麼可以因為長江這一條像衣帶一樣寬的小河阻隔就不去拯救江南的百姓呢？

一不小心，文化程度並不高的他創造了一衣帶水這個成語。

隨後，楊堅命令各地大造戰船。執行這一政策最得力的是信州總管楊素。北方人向來不善水戰，楊素認為先進的艦船可以彌補這個弱點。他造的頭號戰艦名叫「五牙」，有五層，高達一百餘尺，還配有六個大型拍竿（**古代水戰利器，大約相當於投石機**），可容納五百人，算得上是當時的航空母艦；二號戰艦名叫「黃龍」，可容納士兵一百人，相當於現在的巡洋艦；除此以外，還有「平乘」、「舴艋」等各種大小不一的其他戰艦。很快，他就組建了一支大規模的水軍艦隊。

不過，這樣大張旗鼓地造船，當然很容易被陳朝人發現。有人勸楊堅要注意保密，但他卻回答，我這是替天行道，有什麼可保密的。不僅如此，楊堅還要求造船工人把砍下的木片、木屑全部丟到長江裡，讓其順流漂下，有意讓陳人知道，同時他還到處宣揚：我要的就是讓陳人看到了感到害怕，而改過自新。

一向低調隱秘的楊堅現在突然這麼故意張揚，也一定是另有文章。很顯然，楊堅是想要藉此試探陳後主的反應，再相機行事，決定下一步的動作。然而，轉眼幾個月過去了，陳朝毫無備戰的跡象，依然一片歌舞昇平。楊堅終於放心了。

西元五八八年三月，楊堅正式下詔，宣稱將討伐陳國：陳叔寶據手掌之地，恣溪壑之欲……天之所覆，無非朕臣，每關聽覽，有懷傷惻。可出師授律，應機誅殄；在斯一舉，永清吳越！

他還詳細列舉了陳叔寶的二十條罪狀，並讓人抄寫了三十萬份，派間諜潛入江南，到處張貼散發。一時間，陳國的大街小巷、車站碼頭到處散布畫著陳叔寶頭像的「陳主二十大罪」的宣傳單。

楊堅已經磨刀霍霍了，但陳叔寶卻對此毫無反應，依然沉迷於溫柔鄉中不可自拔。倒不是他反應遲鈍，而是他根本就啥都不知道，楊堅發的檄文、隋軍的動向……所有影響他心情的壞消息都被他的寵臣中書舍人施文慶等人給擋住了。他一天到晚沉浸在自己的桃花源裡，與世隔絕，不知今夕是何夕。

太市令（**負責管理市場交易的官員**）章華實在看不下去了，忍不住上書勸諫，言辭極為犀利：陛下即位，於今五年，不思先帝之艱難，不知天命之可畏；溺於嬖寵，惑於酒色；祠七廟而不出，拜三妃而臨軒；老臣宿將棄之草莽，諂佞讒邪升之朝廷……最後他還非常直接地指出了嚴重的後果：今疆埸日蹙，隋軍壓境，陛下如不改弦易張，臣見麋鹿復遊於姑蘇矣！

「麋鹿遊於姑蘇」出自春秋時伍子胥對吳王夫差的諫言，意為吳國都城姑蘇將變成麋鹿漫遊的荒涼之地，也就是國家即將滅亡。

陳叔寶一向聽慣好話，在他自己的心裡，在他周圍那些馬屁精的嘴裡，一直都是這樣的：他是聖明無比的，國家是繁榮昌盛的，社會是安定團結的，人民是愛他如父的……這種說他不對、罵他不行，甚至詛咒他亡國的話，他怎麼可能接受得了？

他大怒不已，當場就下令將章華拖出去，斬首示眾。從此，陳叔寶再也聽不到任何不和諧的聲音了，當然也就更加任性、更加為所欲為了。

他開始著手做自己蓄謀已久的一件大事——廢立太子。

原先的太子陳胤是他的庶長子，由沈皇后撫養長大。陳叔寶和沈后關係不好，自然也就不喜歡這個兒子。西元五八八年五月，陳叔寶宣布廢陳胤為吳興王，立張麗華所生的陳深為太子，為愛妃獻上了一份大禮。接下來，他還想給張麗華獻上一個更大的禮物——廢沈后，改立張麗華為皇后。

這段時間，陳叔寶很忙，新皇后就要冊封了，她該吹什麼樣的髮型？該穿什麼樣式的禮服？……這段時間，楊堅也很忙，決戰就要開始了，該徵用多少軍隊？該採用怎樣的作戰計畫？該派哪些人做統帥？……

這是隋朝建國以來最大規模的軍事行動，當然也需要徵集最為龐大的軍隊。除了保留必需的宿衛京城和守衛北疆的軍隊以外，他幾乎調集了國內全部的武裝力量，但還覺得不夠，又不斷增加軍府、擴充兵力，甚至還把江淮一帶的鄉兵列入了戰鬥序列。樊子蓋、來護兒等後來的隋朝名將都率鄉兵參加了這一戰事。

就這樣，楊堅在短短幾個月的時間裡圓滿完成了擴軍計畫。隨後，楊堅又參考諸將的建議制訂了完備的作戰計畫，並親自遴選參戰將領。

韓擒虎和賀若弼

半年多以後，楊堅覺得一切都已經無懈可擊，才開始採取行動。西元五八八年十月二十八日，楊堅率文武百官在太廟祭告祖先，隨即正式發布了「打過長江去，統一全中國」的命令。他任命晉王楊廣（**楊堅次子**）、秦王楊俊（**楊堅第三子**）、清河公楊素為行軍元帥，分別負責東、中、西三個方向的作戰指揮。

具體的安排是：楊素率軍出永安（今重慶奉節），荊州刺史劉仁恩出江陵（今湖北江陵），蘄州刺史王世積出蘄春（今湖北蘄春），楊俊出襄陽（今湖北襄陽），廬州總管韓擒虎出廬江（今安徽合肥），楊廣出六合（今江蘇六合），吳州總管賀若弼出廣陵（今江蘇揚州），青州總管燕榮出東海（今江蘇連雲港）……

隋軍的戰略意圖非常明確——楊素和楊俊兩路在長江中上游先行發動進攻，吸引陳軍主力西上增援，下游的楊廣和他部下的賀若弼、韓擒虎等人則乘機渡江，突襲建康。

此役隋軍共出動行軍總管九十餘人，總兵力達五十一萬八千，由晉王楊廣擔任總指揮。不過，楊廣當時才二十歲，他能當此重任嗎？事實上，在楊堅的安排中，楊廣只是名義上的主帥，是去戰場鍍金的。真正掌舵的，是擔任元帥長史的高熲，這一點，史書上說得非常清楚：三軍咨稟，皆取斷於熲。有高熲輔佐楊廣，楊堅當然可以放心了。

十一月二日，楊堅下詔：有擒獲陳後主者，封上柱國、萬戶公，以激勵士氣。十一月十日，他又在潼關附近舉行誓師大會，親自為從關中出發的南征將士餞行。望著陣容嚴整、鬥志昂揚的三軍將士，沉穩的楊堅也不由得激動萬分：幾百年來，無數英雄豪傑夢寐以求的統一中國的夢想，就要在自己的手上變成現實了。

混同南北，在此一舉；風流人物，還看今朝！

很快，在楊堅的部署下，西起巴蜀，東到大海，隋軍在長達數千里的戰線上以排山倒海之勢撲向江南。

十二月，秦王楊俊率于仲文、崔弘度、崔仲方、源雄、侯莫陳穎等三十位行軍總管、十餘萬大軍進駐漢口（今湖北武漢漢口）。陳朝原先駐在峽口（今湖北宜昌西陵峽口）的大將周羅睺連忙率軍回防，駐在江夏（今湖北武漢武昌），嚴陣以待。

周羅睺是陳朝名將，曾因中流矢而一目失明，號稱獨眼將，他身經百戰，智勇雙全，指揮有方，防備嚴密得滴水不漏。饒是楊俊麾下謀士如雲，猛將如雨，也根本找不到渡江的機會，兩軍就這樣隔江對峙。

與此同時，在東路，楊廣、高熲等人也率軍進到了長江北岸。大敵當前，高熲心事重重，憂心忡忡。他問行台吏部郎中薛道衡：江東必可克乎？君試言之。——江東我們肯定能攻下嗎？您說說看。

薛道衡是當時著名的才子，曾擔任內史舍人、散騎常侍等職，經常為楊堅起草文書，還曾多次出使陳朝，對陳朝局勢頗為了解。對這個問題，薛道衡早已胸有成竹：昔日晉郭璞曾預言，江東分王三百年，復與中國合，今時間已到，此必克一也；有德者昌，無德者亡，主上恭儉勤勞，叔寶荒淫驕侈，此必克二也；國之安危在所委任，叔寶以江總為相，唯事詩酒，拔小人施文慶，委以政事，此必克三也；我有道而大，陳無德而小，此必克四也。

薛道衡從運勢、君主、用人、實力四個方面逐一條分縷析，最後得出了結論：席捲之勢，事在不疑——我們一定會勝利，沒什麼可懷疑的。聽了他的分析，高熲感覺豁然開朗：您的回答徹底解決了我心中的疑問。本以為您只是文章寫得好，沒想到您的韜略也這麼強。

打響攻陳第一槍的是西路軍主帥楊素。楊素率水軍從永安順流而下，軍至流頭灘（今湖北宜昌西北），被駐防在下游狼尾灘的陳將戚昕擋住了去路。

狼尾灘水流湍急，易守難攻。

怎麼辦？

楊素有些犯難。司馬李安（唐高祖李淵的堂兄）建議說，陳人以水戰見長，又佔據地利，必輕我而無備。我軍趁夜偷襲，定能破賊。楊素遂依計而行，趁著夜色，親自和李安等人率領水軍突襲陳軍戰船，同時派出陸戰隊在南岸攻擊陳軍營壘，隋荊州刺史劉仁恩則從北岸配合進攻。三箭齊發，聲勢浩大，陳軍猝不及防，又顧此失彼，哪裡抵擋得住。最終陳軍大敗，主將戚昕狼狽逃走，部眾大多被俘。

楊素對所有俘虜大加慰勞：你們辛苦了！

接著又把手一揮：大夥都回家吧！

俘虜們面面相覷，愣了一會兒，反應過來後立即一哄而散。

狼尾灘一戰雖然規模不大，但卻是隋軍首勝，而且打破了陳軍擅長水戰的神話，意義十分重大，因此楊堅親自下詔嘉獎，並晉封此戰立下頭功的李安為上大將軍、郢州刺史。

順利突破狼尾灘後，隋軍艦隊浩浩蕩蕩，繼續沿江東進。楊素高高地坐在旗艦的船頭，目光炯炯，長髯飄飄，威風凜凜，江邊觀看的陳朝百姓都看呆了，紛紛驚歎：真乃江神也！其實楊素這麼做非常冒險，如果陳軍在江邊設下狙擊手，突施冷箭，他就很可能沒命。但這樣的舉動，卻正凸顯了楊素的狂人本色。

一時間，長江中上游的陳軍形勢驟然吃緊，不斷地向朝廷告急。然而這些告急文書依然全部被中書舍人施文慶扣下了。他覺得馬上就要過年了，就算事情再緊急也總得讓皇帝開開心心過完年再說吧。因此住在深宮的陳叔寶依然什麼都不知道，還以為天下太平，國泰民安。國家已經風雨飄搖，他依然在快活逍遙；江山已經危在旦夕，他依然在盡情嬉戲……

他不僅對隋軍的大兵壓境毫不設防，居然還下令把從江州（今江西九江）到南徐州（今江蘇鎮江）的所有戰船都撤到京城建康。長江下游的整個江面上，一條陳軍的戰船都沒有。

這是搞的什麼名堂呢？

難道陳叔寶要效仿諸葛亮的空城計？

當然不是的。

陳叔寶哪有這樣的頭腦？

真正的原因是：上一年，後梁宗室蕭岩、蕭瓛等人帶著十萬軍民叛逃到了陳國，陳叔寶表面上非常歡迎，但實際上卻非常不放心，他一方面任命蕭岩為東揚州（今浙江紹興）刺史、蕭瓛為吳州（今江蘇蘇州）刺史，另一方面卻又派了大將任忠率軍駐守在吳興（今浙江湖州），以監控二蕭。

當時正值年底，由於陳叔寶打算在明年正月搞個盛大的閱兵式，向蕭岩、蕭瓛等後梁的降臣炫耀自己強大的實力，所以全部戰船都被調到了建康。

當然，不是所有人都像陳後主一樣糊塗。尚書僕射袁憲、大將蕭摩訶、樊毅等人都認為這樣不妥，他們聯名上奏：現在形勢緊張，京口（今江蘇鎮江）、采石（今安徽馬鞍山西南）兩地都是江防重地，必須加派精兵防守，這兩處都至少要派兩百艘戰船在長江中來回巡查。

然而施文慶卻對陳叔寶說，隋朝侵擾，這是很平常的事，有什麼值得大驚小怪的。快過年了，這些船剛調回京城，又要把他們派出去，來回折騰，那不影響軍心嗎？不行。

陳叔寶聽了連連點頭：愛卿所言甚是。

此事就這樣不了了之。

過了幾天，看皇帝沒有反應，袁憲等人急了，又聯合群臣再次向陳後主請求。施文慶還是極力反對：很快就要過年大閱兵了，把這麼多的兵和船調走，那還閱個屁呀。

陳後主腦袋一拍，拍出了一個折衷方案：現在離過年還有一段時間，京口、采石兩地離建康也不算遠。不如這樣，先把兵、船派過去，如果沒事的話，到正月閱兵時再調回來。

但施文慶卻依然不同意：這事傳出去不是讓人笑話嗎，笑話我們軍隊少。

為什麼施文慶這麼反對派兵去增強采石和京口的防守呢？其實是他是有私心的。前段時間他剛被陳叔寶提拔為湘州（治所今湖南長沙）刺史，野心勃勃的他想從建康帶一批精銳部隊去上任，當然不希望精兵被調走。

施文慶和宰相江總關係很好，因此江總也出來幫他說話。江總到底是文壇大師，口才極佳，一套一套的歪理如滔滔江水連綿不絕。陳叔寶不僅被說服了，還被他鼓動得蠢血沸騰：是呀！怕個毛哇！王氣在此，自立國以來，齊軍三次來犯，周軍也兩次入侵，無不摧敗。隋軍又能有什麼作為！

大敵當前，不做任何準備卻居然指望王氣，實在是太不靠譜了。

不過，在中國古代，領導說的話，即使再不靠譜，往往也有人附和。聽了陳叔寶的話，馬屁精孔範也豪氣萬丈地說，長江天塹，敵軍哪這麼容易就打過來。這都是那些邊將，立功心切，所以才

謊報軍情的。即使敵軍真的渡江了，還有我這個天才呢，我只覺得渾身本事沒地方用，隋軍來了，正好讓我好好地發揮一下。陳叔寶聽了不由得開懷大笑。從此，他再也不做任何防備，每天依舊歌舞昇平。

西元五八九年大年初一，就在陳國上下沉浸在節日的歡樂氣氛中，隋朝吳州總管賀若弼帶著數萬隋軍從廣陵（今江蘇揚州）渡江了。賀若弼早就為此做了充分的準備。他不敢大意，因為鎮守對岸京口（今江蘇鎮江）的是威震天下的陳國名將蕭摩訶。蕭摩訶號稱南朝第一猛將，有萬夫不當之勇，他十九歲就跟隨陳朝開國皇帝陳霸先南征北戰，經常擔任先鋒，百萬軍中取上將首級，易如反掌。

且看史書的記載：十九歲出道第一戰，「單騎出戰，軍中莫有當者」。與北齊軍戰，「獨騎大呼，直衝齊軍，齊軍披靡」、「率七騎先入，手奪齊軍大旗，齊眾大潰」。與北周名將宇文忻戰，「領十二騎深入周軍，縱橫奮擊，斬首甚眾」。

現在蕭摩訶已經五十八歲了，與駐守吳興的另一名老將任忠是陳軍中最有威望的兩大宿將。

如果說蕭摩訶是勇猛的獅子，那麼他的對手賀若弼就是狡猾的狐狸。在所謂隋初四大名將（另外三位是楊素、韓擒虎和史萬歲）中，賀若弼向來以足智多謀而著稱。賀若弼暗中購買了大量船隻，隱藏起來，同時又故意把幾十隻破船停在港灣內。蕭摩訶派人過江偵察，發現隋軍的船隻都是又小又破。他放心了：乘這樣的破船想過江，完全是癡人說夢。當然，蕭摩訶畢竟經驗豐富，警惕性還是有的，依然不敢鬆懈。

但賀若弼還有下一著。他經常讓大部隊在江邊集結，刀槍如林，旌旗蔽日，鑼鼓喧天，人喊馬嘶……

陳軍探子連忙向蕭摩訶彙報：江北發現大批敵軍，大有渡江之勢。

蕭摩訶趕緊召集部隊，迅速跑到江邊，佔據有利地形，布好陣勢，做好迎戰準備。沒想到過了一會兒，隋軍就散去了，原來他們居然是在換防。

蕭摩訶不由得笑了：換個防還要弄個這麼大動靜。

就這樣，一次，兩次，三次……同樣的事發生以後，蕭摩訶和陳軍士兵對此早已習以為常，再也不當回事。現在正逢過年，蕭摩訶回建康去參加新春慶典去了，其餘的陳軍也放鬆了準備，大家都忙著喝酒，慶祝新年。

這一天，風平浪靜，大霧瀰漫。長江北岸，賀若弼披掛整齊，率所部將士萬餘人登上了渡船。臨行前，當著全軍將士的面，他仰面痛飲了一杯酒，隨後擲杯於地，慷慨激昂地說，我賀若弼親承廟略，遠振國威，伐罪吊民，除凶翦暴。朗朗晴天，浩浩長江，請為我作證，如果你們認為我是正義的，就保佑我順利渡江；如果認為我做得不對，就讓我葬身在魚腹之中！

此時，江南的陳軍巡邏士兵也發現了對岸又在集結部隊，但卻毫不在意。等到看見大量隋軍船隻鼓起風帆向江南駛來的時候，這才如夢方醒，趕緊回去報告。但哪裡還來得及？還沒等陳軍做出任何反應，賀若弼已經率大批隋軍精銳登陸江南，迅速搶佔了灘頭陣地。

就在賀若弼過江的同一天半夜，隋朝廬州總管韓擒虎也率五百精兵從橫江浦（今安徽和縣東南）偷偷渡江了。

五百人？

有沒搞錯？這點人去抓個賭還能湊合，要打仗怎麼夠？

但韓擒虎人如其名，他就是這麼大膽。也是他的運氣好，南岸采石的陳軍白天為慶祝新年喝了不少酒，這會兒都醉得不省人事，居然沒有一個人發現隋軍的動向。就這樣，韓擒虎神不知鬼不覺地過了江，隨即輕而易舉地攻克了采石。與此同時，隋軍總指揮楊廣也揮師南下，駐紮在與建康僅一江之隔的桃葉山（今南京浦口寶塔山）。

第二天，陳叔寶得知了隋軍已過江的消息，頓時蒙了。他連忙任命大將蕭摩訶、樊毅、魯廣達三人為大都督，負責建康防務；回建康參加慶典的南豫州刺史樊猛則率水軍防守白下城，防止楊廣率領的隋軍主力渡江。

蕭摩訶主動請戰，要求率軍趕赴京口，迎擊剛過江立足未穩的賀若弼。聽說他要走，陳叔寶頓時有一種魚兒離開了水，便堅決不肯答應：不行啊。建康城不能沒有你！

問題是，不讓蕭摩訶去，也該另派別人去援救京口啊！可是，此時的陳叔寶早已亂了分寸，他居然什麼人也沒派。也許正是這個決定導致了京口的失陷。

賀若弼渡江後，就立即率軍猛攻京口。陳軍在守將黃恪的帶領下苦苦堅守，但由於一直沒有盼到援兵，在堅持了五天後終被隋軍攻破。正月初六，賀若弼率部進駐京口，軍紀嚴明，秋毫無犯，不拿百姓一針一線。有個隋軍士兵到百姓家裡拿了一壺酒，賀若弼立即將他斬首示眾。

在京口稍作休整後，賀若弼分出少數兵力，佔領曲阿（今江蘇丹陽），以阻止敵方東面的援軍，自己則親率精銳直撲建康，一路勢如破竹，所向披靡。

西面的韓擒虎也不甘示弱，正月初七，他率軍進攻姑孰（今安徽當塗）。姑孰是建康西南的重鎮，陳朝南豫州的治所，但南豫州刺史樊猛此時卻在建康。樊猛不在，姑孰守軍群龍無首，亂作一團。僅僅用了半天時間，韓擒虎就攻下了姑孰。隨後他率軍東進，與賀若弼一東一西，對建康形成了夾擊之勢。

建康城內早已人心惶惶。

大將樊猛的家人都在姑孰，如今全被隋軍俘虜了，故而陳叔寶對樊猛不太放心，想讓人取代他，但樊猛聽說要撤換他當即面露不悅，陳叔寶不敢勉強，只好作罷。

另一大將魯廣達的兩個兒子都在老家投降了隋軍韓擒虎部，魯廣達深感不安，便找到了陳叔寶，自請治罪。陳叔寶頭腦還算清醒，對他大加安慰：公國之重臣，吾所恃賴，豈得自同嫌疑之間乎！他還賜給魯廣達大量黃金，讓其繼續領軍。

儘管穩住了魯廣達，但陳叔寶依然感到心亂如麻，好在老將任忠及時從吳興趕來赴援，算是給了他些許安慰。任忠抵達建康的時候，建康的形勢已經非常嚴峻。

此時韓擒虎已到了距離建康僅二十里的新林（今南京雨花台區西善橋），與另一名過江的隋軍將領杜彥合軍一處，共有兩萬人。而賀若弼的進軍速度則更快一籌，已經進至建康城東，佔據了鍾山（今南京紫金山）。

溫室裡長大的花朵經不起風霜，一直養尊處優的陳後主何時經歷過這樣的場面。他兩眼無光，六神無主，只知道在那裡哭，眼淚不停地流，身體不停地抖。但事實上，局勢遠沒到不可收拾的地步。當時建康城內的陳軍還有十餘萬，而隋軍賀若弼部只有八千，韓擒虎部兩萬，陳軍在兵力上依然佔有明顯的優勢。

蕭摩訶極力請戰：賀若弼孤軍深入，營寨未堅，臣請求出兵突襲，定能一戰破之。

但陳叔寶還在猶豫：讓我再想想吧。

任忠則提出了和蕭摩訶截然不同的意見：兵法云，客貴速戰，主貴持重。我認為，咱們應該一方面固守臺城，一方面派水軍切斷采石和京口的水路，斷其糧道，時間一長，江南敵軍必不戰自亂。陳叔寶面無表情，毫無反應，任忠的話進入他的耳朵就如小雨落入池塘一樣了無痕跡，他的回答依然是：還是讓我再想想吧。

除了蕭摩訶和任忠，其餘眾將也紛紛發表了自己的看法。然而，陳叔寶無論別人提出什麼建議都只有一個回答：還是讓我再想想吧。

可是到了第二天，他卻突然做出了決定：老是這樣拖著，真讓人心煩，還是痛痛快快打一仗吧！

任忠連連叩頭，苦苦勸諫：陛下，千萬別輕率出戰哪！

但孔範卻在旁邊鼓動說，只要出戰，我軍必勝。我已經準備好為陛下刻石記功了。聽了孔範的話，陳叔寶再也不猶豫了，隨即對蕭摩訶說，請你為我和隋軍一決勝負。

蕭摩訶回答，從來行陣，為國為身。今日之事，兼為妻子——打仗不僅是為了國家，也是為了自己和家裡的妻兒。言下之意很明顯：此戰關係重大，請陛下不要吝惜錢財。陳叔寶倒並不小氣，他馬上拿出大量宮中的金銀，分配給各軍，作為勝利後的獎賞，命令諸將立即整軍出戰。

西元五八九年一月二十日，在陳叔寶的催促下，十萬陳軍倉促出動，在白土岡（今南京城東的一處高地）以西擺出了長達二十里的一字長蛇陣，由南到北依次是魯廣達、任忠、樊毅、孔範、蕭摩訶。

按照隋軍指揮部戰前的部署，賀若弼不能擅自出擊，而應該要在鍾山待命，等韓擒虎和隋軍主力到來後再與陳軍決戰。但立功心切的賀若弼實在是等不及了。他覺得，陳軍人數雖多，但缺乏統一指揮，首尾不相顧，很容易被各個擊破。只要擊垮了這支陳軍主力，自己就可以趕在韓擒虎之前，率先攻入建康城，活捉陳後主，立下曠世奇功，贏得千古美名。想到這裡，他一聲令下，親自率八千將士衝下白土岡，直撲陳軍最南面的魯廣達部。

之所以選擇魯廣達為突破口，是有原因的。因為他認為，魯廣達的兩個兒子都已經投降了隋軍，投鼠忌器，應該不會太賣力地抵抗。然而出乎他意料的是，魯廣達率部死戰，極為驍勇，連續四次擊退了隋軍的進攻。隋軍死傷慘重，卻毫無進展。在丟下幾百具屍體後，賀若弼點燃了山下的灌木叢，在煙幕的掩護下倉皇撤退。

陣地上黑霧瀰漫，黑煙蔽日，陳軍根本看不清隋軍的動向，便放棄了追擊，搶著去割隋軍的人頭，好回去領賞。一時間陳軍亂成了一團。

這一切當然逃不過賀若弼犀利的眼睛。機會來了。他立即下令再次向陳軍發起猛攻。經過仔細的觀察，這次他把進攻的矛頭對準了孔範。靠吹牛包裝成文武全才的孬種孔範，到了緊急關頭就會顯出自己孬種的本色。看到如狼似虎的隋軍朝自己猛撲過來，孔範嚇得魂飛魄散，慌忙撥轉馬頭，狼狽逃跑。主將不戰而逃，部下哪裡還有戰意？

在隋軍的猛烈衝擊下，孔範的部隊很快就潰不成軍。一時間，陳軍兵敗如山倒，與孔範相鄰的蕭摩訶所部也被敗兵和隋軍衝亂，紛紛潰散，就連蕭摩訶本人也被賀若弼麾下的部將員明生擒。

號稱南朝第一猛將的老英雄蕭摩訶，此戰怎麼會敗得如此窩囊？

《陳書》的記載非常簡單：騎卒潰散，駐之弗止，摩訶無所用力焉，為隋軍所執。——部眾潰

散，喝止不住，蕭摩訶無力回天，故而被隋軍俘虜。而在《南史》中，則多了一句話：後主通於摩訶之妻，故摩訶初無戰意——蕭摩訶因為被陳叔寶戴了綠帽子，所以故意出工不出力。

但無論是《陳書》還是《南史》都記載了這樣一件事：陳叔寶被抓後，蕭摩訶向賀若弼請求：願得一見舊主，死無所恨。賀若弼感其忠義，同意了他的要求。於是，蕭摩訶入見陳叔寶，跪倒在地痛哭不已，最後淚流滿面，辭訣而出，守衛的隋兵見了都低下了頭，不忍觀看。

從這個記載來看，蕭摩訶對陳後主的忠心簡直到了愚忠的地步，一個因為被皇帝戴了綠帽子而心懷怨恨、一個為了報復皇帝故意怠工的人，怎麼可能做出這樣的舉動?!因此，《南史》所載「後主通於摩訶之妻，故摩訶初無戰意」這個說法不是太可信的。

那麼，蕭摩訶為什麼會一戰被擒呢？

其實也很容易理解。蕭摩訶再勇猛，憑他一個人也難以抵擋如潮水般湧來的隋軍。當時他身邊的部眾大都已經潰散，他也被敵人團團圍住，而且他此時已年近花甲，體力與壯年時已經不能同日而語，被敵軍猛將員明生擒也絕非不可能。

吹牛大王孔範的臨陣脫逃，百戰名將蕭摩訶的兵敗被擒，讓所有的陳軍都失去了鬥志，一時間四散奔逃，亂作一團。只有魯廣達還在率部與賀若弼苦戰不已。

敗退下來的任忠第一時間逃入臺城，拜見陳叔寶：陛下好自為之吧，臣已經無能為力了。

陳叔寶拿出兩大把黃金，讓他重整敗兵，做最後一搏。任忠慷慨激昂地說，陛下放心，臣馬上就去準備船隻，一定以死護送您去上游找周羅睺他們。陳後主連忙讓他出去安排，同時趕緊令宮女為他準備行裝。然而，他等了很久，望眼欲穿，等來的卻是隋將韓擒虎。

這是怎麼回事呢？

原來是任忠幹的好事。他眼見大勢已去，產生了投降隋軍的念頭，之所以在第一時間就趕到宮中，他的目的就是穩住皇帝，讓他老老實實地待在宮中，哪兒也不要去。他要賣主求榮——把陳後主獻給隋軍，為新主立一件大功。

這份大禮該給誰呢？

任忠決定給韓擒虎。因為他知道賀若弼此時還在與魯廣達纏鬥，一時半會到不了臺城。主意已定，他立即快馬加鞭出了朱雀門，一路向南疾馳。在石子岡（今南京雨花台），他遇到了正率軍從新林趕來的韓擒虎。隨後任忠充當帶路黨，領著隋軍殺向建康。

守衛朱雀門的陳軍本來還想抵抗，任忠對他們揮揮手說，老夫我都投降了，你們還瞎起什麼勁哪！

任忠和蕭摩訶兩人號稱「大陳軍界雙璧」，在陳軍中威望極高。聽任忠這麼一說，守軍全都放下了武器，紛紛作鳥獸散。就這樣，韓擒虎不費一兵一卒就進了朱雀門，隨後他率兩萬隋軍殺氣騰騰直奔臺城。

聽說隋軍來了，臺城內所有的文武百官一哄而散，只有尚書僕射袁憲一人還陪在陳叔寶身邊。陳叔寶長歎了一聲：非唯朕無德，亦是江東衣冠道盡——這樣的局面，不僅是朕無道失德，也是因為江東士大夫的氣節都喪盡了。

接著他拍拍屁股就想溜。袁憲趕緊拉住了他：事已至此，陛下您還能躲到哪裡去？不如正衣冠，坐正殿，像當年梁武帝接見侯景一樣。雖然我們敗局已定，但您是一國之君，骨氣不能丟，面

子不能丟。陳叔寶哪裡肯聽：你當我傻呀。隋軍的刀槍可不長眼睛，我怎麼能拿性命冒險哪？你別管我，我自有妙計。隨後他用力掙脫袁憲，跑了出去。

不多時，韓擒虎帶著隋軍進了臺城，卻根本找不到陳叔寶。隋軍仔仔細細地搜索，最後終於在景陽殿後面的一口枯井裡聽見了悉悉索索的聲音，發現了隱隱約約的人影。

有個隋軍士兵大聲問道：誰在下面？

沒有回答。他連問了幾遍，下面依然一片寂靜。於是他恐嚇說：再不回答我們就扔石頭了。只聽井下傳來一個帶著哭腔的聲音：別扔啊，我是陳叔寶……

隋軍拋下繩索，想把井下的人拉上來，沒想到卻感覺沉重異常：這麼重，怪不得皇帝要被稱作萬金之軀。等到拉上來一看，他們笑了，原來不是陳後主一個人在顫抖，裡面有三個不停顫抖的人。陳叔寶、張麗華和孔貴嬪。

陳叔寶就這樣窩囊地成了隋軍的階下囚，在中國五千年歷史上以這種可笑可恥的方式被抓的皇帝，他是絕無僅有的一個。

同一時間，魯廣達還在率部和賀若弼苦戰，看到身邊的部下越來越少，他流淚歎息道：我不能救國，負罪深矣。在繼續格殺了數名隋軍士兵後，他力竭被擒。

整整廝殺了一天，賀若弼終於得以攻進建康城內。隨後他立即燒掉北掖門，意氣風發地殺入臺城，四處尋找陳叔寶的身影。想不到韓擒虎竟然早已擒獲了陳叔寶。賀若弼心裡不是個滋味。自己打了無數惡戰，韓擒虎卻兵不血刃地擒獲了陳叔寶。這讓賀若弼的心裡怎能平衡？

他瞪著兩隻噴火的眼睛怒視著陳叔寶。陳叔寶雙膝一軟，馬上跪了下來。賀若弼把手一揮：小國之君見大國上卿，跪拜是必須的。入隋朝後你不失為歸命侯，不用怕。

隨後他怒氣沖天地和韓擒虎爭了起來，兩人拔刀相向，大鬧一場，最終不歡而散。

兩天後，高熲和晉王楊廣也率隋軍主力先後進入了建康。

據《隋書．高熲傳》記載，這時還發生了這麼個故事：高熲先進城，楊廣特意派人給高熲傳話，說自己看上了張麗華，讓他千萬別殺。但高熲卻說，昔日姜太公蒙面以斬妲己，今豈可留麗華！隨後趕在楊廣入城之前在青溪（今江蘇南京東南）殺了張麗華。楊廣知道後咬牙切齒地說，我必有以報高公矣——我一定有辦法報復高熲的。

不過，現在史學界大多認為這事不太可靠。為了博取父母的歡心，楊廣在登基以前一直「矯情飾行，以釣虛名」，一直裝出一副勤儉節約、不好聲色的樣子，一直在精心打造自己「賢明」的形象，在萬眾矚目的平陳關鍵時刻，功利性極強的他不大可能會做出這種自毀聲譽的蠢事。張麗華的結局，在《陳書．張貴妃傳》上記載得非常清楚：晉王廣命斬貴妃。

事實上，楊廣在進城後的表現可謂可圈可點，他讓高熲和元帥府記室裴矩等人，收圖籍，封府庫，資財一無所取，同時又下令把施文慶、沈客卿等五位臭名昭著的陳朝佞臣斬首示眾，這一系列的舉動博得了江南百姓的交口稱讚，「天下皆稱廣，以為賢」。

幾乎就在隋軍攻入建康的同時，上游的楊素也終於抵達了漢口，與秦王楊俊順利會師。這一路，楊素打得非常辛苦。他的水軍剛出三峽就遇到了難題。原來，奉命駐守岐亭（今長江西陵峽口）的陳朝南康內史呂忠肅在兩岸岩石上鑿孔，繫了三條鐵索，擋住了楊素軍的戰船。

兩岸懸崖峭壁，中間鐵索橫江，怎麼辦？

只能強攻。

楊素下令棄舟登岸，親自率軍猛攻陳軍設在岸邊的營壘。然而，岐亭地勢險要，易守難攻，加上呂忠肅把自己的家財全都拿了出來賞賜將士，所以陳軍士氣很盛，竟然連續四十多次擊敗了隋軍的進攻。隋軍傷亡慘重，戰死的就有五千多人。

呂忠肅下令把隋軍屍體的鼻子全部割下來，想以此來震懾隋軍。可是他錯了。這種恐怖主義行為根本恐嚇不了楊素手下那支鋼鐵般的部隊。楊素治軍極為嚴酷，其部下只要違反軍令，便立斬之，絕不寬赦。每次戰前，他總要找個理由殺一批人，少則十多個，多則數百人，即使血流成河，他依然談笑自若，眉頭都不皺一下。而他的戰法也與眾不同。每次他都命幾百人先發動進攻，取勝則矣，如敗退下來，那麼無論多少人全部斬首。然後再出動下一批，如依然不勝則照殺不誤。

當然，他也不是只罰不賞。只要立有戰功，不管多小，他都不會忘記封賞。總之，跟著他，只要作戰足夠勇敢，而且運氣足夠好沒有戰死，那麼香車美女、高官厚祿……一切皆有可能。

這樣一來，向前衝，等著你的有榮華富貴——雖然可能性也許只有百分之一；但向後退，等著你的只有死路一條——這個可能性卻是百分之百。所以楊素的部隊每次打仗都非常拼命，每次都不要命地往前衝。正所謂軟的怕硬的，硬的怕橫的，橫的怕不要命的，這樣的部隊，其戰鬥力可想而知有多麼強悍。

因此在岐亭一戰中，儘管時間一天又一天地過去，儘管進攻一次又一次地失敗，儘管士兵一個又一個地倒下，但隋軍依然前仆後繼，依然不斷地向岐亭發起猛烈的攻擊。就算呂忠肅擋得住隋軍一百次猛攻，但無論如何也擋不住隋軍總是猛攻。最後他終於無法支撐，只得無奈撤退。隋軍付出了巨大的代價，終於攻佔了岐亭。他們費了好大的力氣才解開了鐵索，隨後登上戰船，繼續東下。

不過，呂忠肅並沒有走遠，他早已率部在延洲（今湖北枝江附近長江中的一個沙洲）嚴陣以待，再一次擋住了楊素的大軍。又是一場惡戰，最終楊素憑藉實力上的絕對優勢，再次擊敗了陳軍，呂忠肅隻身退走。

呂忠肅雖然敗了，但他憑藉數千人的兵力，以寡敵眾，擋住了楊素大軍數月之久，也可謂雖敗猶榮。儘管呂忠肅只是個小角色，史書上甚至根本沒有他的傳記，但這個小角色卻比很多大名鼎鼎的人物更值得尊敬。可惜陳朝像呂忠肅這樣的人實在是太少了。駐在安蜀城（今湖北宜昌西南）的信州刺史顧覺、駐在公安（今湖北公安）的荊州刺史陳慧紀全都棄城而走。

在擊敗呂忠肅後，楊素就再也沒有遇到過像樣的抵抗，很快就抵達了漢口，與中路的楊俊大軍順利會師，對江南武昌的陳軍周羅睺部形成了夾擊之勢。周羅睺毫不畏懼，秣馬厲兵，準備與隋軍決戰。但這一戰卻並沒有打起來——因為此時周羅睺見到了陳後主派人送來的招降書。他這才知道，都城建康和皇帝陳叔寶都已經落入了隋軍手中。

皇帝已經被抓，自己再抵抗還有什麼價值？周羅睺明白如今陳朝大勢已去，再打下去已經毫無意義，便率麾下諸將大哭三日，隨後解散部隊，向楊俊投降。

長江上游宣告平定。

一統天下

之後，除了湘州刺史陳叔慎（陳叔寶之弟）、吳州刺史蕭瓛等少數陳朝地方官員有一些很快就被平定的零星反抗以外，其餘江南各地大多傳檄而定。陳朝正式滅亡。至此，自西晉滅亡以來分裂了近三百年的中國終於迎來了統一，中華民族的歷史從此翻開了新的一頁。

從西元五八八年十月二十八日出兵，僅僅用了兩個多月的時間，楊堅就滅掉了陳國，完成了國家的統一，其行動之迅速，過程之順利，在歷史上極為罕見。

他為什麼可以創造這樣的神話？

隋朝相對於南陳，無論面積、人口、實力都佔有明顯的優勢，但楊堅依然沒有貿然出手，輕易行動，而是戰戰兢兢、如履薄冰、反覆思考、精心策劃，其準備之充分、計畫之完備，可以說做到了滴水不漏的地步。正是因為付出了這樣超人的努力，才讓他的成功看起來似乎毫不費力。

平陳後，楊廣帶著陳叔寶等陳朝君臣，率南征大軍勝利班師。西元五八九年四月十二日，三軍將士凱旋，浩浩蕩蕩進入長安城，在太廟舉行了盛大的獻俘儀式。

楊堅豪情滿懷，意氣風發。幾百年來，多少英雄豪傑畢生追求的夢想，多少志士仁人沒有實現的目標，在他的手裡變成了現實。統一中國，這樣的功績，足以使他名垂千古，光耀萬世！

對有功之臣，他當然不吝重賞。平陳主帥晉王楊廣被加封為太尉；楊素晉爵越國公，賜帛萬段，不久又升任納言，進入宰相的行列；高熲加封為齊國公，賜帛九千段。

賀若弼和韓擒虎兩人在楊堅面前爭功。

賀若弼說：臣在鍾山死戰，破其銳卒，擒其驍將蕭摩訶、魯廣達，震揚威武，遂平陳國。韓擒虎幾乎沒打什麼仗，豈可與臣相提並論。

韓擒虎反駁道，本奉明旨，令臣與賀若弼同時合勢以取偽都。然而賀若弼不聽命令，竟與陳軍先戰，致令將士死傷甚多。臣以輕騎五百，兵不血刃，直取金陵，執陳叔寶，據其府庫，傾其巢穴。賀若弼晚上才至北掖門，臣啟關而納之，賀若弼贖罪還不夠呢，怎可與臣相比。

楊堅大笑：二將都有大功。

於是對他們各賜帛八千段，進位上柱國，賀若弼還晉爵宋國公。此外，楊素和賀若弼還得到了一個額外的禮物——兩人都被賜了一個陳叔寶的妹妹為妾。其餘眾將也都各有封賞。

對原陳朝的大臣，楊堅根據其表現，甄別忠奸，加以區別對待。袁憲在緊急關頭依然忠心護主，楊堅專門下詔褒獎他，稱讚他是江東士大夫的楷模，並任命其為昌州（今湖北棗陽）刺史；蕭摩訶在陳亡後還不忘舊主、主動求見，楊堅對此深表讚許：壯士也，此亦人之所難！隨即授其為開府儀同三司；周羅睺堅守長江上游，恪盡職守，不辱使命，楊堅對他非常欣賞，特意接見他，並許以富貴。

相比以上幾人，楊堅對任忠的看法就差多了。按理說，任忠主動投降並引導隋軍入城，是隋朝的有功之臣，但楊堅對他卻十分鄙視。儘管任忠在入隋不久就死了，楊堅卻依然不放過羞辱他的機會，他在朝堂上公開對朝臣們說，我後悔沒有早殺任忠。這傢伙受人榮祿，身居高位，卻不思報效，反而吃裡扒外，實在是太沒有節操了。

對於那些佞臣，楊堅也沒有忘記。施文慶等人已被楊廣在建康斬首，而孔範卻僥倖漏網。但躲

得了初一，躲不過十五，他和王瑳等五個奸邪小人被楊堅下令流放到了邊地。

陳朝舊臣中，最值得敬佩的是魯廣達。魯廣達感於陳朝覆亡，一直憂憤不已，悲慟不已，沒幾天就得了病，他拒絕任何治療，很快就追隨他熱愛的王朝而去了另一個世界。前陳朝宰相江總為他作了一首流傳千古的輓詩：黃泉雖抱恨，白日自流名。悲君感義死，不作負恩生。

陳朝戰俘中，還有一個特殊的人物——司馬消難。

冤家路窄。九年前，司馬消難起兵反抗楊堅執政，失敗後南逃到了陳朝，現在他又作為俘虜被帶到了楊堅的面前。出人意料的是，楊堅沒有殺他，只把他配為樂戶。在當時，樂戶是專門從事音樂歌舞供人取樂的賤人，身分極低，受人輕視，且世代相襲，不能與常人通婚。對於司馬消難這樣的豪門公子來說，這種處罰簡直比處死還難受。儘管楊堅在二十天後就下令取消了他的樂戶身分，心高氣傲的他還是無法承受這種侮辱，很快就被氣死了。

至於陳叔寶，其實，楊堅待陳叔寶這個亡國之君還算不錯，不僅多次接見他，而且每次宴會只要有他參加，就不讓彈奏江南的音樂，生怕會引起他的思鄉之情，讓他傷感。不過，陳叔寶這個奇葩的思想，常人就是無法理解。他大大咧咧地對楊堅說，我經常和大臣們一起參加朝會，卻沒有一官半職，像個編外的臨時工，感覺怪不好意思的，希望陛下能給我一個正式的有編制的職位。

楊堅不由得大笑：叔寶全無心肝。

過了一段時間，負責監護陳叔寶的官員向楊堅報告：陳叔寶天天都喝得酩酊大醉，很少有酒醒的時候。

楊堅問，他一天要喝多少酒？

監者回答，他和他的子弟每天要飲酒一石（大約相當於現在的一百二十斤）。楊堅大吃一驚，立即下令讓陳叔寶節制飲酒。不過他轉念一想，很快又改變了主意：算了！就讓他盡情地喝吧！他不喝酒，怎麼打發日子呢？

平陳的勝利，天下的統一，讓隋朝上下一片歡騰。群臣紛紛要求楊堅登臨泰山，舉行封禪大典，將此豐功偉績敬告上天，宣示神明。

在此之前，歷史上舉行過封禪儀式的只有秦始皇和漢武帝兩人。這說明，在群臣的眼裡，楊堅已經可以和秦皇漢武齊名。不過，楊堅的頭腦還是挺清醒的，他當即拒絕了這個提議：只不過是滅了一個小國而已，沒什麼大不了的。從今以後，希望大家不要再提封禪之事。

再平江南

西元五八九年年底，楊堅下詔要求修訂禮樂。

《禮記》云：王者功成作樂。顯然，楊堅認為天下已經太平。然而，他錯了。事實上，南方雖然併入了大隋的版圖，但此時南北分治已有近三百年之久，兩地在社會制度、生活習俗、文化傳統等各個方面都截然不同。要想把矛盾重重的南北兩地不分彼此地融合在一起，其難度非同小可。

然而，在巨大的成功面前，人總是容易過於樂觀。平陳的極端順利，讓楊堅把這一切看得過於簡單了。陳朝滅亡後，雷厲風行的楊堅立即對江南進行了暴風驟雨般的改造。對陳朝原先的行政區

劃，他做了大刀闊斧的變革。

郡被廢除了，和北方一樣實行州縣兩級體制；相當多的州縣被撤併了，又有相當多的州縣被增設了；還有相當多的州縣被改名了——比如原陳朝的吳州（治所今江蘇蘇州）被改為蘇州，東揚州（治所今浙江紹興）被改名為吳州，原隋朝的吳州（治所今江蘇揚州）被改名為揚州……命運最慘的是六朝古都建康，被楊堅下令徹底夷為平地，州治則移到了石頭城（今南京城西），並更名為蔣州。建康，這個曾經世界上最大最繁華的城市，從此成為一片荒野。一直到三百多年後的五代十國，這塊風水寶地才隨著南唐的建都而重新繁榮起來。

伴隨著行政區劃的改變，陳朝原先的地方官員也大多被撤換，接替他們的幾乎無一例外都是北方人。楊堅之所以這麼做是有他的理由的。

陳朝滅亡的時候，按照史籍記載，全國人口僅有兩百萬。江南這麼大，經濟又非常發達，人口居然只有這麼點兒。這樣的資料，肯定是不確實的。毫無疑問，陳朝真實的人口肯定遠遠大於兩百萬。原因是，有很多人口依附於世家大族，沒有被列入戶籍統計之中。

江南從東晉開始，世家大族的勢力就極為龐大，他們佔有大量土地，蔭庇大批人丁，雖然經歷多次改朝換代，但他們的特權卻一點都沒有變。楊堅對此當然不能容忍，他決心要在江南推行和北方一樣的戶口檢查措施。這顯然嚴重侵害了南方這些世家大族的利益，而原先陳朝的地方官大多出身於當地大族，讓他們來清查人口，完全是天方夜譚。因此，楊堅乾脆對他們來了個一窩端，把江南的地方官幾乎全部都換成了北方人。

而之前陳朝任命的官員，除了一部分被免職回家外，大多都被強制遷移到了關中一帶。被遷到關中的除了各級官員，還有很多在江南有影響的士人。這些士人離鄉背井，境遇與在江南的時候有了天壤之別。著名的「破鏡重圓」的故事就發生在這樣的背景下。

這個故事流傳很廣，記載於唐玄宗時的《兩京新記》中，不見於正史。故事的主人公是原陳朝太子舍人徐德言和他的妻子陳後主的妹妹樂昌公主。徐德言家世顯赫，出身於南朝官宦世家東海徐氏，是著名文學家、《玉台新詠》的編著者徐陵的孫子。

隋軍攻進建康的時候，徐德言把一面鏡子打破，自己把其中半面破鏡收了起來，另外半面則給了樂昌公主：如今國破家亡，難以自保。以你的出身和才色，你一定會被富貴人家收為小妾。到正月十五的時候你派人到鬧市叫賣這半面鏡子，也許我還有可能會找到你。陳亡後，夫妻二人果然失散了，徐德言被帶到了關中，擔任蒲州（今山西永濟）司功，成了一個不入流的小官；而樂昌公主則被楊堅賜給了楊素，成為楊素的小妾。

楊素對樂昌公主百般寵愛，但公主卻依然忘不了自己的結髮丈夫徐德言。正月十五那天，她按照約定讓自己的家奴帶著那半面破鏡子到市場上去叫賣。破鏡子一出現，就吸引了趕集者的注意。圍觀者議論紛紛：這麼個破玩意兒，怎麼可能有人要？

「我要！」

一個男子擠進了人群。此人正是徐德言。他掏出自己懷中的那半面鏡子，與這個破鏡拼在一起，果然嚴絲合縫，分毫不差。他連忙問起賣鏡子的家奴，鏡子的主人現在哪裡？一番交談後，徐德言悲喜交加。喜的是終於找到了妻子的下落，悲的是妻子現在在隋朝炙手可熱的宰相楊素手裡，自己一個外地小官，根本不可能進入宰相府裡，要想見到妻子，恐怕比登天還難。

無奈，他只得在自己的破鏡上題了一行詩：鏡與人俱去，鏡歸人不歸。無復姮娥影，空餘明月輝。隨後他讓家奴把這半面鏡子帶回去給樂昌公主。

樂昌公主得鏡見詩，頓時悲從心來，從此茶飯不思，坐立不安，人也很快變得憔悴不堪。楊素看了，自然要問起原委。樂昌公主淚如雨下，據實相告。楊素被感動了。他立刻派人把徐德言叫到自己府上，讓他和公主相聚。夫妻二人終於再次見面，雖然時間只過去了一年，卻恍若隔世。樂昌公主心裡百感交集。

一切都變了——地點從江南的建康變成了關中的長安，身分從高貴的公主變成了卑微的小妾，丈夫從徐德言變成了楊素……她激動萬分，卻不敢直接面對徐德言，只好低著頭，目光胡亂地在徐德言之外的任何地方胡亂地掃射。楊素彷彿看出了愛妾的心思，便讓她賦詩一首。

樂昌公主隨口吟道：今日何遷次，新官對舊官。笑啼俱不敢，方驗作人難。一句「笑啼俱不敢」，道盡了公主內心的心酸，連楊素也不免為之動容。於是他當場決定把公主還給徐德言，讓其帶著公主返回家鄉，同時還贈送他們大量財物。

雖然這個故事最終是以喜劇收場的，但從一個側面也可以看出，隋朝初年，很多江南的貴族豪門、名人雅士的生活都發生了劇變，和徐德言一樣妻離子散顛沛流離的人有很多很多。

毫無疑問，這些士人被強制北遷，肯定會讓江南各地人心惶惶。而地方官員全部由北方人出任的事實也讓他們內心感到自己是二等公民，心裡極為不滿。這種不滿的情緒在江南百姓中不斷地蔓延，彷彿水庫的水位在不斷地升高，隨時衝垮堤壩。然而，依然沉浸在巨大喜悅中的楊堅卻並沒有意識到這一點。

西元五九〇年，為了加強江南地區的精神文明建設，經蘇威提議，楊堅決定在江南大力推行所謂《五教》，即「父義、母慈、兄友、弟恭、子孝」，蘇威還親自撰寫了一大堆囉裡囉嗦的注釋，並且嚴格要求江南百姓無論長幼都必須要背誦出來。

自晉室南渡以來，江南士人一直視北方為蠻夷，自己是華夏文明的繼承者，先進文化的代表，現在這些北方的野蠻人不僅在政治上欺凌自己，還要在文化上推行這種洗腦式的高壓政策，這讓他們怎麼能接受。

西元五九〇年十一月，江南突然出現了這樣的謠言：朝廷要將江南所有百姓都遷到北方去。謠言是怎麼產生的，我們不得而知，但這個謠言引起的後果，我們不難想像。幾乎所有人都相信這個傳言是真的，畢竟一年前江南士人全都被遷入關中的事實，由不得他們不信。江南各地的百姓全都惶恐不安。

很快，婺州（今浙江金華）的汪文進、越州（今浙江紹興）的高智慧、蘇州（今江蘇蘇州）的沈玄懀等人率先舉起了反旗。接著，樂安的（今浙江仙居）蔡道人、蔣山的（今江蘇南京）李棱、饒州的（今江西鄱陽）吳世華、永嘉（今浙江溫州）的沈孝徹、泉州的（今福建泉州）王國慶、交州的（今越南北部）李春等人也紛紛響應。

叛軍的首領大多是各地的豪強大族，對隋朝那些中央集權的政策極為反感。他們被強迫加上了各種約束，當然感到受不了。由於這些豪強在地方上大都有著很強的影響力和號召力，在他們的帶動下，叛亂的規模和範圍迅速擴大。叛亂很快就席捲了幾乎是陳朝故地的全部地區。

叛軍對隋朝任命的地方官尤為痛恨，只要抓到就將其虐殺洩憤，要麼凌遲臠割，要麼抽腸挖

心，殺人之前還要罵一句：更能使儂誦《五教》邪？——你還能逼我背《五教》嗎？

叛亂的消息很快傳到長安，楊堅立即任命內史令楊素為行軍總管，率崔弘度、史萬歲等將領南下平叛。楊素率軍渡江，一路攻城拔寨，勢如破竹，很快就掃平了蘇南一帶的叛軍，來到了錢塘江的北岸。

對岸，是所有叛軍中實力最強的高智慧。高智慧自稱天子，設置百官，手下兵多將廣，聽說楊素大軍要來，早已在錢塘江南岸設好防線，嚴陣以待。他連營數百里，江中戰船無數，擋住了楊素的大軍的去路。

正當楊素感到為難之際，有人獻上了一策。此人名叫來護兒，廣陵（今江蘇揚州）人，從小就失去了父母，由伯母撫養長大，他少有大志，童年時在私塾讀《詩經》讀到「擊鼓其鏜，踴躍用兵」這句話時，他拍案歎道，大丈夫在世，當為國滅賊以取功名，安能區區專事筆硯也！

一個小孩說出這樣慷慨激昂的話，周圍的人都非常驚奇：這孩子將來一定非常人可比。果然被他們說中，來護兒長大後的確非常人可比。他成了殺人逃犯。

來護兒的伯父被當地豪強陶某害死，他一直想為伯父報仇，然而陶家勢力很大且戒備森嚴，他根本就找不到機會。後來在陶家兒子結婚的那天，來護兒冒充賀喜的賓客，終於成功地混了進去，在眾目睽睽之下將仇人陶某殺死，隨後揚長而去，從此離鄉背井，亡命江湖。直到西元五七九年，北周奪取了江北土地，廣陵從陳朝歸屬了北周，他這才回到了家鄉。

隋朝建立後，他投奔鎮守廣陵的賀若弼，深受器重，被授為大都督，平陳時，他率領鄉兵隨同賀若弼出征江南，戰功卓著，升為上開府。現在來護兒在楊素麾下擔任部將。

熟讀兵書的來護兒對楊素說，浙人擅長水戰，很難與他們在水上爭鋒。請您給我數千精兵，偷渡過江，突襲其營壘，則敵軍進退無路，必敗無疑。此韓信破趙之策也。楊素同意了。

當天夜裡，來護兒率敢死隊乘坐數百艘小船，從下游偷渡到了南岸，隨後悄悄潛入叛軍大營，一邊到處放火，一邊大聲吶喊。一時間，殺聲四起，火光沖天。叛軍猝不及防，頓時亂作一團。楊素乘機率隋軍主力渡江發起猛攻，叛軍軍心已失，哪裡抵擋得住？

最終叛軍全軍潰散，高智慧率少數殘餘部隊乘小船從杭州灣逃入海上。楊素率水軍緊追不捨，從餘姚（今浙江餘姚）一直追到溫州，終於追上了高智慧。無奈，高智慧只得戰戰兢兢地再次接戰，結果自然是結結實實地再次被揍，只好繼續倉倉皇皇地南逃，前往投奔泉州叛軍首領王國慶。

楊素則棄舟登岸，隨後西進北上，連續消滅了溫州的沈孝徹、婺州（今浙江金華）的汪文進等多路叛軍，一路高歌猛進，連戰連捷。接著他又命史萬歲從婺州深入浙西南山區，負責掃平那些逃進深山的叛軍餘部。

捷報傳到長安，楊堅覺得楊素在外征戰多時，勞苦功高，特召他入朝休養，對他大加慰勞，厚加賞賜。但楊素卻認為戰事還沒結束，在京城根本就坐不住，回京後沒幾天就又向楊堅請求再去前線。返回軍營後的楊素不顧鞍馬勞頓，馬上就集結水軍，從溫州渡海來到泉州，猛攻王國慶叛軍。

之前，王國慶認為北方人不善舟楫，根本沒想到楊素居然會從海路進攻，因此毫無防備，只得棄城而走，逃到海島中躲藏起來。楊素一面派出軍隊四處搜捕，一面暗中派人遊說王國慶，說只要他肯交出高智慧，就可以免去其罪責。一邊大棒，一邊胡蘿蔔，在楊素的軟硬兼施下，王國慶的意志動搖了，他把高智慧捆了起來，交給了隋軍，自己則向楊素投降。東南的叛軍自此基本被肅清。

然而，有一件事卻令楊素非常擔心。距離史萬歲出征，已經三個多月了，史萬歲卻音訊皆無。所有人都認為史萬歲凶多吉少，很可能已全軍覆沒。此時卻突然有人報告說，在河流中發現了一個竹筒，竹筒裡竟然有一封史萬歲給楊素的信。

原來，史萬歲率兩千人深入浙西南大山深處，翻山越嶺，輾轉一千多里，前後七百餘戰，攻破了無數溪洞，可是由於進軍速度太快，加上山深林密，地形不熟，史萬歲迷了路，在大山中轉圈，卻始終轉不出來。

怎麼辦？

史萬歲絞盡腦汁，想了這麼個在山間溪水中放竹筒的辦法。竹筒隨著溪水順流而下，流入江河，其中的一個被人發現，史萬歲和他麾下的將士終於獲救。之後，楊素率史萬歲等將領班師回朝，來護兒則留在了泉州，出任泉州刺史。

既已凱旋，加官晉爵自然是不在話下，史萬歲被加封為左領軍大將軍，楊素已經位居宰輔了，升無可升，那就封他的兒子吧。楊素的長子楊玄感被封為為上開府，另一個兒子楊玄獎被封為儀同三司……

叛亂雖然暫時被剿滅了，楊堅並沒有掉以輕心。怎樣才能避免叛亂的再次發生呢？。楊堅認真反思了自己之前在江南的失誤。經過反覆的考慮，針對江南的具體情況，楊堅決心調整自己對江南的政策，把原先的強勢高壓改為懷柔安撫。

政策的執行者，他選擇了晉王楊廣。之所以選擇楊廣，也是有原因的。楊廣曾經當過平陳統帥，對江南情況較熟，在江南的所作所為也很得民心，聲望不錯，加上他的妻子蕭氏又是出身於在南方影響頗大的蘭陵蕭氏，沒有人比他更適合這個任務。很快，楊廣出任揚州總管，駐於江都（今江蘇揚州），主持江南大局。

楊廣一上任，就廢除了《五教》，拉攏了一大批在江南有名望、有影響的儒生士人和佛教高僧，很快取得了廣大百姓的信任。江南大部分地區的形勢逐漸安定下來。然而，此時嶺南的問題卻依然相當嚴重。

說到當時的嶺南，就必須先講到冼夫人。冼夫人家世代為高涼（今廣東陽江一帶）俚人首領，後來嫁給了高涼太守馮寶。馮寶本是北方人（據說是十六國時期北燕皇族的後代），在當地沒有任何根基，基本屬於三無——無實力、無威望、無軍隊，唯一擁有的就是皇帝任命的一個頭銜；而冼夫人和她的家族呢，稱得上是三高——實力高、威望高、能力高，唯一缺少的只有皇帝任命的一個頭銜。

馮寶和冼夫人的結合，補上了各自的短板。婚後，在他們的共同努力下，嶺南被治理得井井有條，蒸蒸日上。兩個人的人氣也越來越高。

侯景亂梁的時候，時任西江督護的陳朝開國皇帝陳霸先從嶺南起兵討伐侯景，冼夫人給予了他很大的幫助，結下了很深的友情。陳朝初建立的時候，各地依然紛亂不已，加上此時馮寶去世，嶺南一帶也人心不穩，暗潮湧動，冼夫人挺身而出，以她無人可比的聲望，迅速穩定了局勢。之後，冼夫人又多次協助陳朝政府平定了多次叛亂，功勳卓著，被冊封為中郎將、石龍太夫人。

西元五八九年，隋軍攻入建康，南方各地亂成一團，陷入無政府狀態，嶺南各郡遂推舉冼夫人為首領，保境自守，並尊她為「聖母」。

當時隋將韋洸（韋孝寬之侄）奉命進軍嶺南，為其所阻，無法前進。楊廣讓人給冼夫人送去了陳後主的親筆信，以及當初冼夫人進貢給皇帝的犀杖等物，冼夫人這才確認陳朝已經正式滅亡。她召集手下數千名首領，慟哭多日，隨後把悲痛轉化為對國家統一的支持，派他的孫子迎接韋洸進入廣州。就這樣，嶺南地區宣告和平解放，併入了隋朝的版圖。

不過僅僅一年多後，那場席捲陳朝故地的大叛亂發生了，嶺南當然也未能倖免。番禺（今廣東廣州）人王仲宣起兵造反，攻殺了隋朝廣州總管韋洸，嶺南很多地方都群起響應，一時間叛軍聲勢極為浩大。自然也有人來鼓動冼夫人。

冼夫人會參加叛軍嗎？

當然不會。她旗幟鮮明地站在了隋朝政府這邊，派自己的孫子馮暄率軍協助政府軍討伐叛軍，沒想到這個馮暄平叛意志很不堅定，竟然故意觀望，逗留不進。冼夫人大怒，馬上把馮暄抓了起來，改派另一個孫子馮盎統兵。正好此時隋朝派來增援廣州的裴矩等人也到了嶺南，於是冼夫人派馮盎與他會合，兩軍攜手作戰，終於討平了叛亂。

隨後，冼夫人不顧自己年老，親自披甲騎馬，英姿颯爽地陪同裴矩等人一起巡視嶺南各地。迫於她的威望，各地的首領都前來參拜，裴矩乘機對他們大加安撫，任命他們為當地的地方官，讓他們依舊統領各自部落。嶺南從此宣告平定。

楊堅對冼夫人的所作所為非常讚賞，不僅親自下詔嘉獎，還追封馮寶為廣州總管、譙國公，同時冊封冼夫人為譙國夫人，特許她開譙國夫人幕府，可以自行任命長史以下官員，自行調動嶺南六州兵馬。冼夫人的孫子馮盎則被封為高州（今廣東陽江西）刺史，馮暄也被赦免，並擔任羅州（今廣東廉江）刺史。

從這裡我們可以看出，楊堅現在已經完全摒棄了之前在江南只用北方人為地方官的不合理政策，一定程度上改成了南人治南的模式，某些地方甚至還享有較大的自治權。很顯然，這次席捲整個江南的叛亂使楊堅充分認識到了南北社會的巨大差異。在維護國家統一的前提下，允許南方地區保留其原有的較為寬鬆的社會生活方式，比如在北方實行的均田制，在南方就一直沒有推行。

第八章

登上歷史的巔峰

人事浮沉

楊堅的懷柔政策取得了良好的效果，南方的局勢終於逐漸穩定下來了。這兩年中，先是伐陳，再是平叛，風波迭起，變局不斷。與此同時，隋朝政壇的高層人事也發生了翻天覆地的變動。平陳後，楊素的地位像火箭一樣迅速竄升，出則為將（行軍元帥），入則為相（納言），鋒頭很勁。

不過，在楊堅的心目中，最看重的還是高熲。作為伐陳實際上的指揮者，高熲的貢獻毋庸置疑。回到長安後，楊堅親自慰勞他，還有意無意地說了這麼句話：公伐陳後，人言公反，朕已斬之。君臣道合，非青蠅所間也！——你伐陳的時候，有人說你謀反，我已經斬了他。咱們倆誰跟誰呀，哪裡是這種蒼蠅離間得了的？

聰明的高熲當然聽出了這話的弦外之音。幾天後，他就上表請求辭職。看到高熲如此識相，楊堅放心了，便下詔竭力挽留：公識鑒通遠，器略優深……此則天降良輔，翊贊朕躬，幸無詞費也。——你見識高遠，謀略精深……真是上天賜給我的良臣，請千萬不要再說辭職的話了。於是，高熲依然擔任首席宰相（尚書左僕射），只是從此做事更加謹慎。

有一次在宴席上，楊堅讓他和賀若弼兩人談論自己在平陳時的功勞，高熲連忙推辭說，賀若弼先是獻過平陳十策，後來又在鍾山苦戰破賊，而我只是一個文臣而已，怎麼能和他相比。

然而，木秀於林，風必摧之；行高於眾，人必非之。儘管高熲如此低調，但由於他的地位太高，功勞太大，權力太重，得罪人太多，還是無法避免地會遭到別人的嫉妒甚至攻訐。

右衛將軍龐晃是楊堅未發跡前的密友，居功自傲，性情驕橫，對後來居上的高熲等人很是看不慣，多次在楊堅面前說高熲的壞話。楊堅毫不猶豫地貶了他的官職，把他趕出京城，到外地去當刺史。其實，龐晃能有這樣的結局還算是好的——畢竟他和楊堅有著不錯的私交，其他人可就沒有這樣的運氣了。楚州行參軍李君才竟然也不知深淺地上書批評皇帝對高熲過於寵愛，結果楊堅當場就大發雷霆，用馬鞭將李君才活活打死。

為了讓高熲更放心，楊堅還對他說，獨孤公（高熲的父親高賓曾是獨孤信的僚佐，被賜姓獨孤，所以楊堅稱高熲為獨孤公），你就如同鏡子一樣，每經過一次打磨（意指受到別人的攻擊），就會更加明亮。

與此時如日中天的高熲形成鮮明對比的，是曾和他一起並稱「隋初四貴」的廣平王楊雄。楊雄原名楊惠，是楊堅的堂侄，在北周末年楊堅執政的時候曾經為楊堅立下了大功，隋朝建立後，他擔任右衛大將軍，一直執掌禁軍，並且參與朝政。楊雄位高權重，而且性格寬容，很得人心，因而楊堅逐漸對他產生了猜忌，平陳後不久就用一紙詔書將楊雄改封為司空。司空雖然位列三公，但在當時只是個有名無實的榮譽職務。知趣的楊雄對楊堅的用意心知肚明，從此一直閉門在家，不見賓客。

比楊雄更慘的是隋初三大開國宰相之一的李德林。李德林才華出眾，足智多謀。事實上，李德林恃才傲物，清高孤僻，非常不善於處理人際關係，是典型的高智商低情商，據說他和高熲、蘇威等同僚，沒一個合得來的。

前面說過，伐陳之前的關鍵時刻，李德林曾經給楊堅提過關鍵的建議，因此楊堅答應將來一定會重賞他。平陳後，楊堅曾經打算履行承諾，沒想到李德林平時人緣太差，竟然有很多人反對，甚

至還有人說，若歸功於李德林，諸將必當憤惋。眾怒難犯，對李德林的封賞只好不了了之。

李德林真是混得慘哪，從開國到現在近十年的時間，他的爵位就跟前些年一樣一直都沒升過，和他資歷相當的人大都已經是國公，如高熲是齊國公、蘇威是邳國公、楊素是越國公……而他卻依然只是個微不足道的子爵。和高熲等人一起站在朝堂上，讓人簡直抬不起頭。不過讓他聊以自慰的是，好歹他還有個內史令的頭銜可以充充門面。可是沒過多久，內史令也做不成了。

事情的經過是這樣的：蘇威曾經奏請每五百戶人家設一個鄉正，專門負責處理民間糾紛和訴訟。李德林卻堅決反對，說這樣的鄉正和他管理的人之間都是鄉里鄉親，沾親帶故的，不可能公正處事。兩個人爭論良久，最後楊堅還是批准了蘇威的提議。

後來，虞慶則等人奉命到地方上視察，發現果然如李德林說的那樣，這些新設的鄉正經常徇私枉法，甚至公報私仇，對地方上有害無益。聽了虞慶則的彙報，楊堅決定下令廢掉鄉正。照理，這回李德林該滿意了吧。偏不，他又站出來反對了：這事我本來就認為不行，可是現在既然已經定了，就不可以再隨便更改，否則政令不一，朝成暮毀，豈不是讓人無所適從，造成社會的混亂。楊堅聽了頓時勃然大怒：你這是想把我當成王莽嗎？——當年王莽就是以朝令夕改而著稱的。

蘇威等人見有機可乘，便趕緊落井下石，翻起了李德林的陳年老帳。

當初隋朝建國的時候，李德林因為有佐命之功，楊堅答應賞給他一座宅子，叫他自己任意挑選。李德林選了衛國縣（今河南清豐）的八十間商鋪，這些房子原先的主人是北齊佞臣高阿那肱，高阿那肱後來跟隨王謙造反被殺，房子就充了公。可是後來當地的老百姓上告，說這些商鋪的土地是高阿那肱強佔的民田，楊堅只得下令有關部門付錢給這些百姓。如今蘇威舊事重提，說李德林明知這些房產是不合法的，故意欺騙皇帝。

牆倒眾人推，接著又有人提起了另一件事。說李德林為了替自己的父親獲取皇帝的追贈，虛報他父親生前的官職，實在是欺君之罪。楊堅更加惱火：李德林，你作為內史，掌管我的機密大事，卻毫無自知之明，屢屢與我作對，我忍你已經很久了。

十年前他初執政時當作無價之寶請來的李德林，此時在他的眼裡，已經從珍貴變成了雞肋。時間真是個魔術師，它能讓物件變成古董，它也能讓無比的信任變成無比的厭煩。

盛怒之下的楊堅當場就頒布命令，免去李德林內史令一職，貶任湖州（今浙江湖州）刺史。李德林再三求情，申請留在京師任職。但楊堅還是堅決不許，只是改任其為懷州（今河南沁陽）刺史，李德林只好死心了。到懷州還不到一年，他就鬱鬱而死。

李德林倒台不久，蘇威也步了他的後塵。這事與蘇威的兒子蘇夔有關。當時楊堅決定修訂音樂，蘇夔也參與了此事，他年輕氣盛，很快就在修樂的問題上與國子博士（國家最高學府的學院院長）何妥產生了嚴重的衝突。兩人各執一詞，互不相讓。因為蘇威的原因，朝臣們大多趨炎附勢，支持蘇夔。

這下把何妥給惹惱了：老夫我當了四十多年的官，如今反倒不如一個乳臭未乾的小屁孩。

何妥也不是好欺負的，他是當時著名的才子，博聞強辯，思維敏捷，年少時就以神童著稱。據說，何妥八歲的時候去國子監玩，有位叫顧良的老教授跟他開玩笑說，你姓何，是河水的河，還是荷花的荷？

何妥想都不想，張口就反駁道：先生姓顧，是眷顧的顧，還是新故的故？

周圍的人全都感到非常驚奇：這小孩有前途。後來何妥果然成了名揚天下的大學者，北周時就擔任了太學博士，入隋後又出任散騎常侍、國子博士等職。

對於蘇威，何妥本來就看不順眼，兩人一直不和。這次連蘇威的兒子竟然都敢欺負到他的頭上了，他怎麼能嚥得下這口氣？經過一番策劃，何妥對蘇威開炮了。他向楊堅上書，實名舉報尚書右僕射蘇威和禮部尚書盧愷、吏部侍郎薛道衡、尚書右丞（**尚書省僅次於僕射的副手**）王弘、考功侍郎（**吏部負責考核官吏的副手**）李同和等人互為朋黨。舉報書中還羅列了一大堆詳實的證據，說蘇威憑藉皇帝的信任，大肆在尚書省裡面發展自己的勢力，甚至公然稱王弘為世子，李同和為叔，把他們當成自己的子弟來看待；還說蘇威以權謀私，以不正當手段幫自己的多個親戚謀求官職，涉嫌嚴重違紀違法……

這封上書精確無比地擊中了楊堅心中最忌諱的地方。楊堅本人是以政變手段上台的，為了防止別人仿效自己當年的作為，他最恨的，就是大臣結黨。此時蘇威已經擔任了多年宰相，身兼多個要職，在朝中的勢力越來越大，追隨者越來越多，楊堅對他也有些不滿，便決心趁此機會敲打他一下。楊堅立即命蜀王楊秀（**楊堅第四子**）、上柱國虞慶則，負責調查蘇威，要求一查到底，絕不姑息。

楊秀當時不到二十歲，少不更事，只是掛名而已，真正主導調查的是虞慶則。虞慶則也是老江湖，當然知道楊堅的意圖。很快，調查結果就出來了，說蘇威確有結黨的嫌疑。楊堅馬上下令免去蘇威一切職務，讓他捲舖蓋回家。

不過，對於蘇威，楊堅也知道他不是個有野心的人，因而只是想警告他一下而已，所以沒過多久，他又公開在朝堂說，蘇威的德行還是不錯的，只是被別人所誤罷了。隨後他召回了蘇威，讓他參加朝會宴請。一年多後，蘇威又再次被起用，重新拜相，出任納言，但他的權勢和之前已經不能同日而語了——楊素已經取代了他當初的地位。蘇威被罷免後，楊素就被任命為尚書右僕射，和左僕射高熲一起執掌朝政。

看到楊素如今權傾天下，時任右領軍大將軍的賀若弼感覺非常不爽。他自認為無論功勞還是才幹都在朝臣中都首屈一指，向來以宰相自許。然而，當年跟他地位相當的楊素現在已是大權在握的宰相；而他如今依然只是個不能過問政事的軍人。難道自己滿腹的才華就這樣被埋沒？

賀若弼越想越氣，越想越不甘心，越想心裡越不平衡。心裡不平衡會失去理智——當年其父賀若敦臨死前用錐子刺他舌頭、囑咐他慎言的那一幕，早已經被他忘得乾乾淨淨。賀若弼到處宣揚：高熲、楊素這兩個廢物只會吃飯不會幹事，算什麼宰相？

其實他這話說得很不厚道——先不說楊素，高熲對賀若弼可是有知遇之恩的，隋初他之所以能擔任吳州總管這一要職，就是來自高熲的推薦。這樣的言辭顯然極其不利於隋朝官場的和諧，因此楊堅聽說後立即將他免職。賀若弼更加憤憤不平，說話也更加無禮。楊堅乾脆將他抓了起來。

由於賀若弼一向狂妄自大，目中無人，因此人緣很差，很多大臣都說他怨恨朝廷，該當死罪。

楊堅親自審問他：我以高熲和楊素為宰相，你竟然這樣詆毀他們，是什麼意思？

沒想到賀若弼依然毫無悔意：高熲是我的老朋友，楊素是我的小舅子，我對他們太熟悉了，不要說用兩眼看，就是用肚臍眼看，我都能看得出他們是什麼貨色！

楊堅臉色頓時變了：大家都說你有死罪，你給我一個能讓你活命的理由。

賀若弼說，我憑藉陛下的信任，率八千精兵渡江，擒獲陳叔寶，希望能以此功勞換我性命。

楊堅連連搖頭，不行！這個我已經格外重賞過了，怎麼還能再提呢？

賀若弼的反應很快：雖然已蒙陛下格外重賞，現在還望陛下格外開恩。

楊堅沒有回答，拂袖而去。

該如何處理賀若弼？殺，還是不殺？

猶豫了幾天後，想到賀若弼為自己立下的赫赫戰功，最終楊堅還是赦免了他，只是免去了他所有的官爵，將他除名為民。過了一段時間，楊堅又恢復了賀若弼的爵位，但卻並沒有任用他擔任任何具體職務。不過，每次宴會或賞賜，對他依然非常禮遇。

其實，楊堅對賀若弼的態度，從他和高熲說的一句話中可以看出來：功臣正宜授勳官，不可預朝政。對像賀若弼這樣的功臣，給勳位，可以；給賞賜，可以；給參與朝政的實權，絕對不行。治國的能力和打仗的能力完全是兩回事，如果因為戰功大就讓他掌握治國大權的話，那和讓鯊魚去爬樹、讓雄鷹去潛水有什麼區別？

看完了賀若弼的遭遇，也許有人會問，和賀若弼齊名的韓擒虎的命運又是如何的呢？平陳後，韓擒虎曾被楊堅任命為涼州總管，以防備突厥，但沒過多長時間，就被重新召回京城。可惜回到長安不久，他就去世了。韓擒虎作為平陳最大的功臣之一，其名將地位是不容置疑的。宋代曾追封古代名將七十二人，整個隋朝入選的只有四個人，其中就有韓擒虎，另三人是楊素、賀若弼和史萬歲。

順便說一下，韓擒虎的外甥也在這個榜單上——唐初名將李靖。

偃武修文

總之，平陳後數年間隋朝的高層人事，可以用一句話來總結：高熲紅透了，楊素崛起了，楊雄回家了，賀若弼賦閒了，韓擒虎去世了，蘇威貶職又起復了，李德林貶職後去世了……不過，頻繁的人事變動對隋朝的正常營運並沒有造成多大的影響，這兩年楊堅在治國上的表現，依然可圈可點。

平定江南、完成統一以後，楊堅立即果斷決策，要求把國家的中心任務從軍事建設轉移到經濟建設和文化建設上來。

西元五八九年四月，平陳的戰爭剛一結束，他就馬上下了一道宣布偃武修文的詔書：今率土大同，含生遂性；太平之法，方可流行。世路既夷，群方無事，武力之子，俱可學經；民間甲伏，悉皆除毀。頒告天下，咸悉此意。——如今四海一統，百姓安居樂業。太平盛世的法律制度，終於可以得以實行。四方無事，軍人武將之徒，都應該學習經書；民間兵器甲仗，一律要予以銷毀。特此頒告天下，讓大家都知道朕的心意。

隨後，他又對府兵制進行了大刀闊斧的改革。府兵制始於西魏時期，由西魏實際控制者宇文泰所創，之後被北周、隋所沿襲。自建立以來，府兵制實行的一直是兵農分離的制度——府兵負責行軍打仗，農民負責墾田種地，兩者互不相干。府兵可免賦稅，屬於軍戶，由軍府管理，地方政府不得過問。

正是這樣的制度極大地調動了廣大百姓加入府兵的熱情，正是這樣的制度為西魏、北周乃至隋朝軍力的壯大做出了極大的貢獻，但也正是這樣的制度給國家的財政造成了極大的損失。過去，戰

亂頻仍，經濟利益只能服從軍事戰爭的需要，但如今天下統一，戰爭已經成為歷史，和平已經成為現實，再繼續維持軍隊的特權，顯然是有害無益。

西元五九〇年五月，楊堅下了一道影響深遠的詔書：凡是軍人，可悉屬州縣，墾田、籍帳，一與民同。軍府統領，宜依舊式。——所有軍人，都隸屬於各州縣，無論種地還是戶籍，都和普通百姓一樣。但軍府的各項制度，還是按照原先的標準執行。

這道命令可以歸納為四個字——兵農合一。

從此，府兵不再歸屬軍府，而必須在當地入籍，成為地方居民，由地方政府管理。平時，府兵和當地農民一樣務農種地，只是在農閒時訓練，戰時從軍打仗。而府兵的訓練、戰備、武器等各項與軍事有關的事務，則仍然由軍府按原先的方法管理，因此這一舉措並不會影響到軍隊的戰鬥力。社會上從此不再存在軍戶這一特殊的階層。這不僅有利於國家對人口的控制，也大大增加了國家掌握的戶口和財稅。

除此以外，原先的軍戶之中有很多人是鮮卑、敕勒等少數民族，之前他們歸屬軍府，和地方上的百姓格格不入，但自此之後，他們變成了地方百姓，和本地的漢人混為一體，不分彼此，因而這一措施也極大地促進了民族融合。

這道僅僅幾十個字的詔書，就如「隨風潛入夜，潤物細無聲」的春雨一樣，在不知不覺中改變了社會，也在不知不覺中改變了歷史。他對府兵制的這些改革，後來都被唐朝全盤沿用。

在對府兵制進行變革的同時，楊堅還裁撤了山東、河南以及北方邊境新設的軍府。山東、河南的軍府大多是為了平陳而建立的，而北方邊界的軍府則是為了抵禦突厥，如今陳國已滅亡、突厥已安分，這些軍府自然沒有了存在的必要性，而且由於新設軍府時曾經大量吸收了鄉兵等地方豪族的武裝，如今裁撤這些軍府，無形中也消除了很多地方豪強勢力，對維護社會的穩定大有裨益。

和裁軍相對應的，是楊堅在文教方面的不斷投入。隋繼承的是北周，而北朝的傳統一向是尚武輕文，但楊堅卻不一樣，他深知「馬上可以得天下，不能治天下」的道理，所以他自立國以來就非常注重文化教育。

在他剛當上皇帝的第二年，他就專門下了一道勸學的詔書：建國重道，莫先於學，尊主庇民，莫先於禮。始自京師，爰及州郡，宜祗朕意，勸學行禮。除了詔書，當然還有具體措施——楊堅下令全國各州縣都設置專門的學官，負責教授文化。宣傳工作也緊緊跟上，很多大街小巷都貼上了各種各樣勸學的標語。

要讀書，書當然是最重要的。然而，由於之前幾百年的戰亂和分裂，當時的圖書典籍十分缺乏，隋朝建立的時候，整個國家館藏的圖書僅有一萬五千卷。

怎麼辦呢？

秘書監牛弘想了個辦法，請求面向全國百姓徵集各類書籍。楊堅立即同意，並馬上頒佈詔令：任何人只要獻書一卷，就賞絹一匹。一匹絹相當於當時一戶農民一年的賦稅。這個政策極大地調動了廣大百姓捐書的熱情，很快，民間的各種珍本、奇書紛紛被送到了朝廷，僅僅用了一兩年的時間，國庫裡的圖書就大大增加。

之後，南北的統一又為圖書事業帶來了新的契機。平陳後，陳朝的典籍都被盡數運到長安——南朝崇文，原先南朝的圖書數量頗多，梁元帝蕭繹時有藏書七萬餘卷，可惜這些書在蕭繹臨死前全

部付之一炬燒光了，因此陳朝的書籍多為之後的抄本，有價值的並不是很多。楊堅召集眾多學者，將這些書補殘續缺，認真整理。經過這樣一番努力，隋朝的圖書總算是初具規模，達到了三萬多卷，比立國之初增加了一倍多。

有了書，還要有人。

對陳朝的文人，楊堅也悉心延攬。許善心（唐初宰相許敬宗之父）是江南名儒，在陳朝曾擔任散騎常侍，楊堅對他非常重視，甚至說出了這樣的話：我平陳國，唯獲此人。隨後楊堅任命他為秘書丞，讓他掌管全國文籍。許善心果然不負所託，他把所有文籍分門別類，同時考訂校正了各種經史圖書上的很多謬誤之處，為隋朝的文化發展做出了很大的貢獻。

此外，在學制上，楊堅也做出了開創性的變革。自漢朝以來，主管文化教育的國子監一直都是隸屬於太常寺（掌管宗廟禮儀的最高行政機關）的二級部門。西元五九三年，楊堅下令把國子監獨立出來，自成系統，和太常寺並列，大大提高了國子監的地位，也大大提高了教育的地位。

史書上對楊堅開皇年間在文化上的成就評價很高。

四海九州強學待問之士，靡不畢集焉……學者……負笈追師，不遠千里，講誦之聲，道路不絕。中州儒雅之盛，自漢、魏以來，一時而已。——全國各地博學多才的學者，全都彙集到了京城。人們為了求學，不遠千里；講課的聲音，不絕於耳。文化的繁盛，是自漢、魏以來從來沒有過的。

科舉的創立

楊堅之所以如此重視文教事業，最重要的原因是要培養人才。

自從西元五八三年楊堅進行了地方行政制度改革以來，地方的人事任免權就全部被收歸了中央。這樣一來，吏部要考選任命大量的地方官，需要大量的後備人才。這麼多的人才從哪裡來呢？該怎樣選拔呢？經過深思熟慮，楊堅決定對之前的選官制度——也就是九品中正制，進行大刀闊斧的改革。

九品中正制始於曹魏，盛行於兩晉南北朝，就是在各州郡設立負責品評士人品級的中正官，把士人按照門第、德才分為上上、上中、上下、中上、中中、中下、下上、下中、下下九個品級，以達到察舉人才的目的。

由於擔任中正官的大都是世家大族，九品中正制出台後，官吏的選拔權便自然而然地被門閥士族所控制，門第也就理所當然地成了最重要的甚至是唯一的標準，而德才則成了可有可無的東西。從此，考察人才變成了審查家譜，唯才是舉變成了唯出身是舉，很快就出現了這樣的局面：只要出身大族，你就是再腦殘，也肯定是上品；只要出身寒門，你就是再天才，也必須是下品。這種現象，史書上稱之為「上品無寒門，下品無士族」。用現在的話來說，九品中正制就是拼爹制。

實施了近四百年的九品中正制到南北朝的後期，弊端已經越來越明顯。一方面，這樣選拔出來的官員，門第雖然高但能力往往並不高，難堪大用；另一方面，門閥士族壟斷了官吏的選拔權，勢力越來越大，對皇權形成了嚴重的威脅。可以說，這一制度不但不利於選拔人才，反而成了選拔人

才的絆腳石。

楊堅一直想徹底搬掉這塊絆腳石。早在西元五八二年，他就專門下詔求賢，要求各州的刺史向中央推薦人才。第二年他又再次下詔：如有文武才用，未為時知，宜以禮發遣，朕將銓擢——如有文武才能突出的，但並不知名的，應按規定舉薦，我會親自挑選錄用。

地方長官推薦，吏部選拔，皇帝親自選定，這完全跳過了原先的中正官，預示著九品中正制的基礎已經開始動搖。

不過，這兩次下詔畢竟只是臨時措施，但到了西元五八七年，這一切發生了根本的變化。楊堅下令：制諸州歲貢三人——規定每個州每年舉薦三人。

這也意味著，這種跳過中正官的選拔人才方式成了正式的制度，故而很多人把它視為科舉制的發端。從此，各州舉薦的貢士每年都會雲集在京城，參加朝廷舉行的分科考試，當時具體有哪幾科，由於史料不詳，我們不得而知，比較明確的是有明經科和秀才科。明經科意指通曉經學，只要熟讀經學就可以了，相對難度較低。而秀才科的難度就大得多了。

西元五九五年，杜正玄投考秀才，宰相楊素就曾呵斥他說：周、孔更生，尚不得為秀才，刺史何妄舉此人！——就是周公、孔子重生，也不一定考得到秀才，刺史怎麼會推舉這樣的人來考！由此可見，在當時，要考中秀才比登天還難。也正因為難度太高，所以整個隋朝，有據可查的秀才竟然只有十餘人。

這種國家主持的考選確立以後，由士族把持的九品中正制自然也就名存實亡了。西元五九五年，楊堅下詔宣布廢除各地的中正官，九品中正制正式壽終正寢，科舉制則成了歷史長河中不可阻擋的洪流。

當然，開皇年間的科舉制還只是個剛出生的嬰兒，很多地方都並不成熟，比如當時的科舉考試不能自己報名而是需要地方長官推薦，仍沒有完全擺脫類似官僚特權的影子……但無論如何，客觀的考試總比主觀的評定要公正得多，從國家所有百姓中挑選人才總比從少數世家大族中挑選人才選擇範圍要大得多，因此科舉制剛一產生就顯示出強大的生命力，被後來的歷朝歷代所繼承和發揚光大，一直沿用到了一千三百多年後的清末……

開皇之治

楊堅的努力很快就得到了回報。

西元五九二年年底，負責府庫的官員向楊堅彙報說，國家所有的府庫都已經堆滿了，財物沒地方堆放，只好放在走廊上。怎麼辦？

有時候，幸福來得太快，總是會讓人難以相信。楊堅感到非常震驚：朕收的賦稅並不重，而且還經常大手筆地賞賜功臣，怎麼還會有這麼多呢？

這個官員回答說，如今我們即使每年用掉數百萬段帛，帳上都不會出現赤字。每年的收入都大於支出，府庫中的財物怎麼能不越來越多呢？

楊堅喜出望外，當即下令另外開設府庫以儲存新入庫的布帛。隨後，他又下詔減稅：河東、河

北地區田租（糧食）減免三分之一，軍人在此基礎上再減半徵收，全國的調（布帛）全免。當時國家財政之豐饒，由此可見一斑。

這一時期，隋朝的社會和諧穩定，經濟迅速發展，人口迅速增加，飽經戰亂的中國得到了久違的和平，飽經磨難的百姓得到了久違的太平。這就是歷史上著名的「開皇之治」。面對如此巨大的成就，向來謙虛謹慎的楊堅不免也有些志得意滿，官員們更是紛紛再次請求楊堅封禪泰山。

首先提出來的居然是亡國之君陳叔寶。那一天，楊堅帶著群臣去洛陽視察，途中登上了洛陽城北的邙山。在邙山，俯瞰著滔滔的黃河，呼吸著清新的空氣，楊堅的心情無比舒暢。這時，有人突然從陪同的隊伍中走了出來，跪倒在地：陛下，臣要獻詩一首。不是別人，正是亡國之君陳叔寶。

陳叔寶很應景很適時地送上了一首詩：日月光天德，山河壯帝居。太平無以報，願上東封書。這種歌功頌德拍馬屁的詩和幾百年後南唐後主李煜寫的「故國不堪回首月明中」、「四十年來家國，三千里地山河」形成了鮮明的對比，兩人的結局不同似乎也在情理之中。

隨後陳叔寶又獻上了自己撰寫的表文，竭力懇請楊堅封禪。

楊堅聽了什麼反應呢？史書的記載是：帝優詔答之。——楊堅很客氣地回答了他。

這樣的場景當然逃不過群臣的眼睛，更逃不過一直在揣摩父皇心意的楊廣的眼睛。回到長安後，晉王楊廣立即率眾多大臣聯名上書，強烈要求封禪。楊堅這才看起來極不情願地答應了：此事非同小可，朕何德以堪之！不過，既然你們都這麼說，我也只好從命。那就東巡一趟，順便祭泰山。

隨後他命禮部尚書牛弘等人設計封禪儀禮。西元五九五年正月十一日，楊堅率文武百官登臨泰山，在山頂設壇，祭拜上天。站在高聳入雲的泰山之巔，仰望一望無際的朗朗青天，楊堅心潮起伏，豪情滿懷。自從他登基以來，僅僅用了十餘年的時間，就大獲成功——外則北平突厥、南滅陳朝，內則昌盛繁榮、天下大治，這樣的文治武功，歷史上有誰能和他相比呢？

千古一帝，捨我其誰！

這是泰山的巔峰！

這也是楊堅生命中的巔峰！

可是，攀登到頂了，又該往何處去？楊堅忽然感到了一絲寂寞，一絲茫然，甚至還有一絲失落——失去對手的寂寞，失去目標的茫然，抵達終點的失落。當年激勵他全力以赴的對手全都趴下了，當年激勵他努力拼搏的目標全都實現了，當年激勵他奮力前行的終點全都提前抵達了……但這無比巨大的成功，卻讓此時此刻的他反而感覺有些失去了方向，失去了動力。

他已經五十多歲。他已經太累太累。接下來自己該追求什麼呢？

第九章

水滿則溢，月盈則虧

仁壽宮

楊堅此時的心態從他一生中唯一留存的一首詩可以看出來。那是他在前不久巡幸并州（治所今山西太原），與秦王楊俊（楊堅第三子，時任并州總管）在一起吃飯時即興所作，詩是這麼寫的：

紅顏詎幾，玉貌須臾。一朝花落，白髮難除。明年後歲，誰有誰無。

是呀，人生苦短，世事無常，無論是紅顏、玉貌還是鮮花，一切都稍縱即逝，即使你創造了再大的功業，又能怎麼樣呢？這首詩看起來似乎頗有些消極，和曹操所寫「老驥伏櫪，志在千里；烈士暮年，壯心不已」那種催人奮進的味道形成了鮮明的對比。

不過，細想一下，楊堅有這種想法似乎也並非不可理解。在楊堅皇帝生涯的後期，他身上那股雄心勃勃、銳意進取的勁頭逐漸消失了。另外，楊堅的心態從他新建的那座行宮的名字也可以看出來——仁壽宮。「仁壽」意為仁愛長壽，看到這樣的字眼，我眼中就立刻浮現出一個面容慈祥的老爺爺的形象。

仁壽宮是西元五九三年開始修建的。當時楊堅來到岐州（今陝西鳳翔）一帶視察，看到那裡山川秀美，景色宜人，便決定在此處修建一座用於避暑的行宮，命令尚書右僕射楊素全權負責此事。

楊素向來注重享受，用現在的話說就是「生活作風糜爛」——據說他有家僮數千，婢女歌妓都身穿錦緞，家中的裝飾豪華程度堪比皇宮。由奢靡無度的楊素來主持修建行宮，仁壽宮的檔次當然會很高、規模當然會很大。

由於仁壽宮建在深山之中，需要削山填谷，工程量極大，因此楊素徵用了大量的民工，不分晝夜地催他們加緊施工。由於活太重、休息太少，很多民工都承受不了勞累而死，楊素竟然命令把屍體丟入山谷，上面用砂石覆蓋，把這些可憐的民工作為填平山谷的建材。

在楊素極其殘暴而又高效的管理下，僅僅兩年的時間，氣勢恢宏的仁壽宮就順利建成了。得知仁壽宮建成了，楊堅派尚書左僕射高熲前去驗收。和楊素不同，高熲愛惜民力，與百姓感情很深，他對仁壽宮的奢華浪費、對楊素的草菅人命很有意見，回去後便向楊堅彙報了這麼一句話：頗傷綺麗，大損人丁——造得太過華麗，估計死了不少人。

楊堅一向節儉、一向愛民，聽了高熲的話，當然對楊素也頗為不滿。

隨後他親自前往仁壽宮視察。到了那裡，只見無數連綿不絕的宮殿和亭台樓閣拔地而起，巧奪天工，美侖美奐，彷彿人間仙境，然而楊堅卻沒有一絲笑意，臉色比南極還冷，恨恨地對左右說，楊素花這麼大的代價幫我修行宮，這是讓我跟天下百姓結怨哪！

這話很快傳到了楊素的耳朵裡。楊素感到非常不安，馬屁拍到馬腳上了，怎麼辦？正在他感到無比犯愁的時候，有人給他出了個主意。

此人名叫封德彝，出身於河北大族渤海封氏，是北齊開國元勳封隆之之孫，也是楊素的侄女婿，此時年僅二十八歲，在楊素的手下擔任仁壽宮專案的土木監（**土木工程監工**）。封德彝說，您不必擔憂。咱們可以去找皇后哇。如同在迷路時突然見到了指引方向的路牌，楊素頓時感覺豁然開朗：是呀，皇帝聽皇后的，只要皇后認可，還有什麼可怕的？

的確，獨孤皇后對楊堅有著莫大的影響力。如果說，每一個成功的男人背後都有一個偉大的女人，那麼毫無疑問，獨孤皇后就是楊堅背後的那個女人。她高貴典雅，外柔內剛，是楊堅事業上的幫手，甚至還是楊堅遇到困難時強有力的倚靠。每天早上，她都會和丈夫同坐一輛車，把楊堅送到朝堂門口，然後在殿外等候。等到楊堅退朝後，她再和楊堅兩人同車返回後宮。楊堅上朝的時候，她雖然待在外面，但總會讓侍奉楊堅的宦官向她彙報皇帝的所作所為。如果她覺得丈夫做得不妥，就會及時規勸。對她的意見，楊堅幾乎是言聽計從。

不過獨孤皇后對自己的定位卻十分明確，那就是：不直接參與政事。當時有人上表，說按照《周禮》，百官的妻子應該要由皇后出面封賞，但獨孤皇后堅決不答應，理由很乾脆：牝雞不可司晨，婦人不可干政。

為了避免產生外戚專權的惡果，她對自己的家人和親戚也特別嚴苛。在她當皇后的時候，她的幾個兄弟沒有一個是身居高位的，更沒有一個是手握重權的。她的表兄崔長仁犯了死罪，本來楊堅看在皇后的份上想要赦免他，但獨孤皇后卻不同意：不行，怎麼可以徇私枉法呢？崔長仁因此被殺。

和楊堅一樣，獨孤皇后也十分節儉。當時突厥和隋朝互有貿易往來，有一次突厥向隋朝出售一筐極其名貴的明珠，價值八百萬，很多人都勸獨孤皇后把這個稀世珍寶買下來。但獨孤皇后卻嚴詞拒絕了：明珠餓不能食，寒不能穿，用這麼多錢買它幹什麼？我覺得不如把這八百萬賞賜有功的將士。

這樣一個識大體顧大局而又深明大義的賢內助，楊堅怎麼能不喜歡呢？除了喜歡之外，還有一點怕——按照《隋書》的記載就是：高祖甚寵憚之。

獨孤皇后性格剛毅，作風強勢，嫉妒心也特別重，禁止楊堅接近除她以外宮裡所有的女人。雖然她一直躲在幕後，很少拋頭露面，但毫無疑問，楊堅的軍功章裡也有她一半的功勞。她在宮中、朝中的威信都很高，以至於很多人甚至把她和楊堅並稱為「二聖」。

顯然，這次楊素找她是找對人了。

楊素對獨孤皇后說，自古以來，歷朝歷代的帝王都應該是有行宮的。如今天下太平，咱們就造了這麼一個宮殿，怎麼能算浪費呢？只有生活的環境好了，皇帝和您的身體才會好，才會有更好的精力來領導我們這些臣民……楊素號稱才辯無雙，既善於豪言壯語，也善於甜言蜜語，他的口才足以把獨孤皇后說得芳心大悅，連連點頭。

第二天，楊堅宣布召見楊素。楊素懷著忐忑不安的心情去了。等到進宮後看見坐在殿中的不只有正襟危坐的楊堅，還有面帶笑容的獨孤皇后，他七上八下的心這才落了地。

獨孤皇后對楊素的讚美之情溢於言表：你知道我們夫婦年老，沒有休閒的地方，所以才把這裡修得這樣華麗，真乃忠孝之臣！就這樣，楊素不僅沒有受到任何懲罰，反而得到了大量的賞賜。

有權就是任性

從這裡可以看出，隨著時代的改變，隨著國家的強盛，楊堅和獨孤皇后這對曾經以勤政節儉著稱的夫婦現在已經變得開始注重物質享受了。以前他自己非常節儉，對大臣和百姓非常大方，而現在卻有些不一樣了。

西元五九四年入春以來，首都長安所在的關中地區遭到了百年不遇的旱災，百姓生活遇到了困難，由於食品短缺，有些地方甚至不得不以豆屑雜糠充饑。災情牽動著皇帝陛下的心，他的心情非常沉重，決心一年內不喝一滴酒，不吃一塊肉，與廣大人民共渡難關。

八月，由於災情繼續擴大，皇帝陛下審時度勢，果斷決策，與廣大百姓一起離開關中，去洛陽一帶就食。一路上，皇帝陛下平易近人，對百姓關懷備至，扶老攜幼，每到路途艱難的地方，就讓衛兵主動幫助困難群眾。

從隋朝官方的這段描述來看，楊堅不愧是關心民生、愛民如子的好皇帝。不過，也有人對此有不同的看法。唐太宗李世民就是其中的一個。

在《貞觀政要》中，記錄了李世民對這件事的評論：隋開皇十四年大旱，人多饑乏。是時倉庫盈溢，竟不許賑給，乃令百姓逐糧。隋文不憐百姓而惜倉庫，比至末年，計天下儲積，得供五六十年。煬帝恃此富饒，所以奢華無道，遂致滅亡。煬帝失國，亦此之由。

如果李世民這種說法成立的話，那麼當時國庫中存有大量的糧食，只要楊堅允許開倉賑災，完全可以讓百姓平安地度過饑荒，免去百姓的奔波之苦。

其實在這之前，楊堅曾經有過多次開倉放糧的記錄，如「高祖乃命蘇威等，分道開倉賑給」、「又命司農丞王亶，發廣通之粟三百餘萬石，以拯關中」……而這次，楊堅卻沒有這麼做。

他變了。以前的節儉變成了現在的吝嗇，雖然他曾經宣稱「寧積於人，無藏府庫」，但現在他執行的卻是「藏富於國」的政策。在他的這種方針指引下，隋朝的國庫越來越豐饒，而百姓所得到的實惠卻並不多。除此以外，巨大的成功也讓他的自我感覺越來越好，越來越自大，越來越喜歡別人的吹捧。他一直是個迷信的人，現在則更是如此。

散騎常侍王劭上表稱楊堅有龍顏戴干之表（臉長得像龍，頭部有肉突起像動物的角，據說上古帝王黃帝、顓項就是這樣的長相），並且還在朝堂上親手指給群臣看。楊堅聽了大喜，當場就提升王劭為著作郎。於是王劭更加起勁，後來又徵引各種讖緯圖書和佛經中的記載，並將這些內容附會到楊堅身上，撰寫了一本《皇隋靈感志》的書，進獻給楊堅。楊堅更加高興，對他大加賞賜。

上有所好，下必甚焉。

很快，術士成了當時最有前途的職業，拍馬屁成了當時最有價值的技術，各種關於楊堅的傳說也紛紛出爐。有人說他是月光童子的化身，有人說他是轉輪聖王轉世（月光童子和轉輪聖王都是佛教中的神話人物），還有個天竺（印度的古稱）來的僧人說，前幾年，他們那裡突然地震，一塊石碑因此露出地面，上面寫著這樣一句話：東方震旦國名大隋。城名大興。王名堅意。建立三寶……

一場轟轟烈烈的造神運動由此展開。不過，這些肉麻的吹捧似乎並沒有讓楊堅感受到自己「君權神授，天命所歸」的那種踏實，隨著年齡的增長，晚年的他變得越來越多疑。他幾乎對任何人都不放心。他經常派自己的親信近臣去暗中調查文武百官，一旦發現官員有過失，就立即治以重罪。他甚至還發明了釣魚執法。有時他會故意派手下人向某些官員行賄，只要有人收受這些財物，就會立即被處死。

楊堅的執法也越來越嚴苛。他在朝堂上放置了大杖，官員們犯了錯往往會被公開執行杖刑，而且為了立威，當時的廷杖做得特別大，打一下相當於以前的三下，而且他要求行杖時下手必須要重，故而經常有人被活活打死。有時一時興起，他還會親自動手行刑。神聖的殿堂居然成了血腥的

刑場，高熲等很多大臣都看不下去了，便聯名上書勸諫：朝堂非殺人之所，殿廷非決罰之地。楊堅這才勉強從朝堂上撤掉了大杖。

但沒過多久，他的手又癢了，由於手頭找不到杖具，他就用馬鞭在殿上把一個大臣當場打死。也許是馬鞭用著覺得不夠順手，不久他又重新在殿內設置了杖具。這次，他居然通過詔令的形式把廷杖的行為推廣到了全國各地：諸司論屬官罪，有律輕情重者，聽於律外斟酌決杖。——各部門給屬官定罪的時候，如果按律可以從輕發落但情理上感覺又是比較嚴重的，可以在法律規定以外酌情處以杖刑。

除了廷杖以外，楊堅殺起人來也是毫不手軟，為了一丁點小事，他往往就大開殺戒。中央官員們有收受地方財物的，哪怕是一條馬鞭或者一隻鸚鵡，一旦被發現，往往都要被處以極刑，絕不寬貸。

有一次過年慶典的時候，當值的御史沒有對衣著不整的武官提出彈劾，楊堅立即命令把御史處死，理由是沒有履行職責。諫議大夫毛思祖連忙進諫，勸楊堅不要殺御史——畢竟他是諫議大夫，如果不進諫的話，也是和御史一樣沒有履行職責。但楊堅不但不聽，反而更加惱火。既然你同情他，那就和他一起去作伴吧！於是他乾脆把毛思祖也殺了。

右僕射楊素和鴻臚寺少卿（主掌外交接待的官員）陳延不和，有一次他無意中看到鴻臚寺下屬的一家涉外賓館地上有少許馬糞，還有幾個服務員上班時間聚在一起賭博，便馬上將此事向楊堅報告。楊堅聞言大怒，立即命令把鴻臚寺負責接待事務的主客令以及所有參與賭博的人全部杖殺，陳延作為鴻臚寺的主要領導，當然也難逃責罰，他也被杖打得奄奄一息。

有權，就是這麼任性！

對官員都如此苛刻，對百姓當然更不可能寬容。西元五七九年，楊堅下了一道令人匪夷所思的命令：盜一錢以上皆棄市——只要盜竊一文錢以上，都要在鬧市中處決。有三個人因口渴在路邊的田地裡偷了一個西瓜，被抓到後三人都被斬首示眾。一時間，全國的百姓都人心惶惶。

也許楊堅的本意是想通過嚴懲來維護治安，但事與願違，這樣的苛政反而讓社會更亂了。自此以後，各種群體性事件屢出不窮，各種大案要案層出不窮。

是啊，既然一點點小罪就要死，那還不如乾脆幹一票大案。有人還劫持了執法官員，要其轉告皇帝：自古以來，未有盜一錢而死者也！

迫於各方面的壓力，楊堅最後只好廢除了這條不得人心的法令。這一時期的楊堅朝令夕改，把法律當手紙，把治國當兒戲，幾乎和以前的他判若兩人。當年的謙虛、謹慎和睿智已經一去不復返，就像逝去的歲月一樣。

他這樣肆意妄為，難道就沒有人勸諫嗎？

當然有。大理寺少卿（相當於最高法院副院長）趙綽就是其中最著名的一個。

有一次刑部侍郎辛亶上班的時候穿了條鮮豔的紅褲子，這傢伙比較迷信，因為他聽說這樣穿有利於升官。沒想到一條紅褲子竟然引得楊堅大發雷霆，他認為這是妖術，命趙綽將辛亶處死。

趙綽卻堅決不同意：辛亶法不當死，臣不敢奉詔！

楊堅勃然大怒，你可惜辛亶的命，難道就不惜自己的命嗎？隨後下令把趙綽斬首。然而趙綽毫不畏懼，依然堅持己見：陛下可以殺臣，但絕對不可以殺辛亶。

很快趙綽被五花大綁，押到楊堅的面前。楊堅又問他：你還有什麼要說的嗎？

趙綽寧死不屈：執法一心，不敢惜死！

楊堅不再多言，立即拂袖而去。過了一段時間，他又下令赦免了趙綽。

還有一次，有兩個百姓因使用假幣被抓獲，楊堅要求將他們判處死刑。趙綽反對說，按照有關律令，這種罪應該判杖刑，不應該殺。

楊堅很不耐煩：又不是殺你，關你什麼事？

趙綽卻不依不饒：既然陛下讓我執掌司法部門，這事怎麼能和我無關？

楊堅又說，撼大木不動者，當退。——搖大樹，如果樹搖不動就要識相點知難而退。

趙綽的回答還是那麼強硬：臣望感天心，何論動木！——我希望能感動天子的心意，別跟我說什麼搖大樹的事！

這下楊堅更火了，赤裸裸地威脅道，你想威脅天子的權威嗎？但趙綽卻依然不肯讓步。楊堅不再理他，逕直回宮去了。不過後來經過再三考慮，楊堅還是聽從了趙綽的建議，沒有把這兩人處死。

當然，任何一個時代都有像趙綽這樣為了公正不惜違背上意的人，任何一個時代也都會有為了迎合上意而昧良心的人。趙綽的下屬、大理寺掌固（官名，負責府庫陳設）來曠就是這樣的人。

來曠看見趙綽屢屢和皇帝對著幹，覺得自己的機會來了，便試探著向楊堅上書，說趙綽量刑太寬。這話很合楊堅的心意，因為楊堅也是這麼認為的。好幾次他想殺人，趙綽都不同意，這不是量刑太寬是什麼？於是他龍顏大悅，當即把來曠升了官。

來曠自以為摸準了楊堅的脈搏——看來皇帝一定是對趙綽不滿，便再接再厲，又上表告發趙綽徇私舞弊違法釋放囚徒。楊堅雖然覺得趙綽辦事不順他的心，但對趙綽的人品還是很認可的，因此對來曠的上表非常懷疑，便派人去調查此事。調查結果很快出來了，這事子虛烏有，純屬污蔑。楊堅大怒，下令將來曠斬首。

結果趙綽又不同意，堅持認為來曠罪不該死。楊堅知道趙綽的倔脾氣，讓這傢伙改變主意比讓河流改變走向還難，便不跟他廢話，袖子一甩氣呼呼地回宮去了。

沒想到趙綽又再次奏報：陛下，來曠的事我不說了，但我還有別的要緊事必須面奏。

楊堅信以為真，便在內宮接見了趙綽：你到底還有什麼事？

趙綽說，我犯了三條死罪，第一，身為大理寺少卿，沒能管好自己的手下來曠；第二，依法來曠不應該判死刑，我沒能據理力爭；第三，臣本來沒別的事，是為了進宮見您而隨便瞎說的。

這番話以退為進，極為巧妙。顯然，趙綽不僅有超出常人的勇氣，更有超出常人的才氣。楊堅聽了不由得啞然失笑，不知不覺怒也就消了。一旁的獨孤皇后聽了更是大笑不已，當場賜給趙綽兩杯酒。就這樣，來曠被免去死罪，改成流放。

然而，畢竟楊堅才是說一不二的皇帝，趙綽能做的其實還是非常有限的。如果說楊堅是天的話，那麼趙綽只是一把傘，天要下雨，再大的傘也只能遮住方寸之地，其他地方照樣大雨滂沱。因此，不管趙綽怎麼依法辦事、怎麼公正不阿，都改變不了楊堅和當時的隋朝政府整體上不講法治的現狀。

總而言之，晚年的楊堅是越來越專制，越來越專橫，越來越高壓。上行下效，這種粗暴的作風像瘋長的野草一樣迅速蔓延，很快就傳遍了全國各地。

按照史書的說法，此時隋朝官場上的風氣是這樣的：上下相驅，迭行捶楚，以殘暴為幹能，以守法為懦弱。──上級懲治下級，下級再懲治自己的下級，暴力行為一級一級傳遞下去，隨意用刑，任意拷打，把殘酷暴虐當作有能力，把遵紀守法當作懦弱。

毫無疑問，這樣的做法大大加劇了社會矛盾，也引發了開皇末年的一系列動盪。自西元五九七年開始，西南各地又開始不穩定了。先是桂州（今廣西桂林）的俚人李光仕起兵叛亂，被上柱國王世積和前桂州總管周法尚平定。接著南寧州（今雲南曲靖）的少數民族首領爨玩也造反了。

爨氏世代為當地酋長，侯景亂梁的時候，爨氏趁機崛起，割據一方，當時的南梁政府自顧不暇，根本沒有精力去征討他，只好承認現實，授其為刺史，傳至爨玩已歷三代。由於爨氏家族在南寧州一帶經營多年，樹大根深，因此這次叛亂規模很大。

楊堅命左領軍大將軍史萬歲為行軍總管，率軍討伐爨玩。史萬歲沿著當年諸葛亮南征孟獲的路線南下。爨玩早已嚴陣以待，在各要害之處屯兵駐守，但都被史萬歲一一輕鬆擊破。史萬歲一路過關斬將，勢如破竹，輾轉千餘里，攻破叛軍三十多個部落，俘敵兩萬餘人。

爨玩屢戰屢敗，無奈之下，只得遣使請降。隨後史萬歲遣使向楊堅告捷，請求帶爨玩一起入朝，楊堅下詔允許。爨玩當然不願意離開自己的老巢去長安仰人鼻息，便拿出大量稀世珍寶賄賂史萬歲。史萬歲見寶眼開，也就放過了爨玩，率軍班師回京。然而，世間沒有不透風的牆，這事被時任益州（治所今四川成都）總管的蜀王楊秀知道了，便立即派人向史萬歲索要珍寶。

古代很多貪官都知道利益均沾的原則，這樣才能與自己的上級形成牽一髮而動全身的利益共同體，保證自己的安全。但史萬歲這個莽夫卻根本不懂這個道理，他只知道「我得不到的，別人也休想得到」，他想都沒想，就把所有的珍寶都沉於江中。

第二年，爨玩又反了。懷恨在心的楊秀乘機彈劾史萬歲，說他收受賄賂，縱容叛賊，致生邊患。楊堅命令徹查此事，很快就查明屬實。史萬歲還不承認，為自己辯解說，臣之所以沒帶爨玩入朝，是因為生怕他走了南寧州會有變故，所以留他在那裡鎮撫。臣一心為公，絕對沒有受賄。楊堅勃然大怒，揚言要將他斬首。史萬歲這才低頭認罪。

尚書左僕射高熲、左衛大將軍元旻等人紛紛為他求情：史萬歲雄略過人，每行兵用師之處，未嘗不身先士卒，尤善撫禦，將士樂為致力，雖古名將未能過也。

在他們的極力勸說下，史萬歲才逃過一死，被削職為民。不過僅僅一年後，他就再次被重新起用，出任河州（今甘肅臨夏）刺史。他之所以這麼快就能東山再起，與當時的時勢是分不開的。因為時隔多年以後，隋朝和突厥之間又重新燃起了戰火。

第十章

前無古人的聖人可汗

再戰突厥

這些年，突厥也發生了很多事情。

西元五八八年，在位僅一年多的莫何可汗在一次西征中中流矢而亡，沙缽略的兒子雍虞閭繼立，是為都藍可汗。都藍可汗精明強幹，頗有心計，他一邊每年都向隋朝遣使朝貢，顯得頗為忠心；一邊則憑藉隋朝的支持，不斷向西擴張。西元五九〇年，他率軍擊破高昌（西域古國，位於今新疆吐魯番一帶），並逼迫高昌人改依突厥習俗，使其淪為自己的附庸，威震西域，聲勢大振。

春風得意的都藍特意派人把西征時獲得的戰利品——一根價值連城的于闐（西域古國，位於今新疆和田一帶）玉杖，送給了楊堅。不料這卻引起了楊堅的警惕——都藍如今已經坐大了，不容小覷。於是，他把平陳時獲得的陳叔寶宮中的一個屏風賜給了突厥的可賀敦大義公主（即原北周趙王宇文招之女千金公主，沙缽略之妻，沙缽略死後按照突厥風俗，又先後嫁給了莫何、都藍），作為還禮。

這個舉動看起來似乎平淡無奇，其實卻暗藏玄機。一方面這是在向突厥和大義公主示好，你看我有了好東西也沒忘記你；另一方面也是向突厥示威，你看如此強大的陳朝都被我輕鬆滅掉了，如果你們有異心，這也是你們的下場。

很快，屏風就送到了大義公主那裡。看著這個製作精美的屏風，看著這個陳朝亡國的遺物，大義公主想起了自己那早已滅亡的祖國——北周，一時間悲從中來，思緒萬千。情不自禁地，她提起筆來在屏風上題了這樣一首詩：

盛衰等朝露，世道若浮萍。榮華實難守，池台終自平。
富貴今何在？空事寫丹青。杯酒恆無樂，弦歌詎有聲。
余本皇家子，漂流入虜廷。一朝睹成敗，懷抱忽縱橫。
古來共如此，非我獨申名。惟有明君曲，偏傷遠嫁情。

在一千多年後的我們看來，這首詩感情真摯，感人至深，毫無疑問是一首好詩。但在當時的楊堅看來，這首詩卻說明大義公主始終不忘北周的亡國之痛，始終不忘隋朝的滅國之仇。

不久發生的事證實了楊堅的擔心。

有個名叫楊欽的隋朝人流亡到了突厥，謊稱自己是大義公主的姑父劉昶的特使，說劉昶打算起兵造反，要請突厥發兵回應。

劉昶曾是北周的駙馬，娶宇文泰女西河公主，但因為他與楊堅有舊交，故在隋朝並沒受到牽連，依然頗受信任，不僅保留了原先的爵位彭國公，還曾擔任左武衛大將軍、慶州（今甘肅慶陽）總管等要職。

劉昶要造反的消息也並非完全是空穴來風，因為他有一個不安分的兒子劉居士，這傢伙成天喜歡和自己的一幫黨羽胡鬧，據說還曾在原北周廢棄的宮殿上南面而坐，讓那些黨羽對自己跪拜，大有稱孤道寡的味道。這事鬧得沸沸揚揚，後來被楊欽知道了，還把這個傳聞添油加醋地告訴了大義公主。

其實楊欽的所作所為非常蹊蹺。劉昶為什麼要造反？他有多大的實力？楊欽到底是什麼人？他

這麼幹的目的是什麼呢？儘管史書沒有記載，但我還是懷疑這也許根本就是楊堅安排的一個圈套。不過，也許被急於復仇的心態沖昏了頭腦，聽了楊欽的話，大義公主根本沒有了解這件事的真實性，就對楊欽深信不疑。之後她經常給都藍吹枕邊風，勸都藍背叛隋朝，說我姑父要起兵造隋朝的反，機不可失，咱們應該和他裡應外合。不僅如此，她還發動了都藍最鐵的親信，一個叫安遂迦的胡人，讓他也經常幫自己慫恿都藍。

安遂迦為什麼會聽大義公主的安排呢？很簡單，因為他是大義公主的秘密情人。

就這樣，大義公主不停地煽風點火，安遂迦不停地火上澆油，很快，都藍的頭腦就被他們燒熱了，野心也被他們激發出來了——是呀，想當年我大突厥多麼威風，憑什麼現在我要臣服於你隋朝啊？從此他不僅對隋朝不再那麼恭敬，還經常派兵騷擾隋朝邊境。

都藍態度的轉變，楊堅當然感覺到了——這到底是怎麼回事呢？他立即派突厥問題專家長孫晟出使突厥，了解都藍的最新動向。沒過多久，長孫晟就把情況全部摸清楚了。這一切都是大義公主和楊欽搗的鬼，而且還和彭國公劉昶有關。回去後，他立即向楊堅彙報。

楊堅感到了問題的嚴重，便馬上把劉昶找來，沒頭沒腦地說，今日之事，當復如何？

劉昶對此莫名其妙，加上他自恃和楊堅關係不錯，回答便也不太禮貌：黑白在於至尊——是黑是白都由皇帝你說了算。

楊堅大怒，立即把劉昶和其子劉居士下獄，後又將其賜死。其實劉昶死得挺冤枉，此時他年事已高，早已退休在家頤養天年，無權無兵，人畜無害，怎麼可能造反？

當然，真正令楊堅頭疼的不是劉昶，而是大義公主。如果說，上次屏風題詩說明她還只是內心不滿的話，現在已有確鑿的證據說明她已經開始行動了。

怎麼辦？

內史侍郎裴矩建議：叛我大隋，雖遠必誅。不如除掉大義公主，永絕後患。可是，大義公主在突厥當了十幾年的可賀敦，父子叔侄三人通吃，用自己的身體歷事三夫，用自己的智慧歷輔三主，根基深厚，人脈廣泛，而且如今與都藍的感情也還不錯，要想殺掉她，談何容易？

楊堅把這個艱巨的任務交給了長孫晟。長孫晟再次出訪突厥，要求引渡跨國逃犯楊欽。都藍自然不肯——他還要留著楊欽當特使呢。不過表面功夫還是要做的，便裝模作樣地派人查了一通，然後把兩手一攤，兩肩一聳，對長孫晟說，你看，我已經很認真地查過了，我這裡根本就沒這個人哪。

長孫晟沒有回答，嘴角卻露出了詭秘的微笑，其實他私底下早就查到了楊欽的藏身之地。當天夜裡他就帶人來到了楊欽的住處，像從雞籠裡拎一隻雞一樣把楊欽抓了起來，帶到了都藍面前。

都藍非常尷尬，更尷尬的還在後頭。隨後長孫晟又爆出了一個猛料，向都藍揭發了大義公主和安遂迦私通之事。很顯然，他就是要挑撥都藍和大義公主之間的關係。當然，長孫晟也不是口說無憑，接著又出示了一系列證據，畫圖、情書、定情信物……有圖有真相，鐵證如山，由不得都藍不信。

對一個男人來說，什麼帽子都能戴，就是綠帽子不能戴；什麼仇恨都能忍，就是奪妻之恨不能忍，更何況這個給他戴綠帽的人還是你最最信任的親信。都藍頓時怒不可遏，當場就把安遂迦抓了起來，交給長孫晟：你把這個淫賊帶走吧，我不想再見到這個人。

就這樣，長孫晟圓滿完成任務，帶著楊欽、安遂迦回到了長安。離間計也初見成效，大義公主

和都藍之間的關係出現了難以磨滅的裂痕。但這當然還不夠，接下來楊堅想做的是繼續加大他們之間的裂痕，直到讓大義公主在地球上徹底消失。

很快，他又派出使者前往突厥，以不守婦道為名，廢掉了大義公主的名號。這個舉動發出的信號很明確，大義公主如今已經不是大隋的公主了，從此不再受大隋的保護。與此同時，楊堅又使出美人計，給都藍送去了四位天使面孔、魔鬼身材的美女。和很多男人一樣，都藍根本受不了這樣的誘惑，從此天天和那四個美女廝混在一起，對紅杏出牆且人老珠黃的大義公主也越來越冷漠。

然而，儘管大義公主和都藍之間的夫妻關係已經名存實亡，但大義公主依然還是名義上的可賀敦，依然可以發揮她的影響力。

怎樣才能促使都藍殺掉大義公主呢？

就在楊堅絞盡腦汁卻苦無良策的時候，事情突然有了轉機。統領突厥北部地方的小可汗突利派來了一個密使，請求迎娶隋朝的公主。突利可汗名叫染干，是莫何可汗處羅侯的兒子。

得知這個消息，楊堅靈機一動，頓時有了主意。他立即讓裴矩出使突厥，對突利開出了條件：求婚沒問題，但你必須幫我殺掉大義公主。

於是，突利多次在自己的堂兄都藍面前大說特說大義公主的壞話，勸他殺掉這個惹是生非的女人。突利的口才很好，他從大義公主的個人品質一直說到她對國家利益的損害，從留著公主帶來的壞處一直說到殺掉公主的好處，時而循循善誘，時而大義凜然，時而冷靜分析，時而慷慨激昂，把都藍說得連連點頭。

這些說辭如果從隋朝使臣的口中說出來，都藍也許不會相信，甚至可能還會產生反作用；但從突利口中說出來，效果就大不一樣了——畢竟突利是自己人，是他的兄弟，他當然不會懷疑突利的用意，當然不會懷疑突利說的話。

都藍對大義公主僅有的一點點感情就像一小碟菜，被突利一會兒一筷子，一會兒一勺子，很快消失殆盡。從此，大義公主在都藍的眼裡從愛人變成了路人，從路人變成了敵人，從敵人變成了不共戴天不殺不足以洩憤的仇人。終於有一天，在突利的慫恿下，都藍再也按耐不住，拔出佩刀，刺向了大義公主的胸膛。大義公主就這樣香消玉殞。

大義公主死後，都藍馬上又遣使向隋朝請求繼續和親。畢竟，他還要繼續和西突厥的達頭對抗，隋朝的支持還是極其重要的。

那麼問題來了：現在都藍和突利都向隋朝求婚，到底該答應哪一個呢？

楊堅召集群臣討論。朝臣們大多傾向於都藍，畢竟他才是突厥名正言順的大可汗。

長孫晟卻力排眾議：都藍這個人陰險狡詐，反覆無常，不值得信任。他現在只是因為和達頭有矛盾，所以才不得不依賴我朝。憑我對他的了解，這個人將來遲早會背叛我們。現在都藍兵強馬壯，實力雄厚，如果再讓他娶了我們的公主，那麼他一定會如虎添翼，很可能會一統突厥。這個時候他再和我們作對，我們要對付他就難了。相比之下，突利有依附的誠意，而且力量不強，容易控制，不如我們答應突利，再讓他南遷，以牽制都藍。這才是長久之計。

楊堅同意了：好！就這麼辦！

不過，雖然答應了突利的求親，楊堅卻並沒有急於行動。突利幾次三番派人來迎親，楊堅都讓他們去太常寺學習文化，以增加他們的文化認同，但對親事卻一拖再拖。顯然，他還在待價而沽，

靜觀其變。對於都藍，楊堅則越來越冷淡，給他的物資也越來越少，而失去了隋朝的支持，都藍在和達頭曠日持久的戰爭中也逐漸喪失了優勢。

西元五九七年，楊堅覺得時間差不多了，便把宗室女子封為安義公主，嫁給突利。婚事前所未有的隆重。護送安義公主前往突厥成親的，有納言蘇威、太常卿牛弘、民部尚書斛律孝卿等一大批隋朝的重量級人物，各種陪嫁、禮物更是應有盡有，極其豐厚。婚後，突利在長孫晟的勸說下，率部南遷到了都斤山（今蒙古杭愛山）一帶。

得知這個消息，都藍嘴巴都氣歪了。現在他終於徹底明白了，自己已經被隋朝徹底拋棄。血性十足的都藍決心與隋朝徹底決裂。不過，都藍也深知憑自己的實力不足以支持兩線作戰，便決定與西突厥的達頭和好，結成同盟，共同對付隋朝。

西元五九八年春，都藍和達頭聯手，對隋朝邊境發起了猛烈的進攻。楊堅任命蜀王楊秀（楊堅第四子）掛帥迎敵。當然，和以前一樣，楊秀只是掛名，隋軍實際上的統帥是宰相楊素。楊素率軍從靈州（今寧夏靈武）道出塞，不久就遇到了達頭統帥的十餘萬突厥大軍。

突厥人是馬背民族，擅長野戰；隋朝人屬於農耕民族，擅長防守，因此之前每次隋軍遇到突厥，採用的都是傳統戰術。也就是用戰車、鹿角等圍成方陣，以抵禦突厥騎兵的衝擊。但這次楊素卻不打算這麼做，他下令諸軍以騎兵在前，擺出一個進攻的陣勢。

看見隋軍居然敢跟自己玩對攻，達頭不由仰天大笑：天賜我也！隨後他一聲令下，無數突厥騎兵立即如水庫洩洪般向隋軍猛撲過來。

前面說過，楊素治軍極為嚴苛，他的部隊戰鬥力極為強悍，面對突厥的瘋狂進攻，他們人人都置生死於度外，前仆後繼，一往無前，有進無退，有死無生。是的，對他們來說，往前衝，運氣好，是黃金和美女；運氣差，是胸口上痛快的一刀。無論如何，總比做逃兵窩窩囊囊地死在自己人手裡好。這大大出乎達頭和所有突厥人的意料——怎麼會遇到這樣不要命的對手？

突厥人打仗一般是為了擄掠，狠是夠狠，但不夠持久；而楊素軍不僅拼勁十足而且韌勁十足，既堅又久，久戰不疲。最終這一戰以隋軍的大勝而告終，突厥人傷亡慘重，狼狽逃走，連達頭本人也受了重傷。達頭一敗，都藍獨木難支，自然也只得退兵。

西元五九八年對隋朝來說真是多事之秋，幾乎就在突厥進犯的同時，隋朝的東北邊境也出了問題。這回挑事的是高句麗。

高句麗在西元前三十七年由夫餘國（位於今吉林、遼寧北部）王子朱蒙所建，最初的都城設在紇升骨城（今遼寧桓仁），之後又遷到國內城（今吉林集安），兩晉南北朝時期趁中原王朝內亂，無力他顧，高句麗西進南下，不斷擴張，到南北朝時期已經擁有今中國東北遼河以東和朝鮮中北部的廣大地區，都城也遷到了平壤（今朝鮮平壤）。

隋朝的強盛尤其是南陳的滅亡，讓當時的高句麗國王高湯非常緊張，表面上他不斷遣使朝貢，向隋示好；暗中則偷偷製造武器，整軍備戰，隨時準備與隋朝決裂。

對高湯的陽奉陰違，楊堅瞭若指掌。西元五九七年，他給高湯下了一道詔書，對高湯的行為大加斥責，在詔書的最後他寫道：王謂遼水之廣，何如長江？高麗之人，多少陳國？朕若不存含育，責王前愆，命一將軍，何待多力！——大王你覺得遼河有沒有長江寬？高句麗人有沒有陳國多？朕如果不是這麼寬大，想要懲罰你的話，只要派一個將軍就可以了，根本不需要費多大力氣！

這真是赤裸裸的威脅，赤裸裸的恃強凌弱，赤裸裸的霸權主義。

看了這封詔書，高湯嚇破了膽，沒過多久就一命嗚呼。高湯死後，其子高元繼立。初生牛犢不怕虎，欲與天公試比高，年輕氣盛的高元趁著隋朝忙於應付突厥，竟然也來趁火打劫，率軍入侵隋朝的遼西（遼河以西地區）。儘管這次攻擊很快就被隋朝營州總管韋沖擊退了，但楊堅還是大為惱火。楊堅立即任命漢王楊諒（**楊堅第五子**）、上柱國王世積為行軍元帥，周羅睺為水軍總管，督率水陸大軍三十萬征伐高句麗，當然按照楊堅的慣例，楊諒依然有名無實，真正掌握實權的是元帥府長史高熲。

老成持重的高熲認為，高句麗雖然實力不算太強，但遼東路途遙遠，運輸不便，又沒有經過周密準備。如此倉促地進行大規模的軍事行動，並非明智之舉。但楊堅卻一意孤行，鐵了心堅決要打。無奈，高熲只得率軍出征。

如他所料，隋軍這次可謂出師不利，大軍剛到臨渝關（今河北秦皇島東山海關）的時候，就遇到了連日大雨，道路泥濘不堪，難以行軍，而糧草也因水患根本無法運輸，難以為繼，加上時值盛夏，又遇到了疫病流行，導致隋軍還沒作戰就大量減員。水軍的情況則更加糟糕，周羅睺原計劃從東萊（今山東龍口）渡海直搗平壤，沒想到出海不久就遭遇到了強颱風，船隻大多沉沒，損失慘重。

敵人還沒見到影子，水陸兩軍就折損過半，這仗還怎麼打？

好在高元還算識時務，看到隋軍來真格的，他嚇壞了，慌忙遣使向楊堅謝罪。他在上表中極為無恥地把自己貶成了大糞一個級別，居然自稱「遼東糞土臣元」，表示願意誠心悔過自新。見他這個樣子，楊堅也就順勢就坡下驢，宣布撤軍，畢竟他還有更麻煩的突厥要對付。

聖人可汗

果然，幾個月後的西元五九九年二月，突利向楊堅報告：都藍正在製作攻城器具，準備進攻大同城（今內蒙古額濟納旗）。楊堅馬上命左僕射高熲、右僕射楊素、上柱國燕榮各統大軍分道迎擊，以漢王楊諒為行軍元帥。

消息傳到突厥，都藍震驚了。自己還沒開始動手，對手就已經提前做好了迎戰準備。都藍馬上就意識到，這一定是突利搗的鬼。原來，突利這個內奸一直潛伏在他的身邊，時時刻刻都通過秘密管道向楊堅彙報自己的一舉一動。攘外必先安內，很顯然，突利不除，他就別想有戰勝隋朝的企圖。

他立即與達頭聯兵，合力猛攻突利。突利本來實力就比較弱，怎麼可能擋得住都藍和達頭兩頭餓狼。一場惡戰下來，突利全軍覆沒，兄弟子侄被殺，自己僥倖逃出重圍，狼狽向南逃竄，身邊只剩下了五個隨從。長孫晟也在其中，他是奉命前來訪問的，沒想到正好遇上了這場大戰。

突利一路逃，一路收集散兵，然而走了百餘里，身邊依然只有百餘騎。

何去何從？突利與身邊幾個親信商量。

親信們的意見非常一致：雖然以前隋朝對我們還算不錯，但那是因為當初我們有一定實力，隋朝要讓我們牽制都藍，而如今咱們就只有這一百多人，顯然已經沒有了任何利用價值，如果去隋朝，恐怕不會有好果子吃，而且到那裡人生地不熟的，話也聽不懂，吃也吃不慣。不如去投奔達頭，畢竟咱們和達頭無冤無仇，而且同文同種，容易溝通，各種習慣都差不多。突利思來想去，也覺得只能這樣了：好吧，就依你們說的做吧！

這事當然瞞不過神通廣大的長孫晟。聽說這個消息，他頓時驚出了一身冷汗——不行，絕不能讓突利背叛隋朝，否則的話，以前所做的一切努力就都付之流水了。

可是，怎麼才能留住突利呢？

看到此地已經靠近隋朝邊境，他靈機一動，馬上就有了主意。他立即派隨從迅速趕到附近的蔚州（今山西靈丘）伏遠鎮，讓當地駐軍四處點起烽火。——古代按慣例在邊境建有烽火台，遇到敵情即點火報警。「烽火戲諸侯」的故事大家應該都聽說過吧。

驚魂未定的突利突然看見到處是烽火，幾乎要暈厥了，慌忙問旁邊的長孫晟：這，這，這……這到底是怎麼回事？

長孫晟耐心地向他解釋：烽火台都建在高處，所以看得很遠。點烽火必然是發現了敵軍。按照我們大隋的規定，如果敵軍不多的話，點兩處烽火；如果敵軍很多，就點三處；只有敵軍多到不計其數，情況萬分危急的時候才會點四處烽火。

聽了這話，突利更慌了，不僅渾身哆嗦，連說話都哆嗦了：這個，這個……肯定是都藍……都藍率大軍追過來了！事態緊急，長孫將軍，求求您快帶我們進城躲避一下吧！求您了，快！就這樣，長孫晟帶著突利等人進了伏遠鎮。

我的地盤我作主，到了隋朝的地盤，可就再也由不得突利了。長孫晟下令把其他突厥人全部留在城內，自己則帶著突利日夜兼程直奔長安。

突利的到來，讓楊堅十分高興。他決心好好利用這個機會，徹底分化瓦解突厥。他冊封突利為「意利珍豆啟民可汗」，譯成漢語就是「又聰明又智慧又強壯」的意思，總之全是好詞，並發表聲明，宣布突利是隋朝承認的唯一突厥可汗，他的政府是隋朝承認的唯一合法政府，從此，突利在史書上的稱呼也就成了啟民可汗。

接著，楊堅又命長孫晟在朔州修建了大利城（今內蒙古清水河縣），作為啟民可汗的汗庭。此外，由於安義公主已經去世，楊堅又重新在宗室中找了一個女子，封其為義成公主，嫁給了啟民。這同時楊堅還給啟民無償援助了大量金銀珠寶以及軍需物資，讓他有足夠的資金來招徠突厥流民。這大大出乎了啟民的意料。就這樣，在隋朝的大力扶持下，啟民的日子越來越滋潤，實力越來越強，號召力也越來越大，主動歸附他的突厥人也越來越多。

就在啟民盡情享受天上人間的同時，他的堂兄都藍卻大踏步地邁向了地獄鬼門。打敗突利後，都藍乘勝南下，很快就遇到了高熲率領的隋朝大軍。連續幾場大戰，都藍都戰敗了，只好倉皇北逃。高熲則率軍緊緊追擊，從白道（位於今內蒙古武川）越過秦山（今內蒙古大青山），一口氣追了七百餘里才返回。

僅僅幾個月後的西元五九九年年底，沒等都藍緩過氣來，楊堅又派出宰相楊素、太平公史萬歲、行軍總管韓僧壽（韓擒虎之弟）、大將軍姚辯四路大軍，打算對都藍實施新一輪的打擊。但沒等隋軍出塞，四面楚歌的都藍已經被部下所殺，國內亂成一團。楊堅命啟民可汗乘機招撫，一時間降者甚眾。

東突厥可汗都藍的覆滅，也為野心勃勃的達頭帶來了擴充的良機。一向期望重新統一突厥的達頭趁機自封為步伽大可汗，宣布自己是整個突厥的共主，大肆兼併原屬都藍的部落。如此一來，達頭實力大增。

人一闊，膽就壯，他不僅率軍頻頻攻擊啟民的地盤，還多次騷擾隋朝邊境。楊堅對此當然不能容忍，西元六〇〇年四月，楊堅派出兩路大軍，反擊達頭。西路以晉王楊廣和宰相楊素擔任統帥，自靈武道（今寧夏靈武）出塞；東路則是漢王楊諒和柱國史萬歲率軍出馬邑道（今山西朔州）。

長孫晟當時在楊廣麾下擔任行軍總管，他對突厥人的生活習性瞭若指掌，便向楊廣獻上一條毒計——在突厥人常飲用的河水上游下毒。楊廣依計而行。突厥軍還沒打仗，就有很多人馬中毒而死，其他的人也大多上吐下瀉，失去了戰鬥力。迷信的突厥人非常驚恐：天降惡水，這難道是上天要滅亡我們嗎？

他們不敢在那裡停留，連夜拔營逃走。長孫晟趁機率軍掩殺，大獲全勝。

相比西路軍，東路軍的取勝則更是順利得讓人不敢相信。史萬歲的大軍在大斤山（今內蒙古大青山）遇到了達頭率領的突厥軍。

兩軍對陣前，達頭派人問道：隋將為誰？

隋軍回報：史萬歲也！

達頭聞言大驚，連忙再問：莫非是當年那個敦煌戍卒？

隋軍的回答擲地有聲：是也！

聽了這句話，達頭心慌了，腿軟了，冷汗直流，讓他根本不敢迎戰，只好夾著尾巴落荒而逃。史萬歲率軍緊緊追擊，深入大漠數百里，斬首數千級。如果把薛仁貴的「三箭定天山」稱為不可複製的傳奇，那麼史萬歲的「名號退突厥」則簡直堪稱不可思議的神話。

在隋朝面前，達頭的表現可謂是丟人丟到姥姥家了，但他覺得，儘管打不過隋朝這隻老虎，對付啟民這隻老鼠還是綽綽有餘的。他又派侄子俟利伐率軍攻打啟民。啟民招架不住，趕緊向楊堅求救。楊堅立即派兵支援，很快就打跑了俟利伐。

第二年，消息靈通的長孫晟得知達頭由於擴張過快，內部不穩，便上表說：臣夜登城樓，見漠北一片赤紅之氣，此天象稱為灑血，其下之國必亡。欲滅突厥，宜在今日。

毫無疑問，他是以這樣的話來鼓動此時正沉迷於符瑞的楊堅，對達頭發動致命的一擊。楊堅欣然接受了他的建議，隨後任命楊素為行軍元帥，長孫晟為受降使者，帶著啟民可汗一起北伐。達頭抵擋不住隋軍的凌厲攻勢，倉皇撤退。

膽大包天的楊素居然親自率兩名親兵穿上突厥衣服，混在突厥軍中，與他們並行。突厥人毫無察覺。等到突厥人晚上休整的時候，楊素傳話讓後面的隋軍趕來，向睡夢中的突厥人發起猛攻。突厥軍猝不及防，傷亡慘重，從此再也不敢騷擾漠南。

與此同時，在長孫晟的策劃下，啟民大展金錢外交，不斷派遣使者攜帶厚禮去招撫跟隨達頭的漠北各部。於是鐵勒、僕骨、阿拔等十幾個部落紛紛背棄達頭，投奔啟民。很快，達頭就眾叛親離，成了孤家寡人，就連他的老巢西部突厥故地也被阿波可汗的侄子泥利可汗佔據。進退失據的達頭已經無處可去，只好一路西逃投奔了吐谷渾，從此不知所終，其部眾則大多歸於啟民。就這樣，啟民終於成了東部突厥名正言順的大可汗。

他對楊堅感激涕零，特意上表致謝，還給楊堅送上了一頂「聖人可汗」的大帽子：大隋聖人可汗，憐養百姓，像天一樣無所不覆，像地一樣無所不載，我染干就如枯木長出葉、枯骨長出肉一樣獲得了重生，願意千秋萬代都為陛下牧羊養馬……

「聖人可汗」這個頭銜意義重大，這意味著楊堅不僅是大隋帝國的皇帝，還是突厥的最高領袖。「聖人可汗」這個頭銜前無古人卻後有來者——之前從來沒有一個中原王朝的皇帝被草原游牧民族尊為可汗；而幾十年後的唐太宗李世民也有一個稱呼：天可汗。

啟民對隋朝一直恭敬有加，隋朝的北方邊境終於徹底得到了安寧。

第十一章

奪嫡上位，全靠演技

功臣之殤

邊境的爭鬥平息了，但隋朝內部的爭鬥卻越演越烈。這幾年，隋朝政壇，尤其是高層經歷了翻天覆地的大變動，血雨腥風的大清洗。這幾年，楊堅接二連三地誅殺功臣。

眾所周知，楊堅是從權臣政變上台的。由於害怕這樣的歷史重演，因此他在隋朝初年便大肆打壓前朝老臣，大量提拔高熲、虞慶則、蘇威等新人。然而，楊堅對他重用的那些新人，儘管在開始的時候無比信任，到了後來也變得越來越猜忌。眼看著這些新人的威望也高起來了，楊堅對他們也不放心了。

最先倒下的重量級人物是隋朝開國首任宰相之一的虞慶則。隋朝建立以來，虞慶則先後擔任內史監、吏部尚書、京兆尹、尚書右僕射等要職，之後又進入軍界，執掌禁軍，出任右衛大將軍、右武候大將軍，爵位是上柱國、魯國公，出將入相，位高權重，是楊堅最倚重的親信之一，但在開皇後期，他卻逐漸邊緣化了。

這很可能與一次酒局有關。

平陳後，楊堅與幾個心腹重臣一起喝酒，喝到高興時情不自禁地說，高熲平江南，虞慶則降突厥，真可謂立了大功啊！

楊素趕緊拍馬屁說，這都是仰仗著陛下的威德所致。虞慶則聽了有些不爽，反言相譏說，楊素之前出兵武牢、硤石（楊素在平尉遲迥時打的勝仗），若不是靠皇上威德，也不可能取勝。楊素聽他話裡帶刺，也不甘示弱，當場就與他爭辯起來。

兩個人誰都不讓，越吵越凶。最後還是楊堅出面制止了他們：今天大家一起論功，應該高興才是。

接著他舉起一杯酒，對在座的大臣們說道，飲此酒，願我與諸公等子孫常如今日，世守富貴。——不過，這樣的話當不得真。

這起爭功事件中虞慶則的表現，讓楊堅十分不滿。事實上，無論平江南還是降突厥，都是隋朝君臣一心、共同努力的結果，絕非一人之功。楊素很聰明地把功勞歸功於皇帝楊堅，既拍了馬屁，又表了忠心；高熲不說話，也表示他默認了楊素的說法；而虞慶則與楊素爭執，給人的印象就是貪功，就是「突厥是我收拾的，跟皇帝的威德沒有任何關係」，這讓楊堅心裡怎麼會舒服？從此之後，虞慶則漸漸受到了冷落。

西元五九七年七月，桂州（今廣西桂林）人李世賢造反，佔據了州城，聲勢頗大。楊堅和群臣一起商議平叛人選，其間好幾位將領主動請纓，楊堅都不許，卻冷冷地對虞慶則說，位居宰相，爵乃上公，國家有賊，卻無行意，何也？

虞慶則聽了大驚失色，趕緊表態願意出征。隨後他被任命為桂州道行軍總管，率軍征討李世賢。虞慶則畢竟是身經百戰的一代驍將，對付南方那些蟊賊輕鬆至極，沒過多長時間他就掃平了叛亂，勝利凱旋。

然而，等著他的不是獎勵，卻是人頭落地。

這是怎麼回事呢？

話說虞慶則有個小舅子叫趙什柱，此人一直深受他的關照，擔任他的隨府長史（相當於秘書

長）。但這傢伙卻憑藉職務之便，給自己的姐夫戴了頂綠帽子——和虞慶則的小妾私通。趙什柱很害怕，以虞慶則的火爆脾氣，這事如果被他知道，自己肯定就沒命了。思來想去，他決定想辦法把姐夫幹掉。現在聽說楊堅對虞慶則不滿，趙什柱覺得自己的機會來了，便故意對外放出風聲，說虞慶則不願意出征。很快這話就傳到了楊堅的耳朵裡。

按照慣例，朝臣出征，皇帝總要設宴送別，可是這次由於楊堅對虞慶則有了看法，因此對他非常冷淡。虞慶則自然也感覺到了，卻根本不知道原因。一路上他都悶悶不樂，直到平叛勝利後，他的心情才逐漸開朗起來。

也許是出於武將的職業習慣，他走到哪裡都喜歡觀察地形。回軍途中經過潭州（今湖南長沙）的臨桂嶺時，虞慶則登上高峰，眺望山川形勢，隨口對身邊的隨從說道，此處險固，加以足糧，若守得其人，攻不可拔！

一直挖空心思想要陷害虞慶則卻苦無良策的趙什柱聽了這句話，就彷彿守候多時的釣魚者看見浮標突然下沉。他找了個機會對虞慶則說，上次咱們來的時候，看上去皇帝對您好像不太滿意，我覺得這裡邊一定有原因。要不，您先不要急著回去，在這稍微等一段時間，我先回去幫你打探一下消息。

虞慶則本來就為這事傷腦筋呢，當然不會不同意。

趙什柱立即快馬加鞭趕回京城，一進京就馬上向楊堅告狀，說虞慶則看中了潭州的險要地形，故意逗留不進，意圖謀反。楊堅大怒，馬上派人把虞慶則抓了回來，根本不給他任何辯解的機會，就將其處死。

表面上看，虞慶則是死於趙什柱的陷害。但實際上，楊堅的責任也不容推卸，因為這事其實並不複雜，很容易查明真相。然而，楊堅卻沒有這麼做，這說明他對虞慶則本來就已經十分猜忌，甚至可以說是必欲除之而後快。

虞慶則的死同時也是一個信號，表明楊堅對他新提拔的那批功臣的清洗開始了。

第二年，另一個功臣上柱國、夏州（今陝西靖邊）總管王景又被誅殺，連罪名也沒有留下。唇亡齒寒，這也讓其他的功臣們感到了危機。

上柱國王世積在平陳時曾擔任蘄州（今湖北蘄春）總管，渡江攻取了江州（今江西九江）、豫章（今江西南昌）、廬陵（今江西吉安）等地，為統一江南立下了大功，之後他又多次討平叛亂，征遼東時還和漢王楊諒並為行軍元帥，威望頗高。王世積生性謹慎，見楊堅對功臣如此忌刻，便故意裝出沉迷酒色的樣子，對於政事，幾乎從不多言，想以此來避禍。儘管王世積不問世事，閉門家中坐，頑強的死神卻依然敲響了他的大門。

他有個多年的老友叫皇甫孝諧，這小子不知怎麼犯了法，四處逃亡，逃到了王世積那裡，王世積怕惹上麻煩，便拒而不納，皇甫孝諧無處可逃，後來終於被抓獲，發配到了桂州（今廣西桂林）。皇甫孝諧因此對王世積懷恨在心。發配的日子不好過，為了立功減刑，皇甫孝諧毫不猶豫地決定賣友求榮，用昔日老友的命來換取自己的前程。他舉報王世積謀反。

在舉報信中，皇甫孝諧提出了兩個證據。一是說王世積曾請人看相，看相的說他貴為國主。二是說在王世積在擔任涼州總管的時候，曾經有人勸他造反：河西天下精兵處，可圖大事。而王世積不但沒有責怪這個人，反而回答說，涼州地曠人稀，非用武之地。可見其確有反意，只是沒有合適

的機會。

接到舉報信後，楊堅非常重視，立即成立專案組，將王世積抓起來審查。很快，審查結果就出來了，不僅王世積被證實有罪，而且還有了一個「意外」的發現，說：左衛大將軍元旻、右衛大將軍元胄、左僕射高熲，並與王世積交通，受其名馬之贈。

這裡邊最值得注意的是：這個案子竟然牽出了隱藏在背後的一隻大老虎——官居首席宰相近二十年、堪稱隋朝開國第一功臣、第一謀臣的高熲。其實，王世積的罪名幾乎全是口說無憑的東西，根本就經不起推敲。他獲罪的真正原因很可能只是因為他和高熲兩人私交甚好，過從甚密，楊堅想從他那裡打開缺口，拉高熲下馬。因為功高望重的高熲此時早已成了楊堅的一塊心病。

西元五九九年八月，這起所謂的謀反案正式結案——王世積被處死，元旻、元胄都被免職。

該怎麼處理高熲呢？

上柱國賀若弼、吳州總管宇文彌、刑部尚書薛胄、民部尚書斛律孝卿、兵部尚書柳述等人都挺身站了出來，力證高熲無罪。看到這麼多人都為高熲求情，楊堅更加惱火，當場下令把賀若弼等人全都拿下，交給執法部門訊問。這下終於沒人敢為高熲說話了。就這樣，高熲被免去了所有官職回家，僅保留齊國公的爵位。

高熲被罷免的內情不僅僅是「功高震主」這麼簡單。他的失勢，最重要的原因是因為他牽扯到了一件對後來的歷史影響深遠的大事——廢立太子。

大隋第一家庭

正所謂豪門多恩怨，高高在上的隋朝第一家庭其實根本不像一般人想像的那樣光鮮，裡面矛盾重重，悲劇連連。這在很大程度上與楊堅和獨孤皇后的性格有關。夫婦兩人有著共同的特點——作風強勢，冷酷無情，家長制作風嚴格。這樣的人當然不好相處，因此楊堅夫婦與楊家幾個兄弟關係大多不佳。

楊堅在家中是長子，下面有四個弟弟，老二是蔡王楊整，老三滕王楊瓚，老四道王楊嵩，老五衛王楊爽。五兄弟中，老二楊整在北周平齊時不幸戰死沙場，隋朝建立後被追封為蔡王。楊整生前就一直與大哥楊堅不和，妻子尉遲氏（北周吳國公尉遲綱之女）和嫂子獨孤皇后更是視若仇敵，楊整夫婦甚至還曾多次在當時執政的北周大塚宰宇文護面前說過楊堅的壞話。

楊堅當上皇帝後，由於害怕伯父會記仇報復，楊整的兒子楊智積可嚇壞了。因此有生之年一直過得戰戰兢兢。直到臨終前，他終於長舒了一口氣，如釋重負地說：吾今日始知得保首領沒於地矣！

老三楊瓚是北周的駙馬，娶周武帝宇文邕之妹為妻。楊瓚人長得帥，又娶了公主，在當時名氣挺大，人稱楊三郎，周武帝對這個妹夫也非常看重，出征北齊的時候曾特意讓他留守長安，還親切地說，有你在，我就沒有後顧之憂了。也許是憑藉公主的關係，楊瓚在北周時期混得相當不錯，春風得意，年輕氣盛，大哥楊堅當時根本就不在他眼裡，和楊堅夫婦的關係當然也不融洽。

北周末年楊堅矯詔執政的時候，急需人手，想讓楊瓚幫忙。然而楊瓚卻非但不肯參與，反而冷冷地說，就憑他那點水準，做隨國公都不一定能保得住，居然還敢做這種滅族的事情。楊堅當上皇

帝後，按慣例封楊瓚為滕王，同時要求他和北周皇族劃清界限，把宇文氏休了另娶。但楊瓚堅決不肯。楊堅乾脆除去宇文氏的屬籍，不承認其為皇室成員。從此，兄弟兩人的關係更加冷淡。

西元五九一年，楊瓚在陪楊堅遊園的時候猝死。由於他死得毫無徵兆，故而外界議論紛紛，傳言說他是被毒死的。

《隋書》記載的是：人皆言其遇鴆以斃。

老四楊嵩早死，後追封為道王。

五兄弟中唯一得到楊堅信任的是老五楊爽。他曾先後擔任右領軍大將軍、涼州總管、納言等要職，出將入相，榮耀非凡，可惜楊爽有福沒壽，早在西元五八七年就英年早逝，年僅二十五歲。

說完了楊堅的兄弟，再來看他的兒子。楊堅有五個兒子，長子楊勇，是名正言順的皇位繼承人——太子；次子楊廣，封晉王；三子楊俊，封秦王；四子楊秀，封蜀王；幼子楊諒，封漢王。

五人都是獨孤皇后一人所生，這在古代的皇家是非常罕見的，因此楊堅曾無比自豪地說，前世皇王，溺於嬖幸，廢立之所由生。朕傍無姬侍，五子同母，可謂真兄弟也。豈若前代多諸內寵，孽子忿諍，為亡國之道邪！——以前的皇帝大多後妃眾多，往往因為寵幸某個妃子而立其所生的為太子，導致廢立之事，但我別無姬妾，五個兒子全是同母所生，可謂是真兄弟。怎麼可能發生和前代一樣因為諸子爭位而亡國的事呢！

可是，楊堅錯了。權力的誘惑實在太大了——為了權力，吳起可以殺妻；為了權力，易牙可以烹子；為了權力，劉劭可以弒父……在無所不能的權力面前，親情無比的脆弱、無比的不堪一擊。

隋朝剛建的時候，幾個兒子年紀尚小，關係尚算融洽。但後來隨著他們年齡的增長，兄弟之間的矛盾慢慢浮現，最終一發而不可收拾，引發了一個個觸目驚心的重大變故，導致了一幕幕同室操戈的家庭慘劇。矛盾的焦點是萬眾矚目的太子之位。

率性太子楊勇

太子楊勇聰明好學，性格仁厚，楊堅對他也曾寄予厚望，在輔政的時候就讓他出任洛州（今河南洛陽）總管、東京小塚宰，統領原北齊故地，當上太子後對他更是盡力培養，軍國大事都讓他參與決策。

隋朝初年，山東一帶（崤山以東地區）商業比較發達，有很多百姓不務農，四處做生意，一向重農抑商的楊堅對此很是看不慣，便打算把這些人都遷到北方邊塞去戍邊。楊勇勸諫他說，您想讓百姓安頓下來，這個用意自然是好的，可是移風易俗不是一朝一夕的事，只能慢慢地引導。而且前不久山東地區剛發生過三方叛亂，本來就人心惶惶，如果再這樣做，必定會導致人心不安，不利於社會的穩定。聽了他的分析，楊堅覺得挺有道理，便停止了這一計畫。

從楊勇這次的發言可以看出，他還是頗有政治頭腦的，而且與父親相比，他更注重懷柔，更體諒百姓。楊堅最初對他也是很欣賞的，朝政上遇到什麼問題，楊堅都要徵求他的意見，楊勇提出的建議也大多得到採納。不過，隨著時間的推移，楊堅對楊勇逐漸有了看法。

楊堅這個人嚴謹刻板，冷靜得近乎冷酷，但楊勇卻完全不一樣。他是個標準的文藝青年，愛與

文士交往，行事率性灑脫。按照史書的說法是：率意任情，無矯飾之行。

有一次，楊勇得到了一副鎧甲，十分喜歡，興之所至，便花大價錢將其裝飾了一番，弄得十分華麗。楊堅看到了很不高興，忍不住教訓他說：歷觀前代帝王，未有奢華而得長久者。你這個樣子，怎麼能擔當重任？我當年穿過的舊衣服，我都保留著，經常看看，以提醒自己不要忘本。現在我賜給你一把我當年常用的舊佩刀，一盒你小時候常吃的醃菜，希望你知道我的用意。

後來發生的另一件事又進一步加深了楊堅的不滿。按照南北朝以來的慣例，當時在每年的冬至，百官不僅要去朝拜天子，還要去太子居住的東宮朝賀。楊勇年輕任性，愛炫耀，喜擺譜，所以每到這個時候，他就帶著龐大的隨從，奏起宏大的樂曲，穿上盛大的禮服，大模大樣地坐在大殿上，大張旗鼓地接受百官的朝拜。這讓一向低調內斂的楊堅心裡很不舒服。

到了五九八年，他對此終於忍無可忍了。在朝會上，他責問大臣們：我聽說冬至那天你們都去朝拜太子了，這是什麼禮數哇？太常少卿（**官職名，掌管宗廟禮儀**）辛亶慌忙回答：去東宮叫賀，不能叫朝……沒等他說完，楊堅就粗暴地打斷了他的話：賀，不就是祝賀的意思嗎？既然是賀，那就只是自發的，願去的就去，不願去的就不去，三五成群的去就可以了，為什麼要百官列著隊全都去呢？這麼做，根本就不合禮制呀！接著他馬上下了一個詔令，宣布禁止百官在冬至去東宮朝賀。從此，他對楊勇愈加不爽。

而獨孤皇后對楊勇也很有意見。獨孤皇后稱得上是世界女權主義者的先驅，極力推崇一夫一妻的原則。正是己所欲，施於人。因此她不僅對自己的老公管得很緊，除了她自己以外，不准楊堅和其他的后妃發生關係，而且對大臣納妾也極為痛恨。比如說，上柱國長孫覽（**長孫晟的堂叔**）曾經娶了一個小妾，非常寵愛，冷落了妻子鄭氏。鄭氏一怒之下，向皇后告狀，獨孤皇后立即為她作主，棒打鴛鴦，逼迫長孫覽休了這個小妾。

可想而知，對於自己的兒子，她的要求肯定也是如此。然而楊勇卻偏偏不肯這樣做。他喜好美色，姬妾眾多，年紀輕輕，兒子就已經生了十個。最得楊勇寵愛的是雲昭訓（**昭訓為後宮名號**）。

雲氏家世寒微，其父雲定興雖然地位低賤，但卻多才多藝，不僅精通音樂，還有一手服飾設計的絕活，也許是受家庭環境的影響，雲氏也是心靈手巧，溫柔可人，很對文藝青年楊勇的胃口。她是楊勇在宮外私下認識的，兩人一見傾心，兩情相悅，很快就如膠似漆，沒過多久，雲氏就為他生了一個兒子。

楊勇是一個敢做敢愛也敢負責任的男人，硬是頂著巨大的壓力把雲氏接進宮中，並封為昭訓。進宮後，雲氏又再接再厲，連著為楊勇生了兩個兒子。然而，獨孤皇后卻非常看不起雲昭訓，認為她出身低，這種人怎麼配得上血統高貴的太子？

在獨孤皇后的眼裡，只有太子妃元氏才是自己最理想的媳婦。元氏出自北魏皇族，是壽州總管元孝矩之女，不僅門第高貴，而且知書達禮，端莊大方，是標準的大家閨秀，很得獨孤皇后的歡心。但楊勇卻不喜歡元氏，還直言不諱地在外宣揚：阿娘不與我一好婦女，亦是可恨。

可憐的元氏一直備受冷落，經常以淚洗面，以至於鬱悶成疾，香消玉殞。由於她死得太突然，從發病到去世只有短短兩天時間。獨孤皇后懷疑元氏是被楊勇毒死的，因此對楊勇越發看不慣。

就這樣，楊勇與父母的分歧越來越大，距離越來越遠……大大咧咧的楊勇對此卻毫不在意。

一代影帝楊廣

這一切，一直在覬覦太子之位的晉王楊廣全都看在了眼裡。他知道，自己的機會來了。

楊廣是楊堅夫婦的次子，也是他們最鍾愛的兒子。此人我們之前曾多次提到過，他不僅人長得很帥，而且從小就聰穎過人，能力很強。西元五八八年年底，年僅二十歲的楊廣就作為主帥統軍平陳，為統一中國立下了大功，之後又長期擔任揚州（治所今江蘇揚州）總管，主政江南，很得人心。他無論是對大臣還是下屬都非常禮貌和謙虛，從不擺架子，因此贏得了禮賢下士的美名。

據說有一次他和部下一起出外打獵，正好遇到下雨，左右連忙給他披上雨衣，楊廣卻厲聲拒絕了：士兵都淋濕了，我怎麼能獨穿雨衣呢！

楊廣的全身都濕透了，很多士兵的眼睛也濕透了——跟著這樣的領導，值！

當然，雄心勃勃的楊廣也知道，在那樣的人治社會，光得到下屬的好評是遠遠不夠的，更重要的是要得到天子和皇后的好評。為了博取父母的歡心，他可謂煞費苦心。西元五九四年，楊堅的文治武功已達鼎盛，沉浸在一片歡呼聲中，楊廣恰到好處地率群臣上表請求封禪，讓楊堅非常滿意，忍不住對他刮目相看。

楊廣知道父母崇尚儉樸，因此每次入宮奏事，都輕車簡從，從不鋪張。他還刻意把王府布置得非常簡單，房間裡的屏帳用的都是素色的粗布，同時他還把家中所有樂器的琴弦全都弄斷，並且不讓人打掃，任灰塵布滿琴房和樂器，看上去彷彿已經荒廢好久了。有一次楊堅夫婦駕臨晉王府的時候看到了這一切，不由得對楊廣大加讚賞，認為他不好聲色，繼承了父母艱苦奮鬥的作風。

除此以外，每次只要宮中有使者到晉王府，無論對方地位有多低微，他都和王妃蕭氏親自出門迎接，盛情款待，同時還贈以厚禮，令這些使者受寵若驚，回去以後自然少不得在楊堅和獨孤皇后面前誇獎楊廣。

對母親獨孤皇后的心理，楊廣研究得尤為透徹。他知道獨孤皇后最痛恨男人好色，便刻意把身邊所有的丫鬟、僕人全部換成年老的或者貌醜的，如此一來，自然就給獨孤皇后留下了不近女色甚至厭惡女色的良好印象。他知道獨孤皇后最推崇一夫一妻，便把漂亮的姬妾都藏在密室之中，在人前只與王妃蕭氏秀恩愛，給人留下夫妻情深的印象。他知道獨孤皇后最討厭小妾生子，便把姬妾所生的孩子全都偷偷弄死，因而他的子女很少。在當上太子之前，他只有兩子一女（另有一子早夭），且全是蕭妃所生。

蕭妃的經歷頗為坎坷，她是後梁明帝蕭巋之女，但由於生在二月，當時江南風俗認為二月出生的人不祥，蕭巋對此非常忌諱，便把她送出了宮，後來她一直在舅舅家長大，但在那裡，她依然是姥姥不疼，舅舅不愛，日子過得非常不容易。

開皇初年，楊堅在後梁皇室中為楊廣選妃，皇宮裡所有年齡相當的公主都看過了，看相的都認為不合適。眼看這門親事就要黃了，蕭巋猛然想起自己在外面還有個女兒，趕緊把蕭妃接了過來，沒想到看下來的結果卻是大吉，就這樣，她一下子從寄人籬下的棄女變成了晉王楊廣的王妃。

生活的坎坷塑造了蕭妃溫婉可親、善解人意的性格，楊廣對她非常滿意，兩人一直夫唱婦隨，形影不離，感情很好。她也是當之無愧的賢內助，對丈夫的幫助很大。據說每當獨孤皇后派身邊的宮女前往揚州探視晉王夫婦的時候，蕭妃總是與她們在同一張桌子上吃飯，在同一張床上睡覺，和

她們結下了深厚的感情，很多宮裡的絕密訊息都是蕭妃從這些宮女那裡得來的。對楊廣來說，蕭妃還有一個很大的優點是她從來都不會吃醋，楊廣有時難免忍不住要偷腥，每次蕭妃都能幫老公掩蓋得滴水不漏。

獨孤皇后對楊廣和蕭妃的表現非常欣賞，覺得楊廣和楊勇相比，簡直是一個天上，一個地下。皇后的態度也深深地影響到了楊堅，楊堅對楊廣也是越看越歡喜。

當時有個著名的術士韋鼎，此人原在南陳擔任太府卿，十幾年前他在奉命出使北周時偶遇楊堅，大為驚奇。偷偷地對楊堅說，觀公容貌，故非常人，不久必大貴，貴則天下一家。公相不可言，願深自愛。後來韋鼎的預言竟然全部實現了。因而楊堅對他極為信服，在平陳後特意把他召到長安，與其來往密切，奉為上賓。

這次，為了給寡居的小女兒蘭陵公主擇婿，楊堅專門找韋鼎來給她看相。很快，正事就辦完了，他又裝著漫不經心地問了韋鼎一個問題：諸兒誰得嗣——我那幾個兒子誰可以繼位？

其實，這個問題只要稍微有點腦子的人都會覺得非常奇怪，皇太子已經立了十幾年了，誰可以繼位，還需要問嗎？

韋鼎是何等聰明的人，馬上就聽出楊堅的弦外之音。他的回答非常有水準：至尊、皇后所最愛者，即當與之，非臣敢預知也。——皇上、皇后最愛的那個兒子就應該繼位呀，這不是臣能預知的。

楊堅聽了大笑：看來你是不願明說啊！哈哈！從這件事可以清楚地看出，此時楊堅對楊勇已經不僅僅是不滿。楊勇的太子之位已經岌岌可危了。

這一點，嗅覺敏銳的楊廣當然也看出來了。恰逢他回京城省親，假期結束準備返回揚州治所。

這一天，他入宮向母親辭行。一見母親，他就噙著眼淚，動情地說了這麼一段他早已練習過無數次的台詞：兒臣鎮守在遠方，就要與您道別了，心裡真是萬分捨不得。這次分別後，下次相見，不知……不知要在什麼時候了……話還沒說完，他已經淚如雨下，泣不成聲了。

女人總是感性的，即使貴為皇后，也不例外。看到兒子如此傷感，獨孤皇后被深深地打動了，她也情不自禁地潸然淚下：你在方鎮，我又年老，今日一別，真的像永別一樣。

母子兩人就這樣相對而泣。

過了一會兒，楊廣覺得氣氛醞釀得差不多了，便擺出一副可憐兮兮的樣子，哽咽著對母親說，我性識愚下，平日常常顧念著兄弟之情，可是不知什麼原因得罪了太子，他對我總是沒有好臉色，只要一見到我，他的臉就還拉得比法棍還長，一副要吃人的樣子，我好害怕，我真的好害怕，我怕他會在我離開京城後到您和父皇面前來誣陷我，甚至乾脆派人給我投毒，一想到這些，我就真的好怕，我只怕以後是再也看不到您了，嗚嗚嗚……

獨孤皇后對楊勇本來就憋了一肚子火，她一直都認為太子妃元氏是被楊勇毒死的，現在一聽楊勇竟然還要害親弟弟楊廣，馬上就爆發了。她咬牙切齒地說，睍地伐（**楊勇的小名**）現在是越來越不像話了，我為她娶元氏，本來希望他們能興家立業，他卻對元氏不理不睬。反而專寵那個賤貨阿雲（**指雲昭訓**），還跟她生了那麼多的豬崽子。元氏本來沒病，莫名其妙就死了，還不是他派人下的毒。事已至此，我也沒有追究。沒想到他竟然還想害死你！現在我還在呢，他就敢如此猖狂，以後要是我不在了，他豈不是更要把你當魚肉了。

接著她又傷感起來：每次只要我一想到東宮沒有一個嫡子，將來你們的父皇百年之後，你們兄

弟幾個要對著那個賤貨阿雲生的豬崽子跪拜，我的心裡就無比地難過！她再也控制不住，號啕大哭起來。

所有想說的都已經說過了，所有想聽的都已經聽到了，所有想要的都已經得到了，楊廣也就不再多言，只是在那裡不停地默默流淚。母子兩人就這樣哭成了一團。這樣一來，楊廣終於徹底明白了母親的心意，他本來還有些猶豫的心，現在徹底踏實了。看來，母親對楊勇已經忍無可忍，楊勇太子寶座的基礎已經動搖，只要輕輕一推，就可以把他推倒，自己就可取而代之。

但他依然不敢大意，畢竟太子號稱國本，廢立太子不僅是家事，更是國事。要想確保自己能登上太子大位，他覺得自己還必須在朝中找到有分量的支持者。毫無疑問，朝中地位最高權力最大的是執掌朝政的兩個宰相：左僕射高熲和右僕射楊素。

找誰呢？

高熲是首席宰相，楊廣和他曾在平陳時共事過一段時間，深知其品性。此人為人正派，向來以國事為重，不太可能支持廢長立幼這樣不合法理的事，而且他和楊勇關係匪淺。兩人是兒女親家，他的兒子高表仁娶楊勇之女為妻。很顯然，不管是論公還是論私，高熲都絕不可能支持楊廣的奪嫡計畫。

現在，楊廣只剩下一個選擇，那就是楊素。

怎樣才能搞定楊素呢？

楊廣陷入了思考。

回到揚州後，楊廣立即與他的親信下屬揚州總管司馬（總管府主管軍事的屬官）張衡碰頭，商量此事。經張衡點撥，楊廣又找到了自己的老友，時任壽州總管的上柱國宇文述。

宇文述這個名字之前我們曾多次提到過，此人資格很老，北周末年楊堅執政討伐尉遲迥的時候，他就是韋孝寬麾下和宇文忻、楊素等人齊名的七總管之一，隋朝建立後他被任命為右衛大將軍。平陳時，他擔任行軍總管，與總指揮楊廣一起從六合（今江蘇六合）渡江，並率軍平定了長江下游的吳、會（吳郡、會稽，即今蘇南浙北一帶），戰後他出任安州（今湖北安陸）總管。因為有過這麼一段共事關係，楊廣和他私交甚好，後來為了方便來往，還專門奏請皇帝，把宇文述調到了離自己距離較近的壽州（今安徽壽縣），讓他擔任壽州總管。

宇文述為楊廣分析說，大王向來以仁孝著稱，皇帝和皇后都對您非常鍾愛，四海之內名聲也很好，您擔任太子堪稱眾望所歸。不過，廢立畢竟是國之大事，非同尋常。如今楊素聖眷正隆，我覺得能讓皇帝改變主意的人只有他，而楊素最信賴的是其弟楊約，正好我和楊約是老朋友，我願意去京城找楊約，促成此事。

楊廣大喜過望。接下來，兩個人又繼續探討一個技術問題：如何把楊約拉下水？

楊約時任大理少卿（**相當於最高法院副院長**），據說他童年時非常淘氣，喜歡爬樹，不幸的是有一次失手從樹上摔了下來，失去了性功能。通常金錢和美女是男人的兩大追求，楊約沒有能力追求女色，只能化情欲為貪欲，因而貪財到了變態的程度，錢字不離口，金銀不離手。既然這麼愛財，那就好辦了。楊廣馬上拿出大量價值連城的金銀珍寶，讓宇文述去搞定楊約。

到了長安後，宇文述立即找到了楊約，約他一起喝酒。酒足飯飽後，兩個老友意猶未盡，又相約賭博。宇文述似乎是喝多了，昏招頻出，錯誤屢犯，楊約每一把都大贏特贏。幾次下來，宇文述

所帶的珍寶居然輸了個一乾二淨。

也許是實在贏得是太多，楊約感到有些過意不去了，便向宇文述聊表謝意。宇文述直截了當地說，您可不要謝我呀，要謝就謝晉王吧。這些都是他賜給我的，讓我與您一起玩樂。楊約大驚失色，連忙問道：晉王這麼幹，到底是為了什麼？

宇文述早已胸有成竹，侃侃而談：您的尊兄功名蓋世，執掌大權多年，可是幹的事多了，難免得罪人。恨他的人恐怕不在少數吧。雖然如今他深受皇帝信任，可是皇帝已經年老，一旦皇帝不在了，他又何以自保呢？

接著宇文述又說，太子失寵於皇后，皇帝也早有廢黜之心，這些您應該都知道。如果尊兄能在皇帝面前請立晉王為太子，對他來說只是動動口而已，對晉王來說卻是大功一件，他一定不會忘記你們兄弟的恩德，如此一來，你們自然就安如泰山了。

楊約對此深以為然，回去後就把宇文述的說辭原原本本告知了楊素。

皇帝楊堅年近六旬，按照當時的平均壽命來算顯然已經屬於高齡了，這樣一個風燭殘年的老人隨時都有可能倒下。毫無疑問，他的去世只是個時間問題。一朝天子一朝臣，皇位的更迭必然會帶來人事的大洗牌。自己將來該如何自保？楊素其實也一直在考慮這個問題。

楊約這番話句句說到的楊素的心坎裡，因此他聽完後立即爽快地答應了：好！還是老弟你想得深遠！

而楊素之所以有如此積極的反應，實際上還有一個原因，那就是他的野心。如今他雖然貴為宰相——尚書右僕射，但一直屈居於左僕射高熲之下。如果楊勇將來繼位，高熲作為楊勇的親家，其地位必然更加堅不可摧，那樣的話，楊素最多也只能是千年老二的地位，這當然是野心勃勃的楊素不願意面對的。

見大哥動了心，楊約又提出了進一步的建議：晉王傾身禮士，聲名日盛，有當今皇帝之風，必能安天下。如今皇帝對皇后言聽計從，我覺得大哥您應該從皇后那裡著手比較好。這事大哥你千萬不能遲疑，一定要抓緊去辦，否則如果讓太子執掌朝政的話，我們恐怕就要災禍臨頭了。

楊素連連點頭。不過，楊素畢竟老謀深算，對於皇后是否支持楊廣這個重大問題不敢只聽一面之詞，在沒有確認這點之前，他絕對不會冒昧行動，押下這個事關自己身家性命的超級賭注。

事有湊巧，幾天後，他奉命入宮赴宴，遇到了獨孤皇后。席間，楊素趁旁邊沒人，裝著不經意的樣子對皇后說：晉王孝悌恭儉，有類至尊。——晉王孝順友愛恭敬節儉，跟他父親挺像的。

應該說，楊素說得相當有水準，既隱約含有試探之意——別的王子都不提，單單只提楊廣一人；而又完全不露痕跡——說王子好，說兒子像父親，這都是很正常的呀，無論如何你也抓不到他的任何把柄。

這樣的話，獨孤皇后太愛聽了。楊素稍微這麼一提，她就滔滔不絕地打開了話匣子：你說得太對了！我這個兒子確實是大孝子！每次只要皇帝和我派人去他那兒，他必定要親自到城外來迎接；每次他和我們道別的時候，都忍不住要落淚。還有他的媳婦也很讓人憐愛，我派婢女去，她都與她們同寢共食。哪像睍地伐，一天到晚只知道和阿雲兩個人飲酒作樂，這倒也算了，最可氣的是他竟然還親近小人，猜忌骨肉兄弟。所以我現在更加可憐阿麼（**楊廣的小名**），常常怕他被睍地伐暗害。

這樣一來，楊素完全明白了皇后的意思，於是他也就順著她的話，痛斥太子不成器。

接下來，兩人在親切友好的氣氛中，對雙方共同關心的有關廢立太子的問題進行了深入的探討，取得了廣泛的共識，口頭簽訂了倒楊勇、挺楊廣的合作協議。之後，獨孤皇后暗中在東宮布下了各種耳目，只要發現楊勇有一點點小的過失，都要告知楊堅；而楊素也讓人在朝中煽風點火，一時間，各種對楊勇不利的消息到處流竄。從此，楊堅幾乎再也聽不到一句關於楊勇的好話，對楊勇自然也越來越反感。

楊勇不傻，當然也感到了自己的危機。

怎麼辦呢？

楊勇思來想去卻毫無辦法，腦子裡依然是一團亂麻。病急亂投醫，他竟然隨便找個術士來給他指點迷津。這個術士叫他用銅鐵等五種兵器製作符像，又要他在宮裡建一個庶人村，讓他常在那裡穿粗布衣服、睡稻草鋪子，企圖以此來避災。沒想到楊勇的反常行為引起了楊堅的注意。

這一天，楊堅特意派楊素到東宮去，了解一下楊勇到底在搞什麼名堂。讓楊素去觀察楊勇的行為，楊勇當然會倒楣。

到了東宮後，楊素耍了個花招。一面派人鄭重地通知楊勇接待，一面故意在門外磨磨蹭蹭，拖延了很久才進去。楊勇帶著家人穿戴整齊，在會客廳等到肚子都餓了，好不容易才等到了姍姍來遲的楊素。性情直爽的楊勇心中極其不快，忍不住對楊素大發雷霆，說了不少氣話。楊素沒有多言，只是微微一笑——你說的一切我都記下了，呵呵。

回去後，楊素把楊勇所說的那些過頭話一字不漏地全部彙報給了楊堅，末了還添了一句：楊勇心懷怨恨，恐怕會有變故，希望陛下多多防備。楊堅隨即下令把東宮的一批得力屬官陸續調往地方任職，楊勇幾乎成了孤家寡人。

很顯然，此時楊堅的內心已經有了決定，那就是：廢掉楊勇，改立楊廣。

高熲罷相

不過，在正式動手之前，楊堅還想聽聽一個關鍵人物的表態，那就是首席宰相高熲的態度。他找了個機會，故意裝著不經意的樣子對高熲說，有神仙告訴晉王妃，說晉王必有天下，你說該怎麼辦？

高熲聽了立即跪倒在地，斬釘截鐵地表明了自己的態度：長幼有序，豈可廢乎？

高熲說的是自古以來繼承制度的原則問題，幾乎無可辯駁，楊堅一時也無言以對，只好默然而止。高熲的不配合讓獨孤皇后非常不滿。不久發生的一件事更加深了她對高熲的憤恨。

這事和一起桃色事件有關。前面說過，楊堅對獨孤皇后可謂是感情專一，但楊堅也有犯花心的時候。這年夏天，他在仁壽宮避暑，無意中看見了一個漂亮的宮女。這個宮女並非尋常女子，她是尉遲迥的孫女，因祖父當年反對楊堅執政兵敗被殺，她還在襁褓中就被籍沒入宮，轉眼近二十年過去了，也許是得自尉遲家的遺傳，如今的她出落成了一個面如美玉、腰如楊柳、膚如凝脂的絕代佳人。

時值酷暑，豆蔻年華的尉遲氏衣衫單薄，曲線畢露，渾身洋溢著青春的活力和性感的魅力。也許是她實在太美了，一見到她，一向理性、年近花甲的楊堅竟恍然如夢，怦然心動。這感覺就彷彿枯萎已久的老樹突然被春風喚醒……他再也控制不住，猛然地撲了上去，緊緊地抱住了尉遲氏，急

急地褪去了她的衣服……

這一幕很快就被耳目眾多的獨孤皇后知道了。她頓時妒火中燒，便趁楊堅上朝的時候，帶人找到了尉遲氏，將其殘忍殺害。

楊堅退朝後，立即興沖沖地去找小美女尉遲氏共度良宵。然而，得到的消息卻讓他大為震驚。絕代佳人尉遲氏已經慘死在皇后的手裡了。楊堅難受得幾乎透不過氣來，一氣之下，他單騎出宮，沿著小路直往山中疾馳而去。

皇帝居然離家出走了，這還了得！高熲、楊素兩個宰相慌忙策馬追趕，一直追了二十多里，才追上了楊堅，攔住了他：陛下，你不回去，天下怎麼辦？

沉默了半天後，楊堅無奈地長歎了一聲：我貴為天子，竟然不得自由。你們看看，皇后把我管成什麼樣子了！

高熲順著他的話，勸他說，陛下您怎能因一婦人而輕天下。就這樣，他和楊素整整勸了半天，楊堅才答應和他們一起回宮。此時獨孤皇后早已在宮中等候，見楊堅回來，連忙拜謝請罪。高熲、楊素等人又費盡口舌，做了半天和事佬，楊堅夫婦才重歸於好。

之後，楊堅夫婦的感情依然一如既往的好。但對高熲來說，這事的影響可就大了。因為他勸楊堅時說的那句話很快就被人傳到了獨孤皇后的耳朵裡。

雖然史書上沒有留下任何證據，但我用腳指頭想都知道，傳話的人一定是楊素。

獨孤皇后心裡那個氣呀：好你個高熲，居然敢如此看不起我，說我是「一婦人」。我一定要讓你嘗嘗「一婦人」的厲害。

偏巧這時高熲的妾生了一個兒子，獨孤皇后立即找到楊堅告狀。她之所以這麼做是有原因的。就在不久前，高熲的夫人去世了，那時獨孤皇后對高熲還是挺關心的，便對楊堅說，高僕射已經年老，夫人又沒了，身邊沒有個照應的人，陛下您何不為他再物色一個繼室。楊堅把獨孤皇后的意思轉告高熲，高熲卻婉言謝絕了：臣今已老，退朝之後，只要吃齋念佛讀讀經書就可以了。感謝陛下和皇后對臣的關心，不過要讓臣再娶一個妻子，實在是非臣所願。

其實高熲家裡是有侍妾的，他這麼說也許有他自己的想法。如果再娶正妻，就會在家中引起嫡庶之分，很容易引起家庭矛盾，不如將就著就和侍妾就這麼過下去。

當時獨孤皇后聽了高熲的回答挺滿意——高熲不忘亡妻，真是個專情的好男人。

現在的情況就大不一樣了。獨孤皇后對高熲已是恨之入骨，必欲除之而後快，這次聽說高熲的妾生子，她就像狗看到了肉骨頭一樣眼睛發亮，連忙對楊堅說，當初您想為高熲再娶，他不願意，還說年紀大了要清心寡欲什麼的，但實際上卻是因為他有愛妾，這不是欺騙您嗎？這樣心口不一的人，陛下您怎麼能信任呢。

本來這是件小事，她卻硬要上綱上線，把它上升到人品問題、忠誠問題。在皇后的挑唆下，楊堅對高熲也有了看法，一件小事可以看出人品的好壞。既然高熲在這樣無關緊要的小事上私事上會騙我，在至關重要的大事上國事上他也有可能會騙我。從此他對高熲的信任度便大打折扣。

初戰告捷，獨孤皇后信心倍增。沒過多久，她又找到了高熲的一個小辮子。這一年正好發生了高句麗侵犯隋朝邊境的事件，楊堅決定討伐高句麗，高熲以為不可，竭力勸諫，但楊堅不聽，遂任命漢王楊諒（**楊堅的幼子**）為行軍元帥、高熲為元帥長史，實際主持軍務，結果由於遇到天災和疾

疫，無功而返。

就在這次出征的過程中，楊諒和高熲也產生了矛盾。

楊諒是個的毛頭小夥子，之前從沒上過戰場，卻自以為無所不能。他每天都有一些不切實際的餿主意，務實的高熲當然不可能聽他的，故而楊諒的這些意見大多被他否決。自視甚高的楊諒，覺得自己空負一身技藝卻無處施展，因此他對高熲非常不滿，回去後便立馬到母后那裡去告狀。

獨孤皇后隨即帶著楊諒找到了楊堅，說，這次高熲本來就不願意去，是你硬要他去的。所以我早就料定這仗肯定打不贏。言下之意是只有順著高熲，高熲才肯認真辦事，否則他就故意把事搞砸。而楊諒也在一旁幫腔，哭訴高熲驕橫狂妄，完全不把自己這個王子看在眼裡，最後還誇張地說，兒差點為高熲所殺。

最信任的妻子和兒子全都異口同聲地說高熲的壞話，楊堅當然不能不信。如果說之前在他的眼中，高熲是他的心腹重臣，那麼現在高熲就成了他眼中的心腹大患；如果說之前在他的眼中，高熲是他的親密戰友，那麼現在高熲就成了他眼中的頭號毒瘤。他下定決心，務必要盡早割掉這顆毒瘤。

對宮裡發生的這些變化，高熲並不十分清楚，他只清楚一件事，那就是：在其位，謀其政。為君主盡忠心，為天下謀太平。

西元五九九年六月，楊堅下令抽調東宮的衛士到皇宮值班，高熲急忙勸諫：陛下，這樣不可。如果把這些強壯的衛士調走的話，東宮的宿衛就得不到保證了。

楊堅卻不冷不熱地說，我熟悉前代各種制度的得失，不需要你來指導我。

高熲開始有了不詳的預感。果然，僅僅兩個月後，所謂的王世積謀反案發生了，高熲受到了

「牽連」，儘管很多大臣都為他說情，但楊堅依然不為所動，堅持免去他上柱國、尚書左僕射等一切行政職務，僅保留齊國公的爵位回家。

但楊堅覺得這還不夠，畢竟高熲的爵位還在，更重要的是，他的名望還在，他的影響力還在，有人可能會認為他還會東山再起。不行，必須徹底把他批倒批臭。

幾天後，楊堅舉辦宴會，大宴群臣，特意傳旨讓高熲前來侍宴。觸景生情，高熲感慨萬千。往日的歲月還歷歷在目，如今的境遇已天壤之別。想到這裡，高熲忍不住唏噓落淚，左右都受到了他的感染，一時間，氣氛頗有些傷感。楊堅卻不為所動，他一面和高熲碰杯，一面毫不客氣地說，朕不負公，公自負也——我沒辜負你，是你自作自受。

接著他又對周圍的臣子說，我待高熲，勝過自己的兒子，即使見不到他，他也像常在我眼前一樣。可是自從他被免職後，我就徹底把他忘了，好像這世界上從來就沒有高熲這個人。所以說做臣子的千萬不能像他那樣居功自傲，要脅君主，你們一定要引以為戒。

那意思是擺明了高熲已經被徹底拋棄，他已經永遠不可能翻身了。

在君主專制的時代，也許會缺水、缺糧、缺才華、缺心眼，但絕對不缺那種揣摩上意、落井下石的小人。很快就有高熲的家臣向楊堅告發，稱高熲之子高表仁曾安慰父親說，當初司馬懿就是因為託病不朝而有的天下，如今父親你也遇到了這樣的事，焉知非福。

眾所周知，司馬懿父子發動政變，最終篡了曹魏的政權。以司馬懿自居，這不是亂臣賊子是什麼？

楊堅立即下令對高熲採取強制措施，對他進行立案偵查，要求一查到底，絕不姑息。這一審

查，果然又有了新的罪證。司法部門奏稱，高熲和某些和尚、尼姑來往密切，曾經有個和尚對高熲說，明年國有大喪。還有個尼姑話說得更直白：開皇十七十八年，皇帝有大厄，十九年不可過。一天到晚求神拜佛，企盼皇帝早死，這還了得。

楊堅勃然大怒，對群臣說，帝王豈可妄求！孔子是聖人，尚且不能得天下！他高熲在兒子面前居然自比為司馬懿，是何居心？

如何處理高熲？

司法部門認為高熲罪大惡極，不殺不足以平民憤，初擬判其死刑。不過，經過反覆權衡後，楊堅否決了這一提議。去年殺虞慶則，今年又斬王世積，如果再誅高熲，天下人會怎麼看我呢？

最終高熲被除名為民。

按照史書的記載，高熲早年剛當宰相時，其母曾經對他說過這麼一句話：官場有風險，做事要謹慎。如今你已是富貴至極，但同時也是危險至極，不要忘了你時時都有掉腦袋的風險，慎之！此後高熲始終牢記母親的教誨，一直以來都謹慎小心，如履薄冰。尤其是近幾年來，楊堅總是拍腦袋決策，朝令夕改，任意妄為，讓他非常為難。他只能勉力為之，有時還難免要說一些違心的話，做一些違心的事，過得非常累，身體累，心更累。這下可以保全性命回家，對他來說，未嘗不是一種解脫。因而他遭此劫難，不但沒有怨言，反而是如釋重負，按照《隋書》的說法是：歡然無恨色。

高熲的倒台也牽連了一批大臣。國子祭酒（國家最高學府校長）元善對高熲的才幹推崇備至，曾經說，楊素粗疏，蘇威怯懦，元旻（時任左衛大將軍）、元胄（時任右衛大將軍）似鴨耳，可以付社稷者，唯獨高熲。就因為這麼一句話，元善就被楊堅罵得狗血噴頭，很快就憂懼而死。

東宮易主

高熲被罷免，受影響最大的毫無疑問是太子楊勇。失去了最關鍵的保護神，如今的他毫無辦法，無論怎麼掙扎，命運都已注定，東宮易主顯然已成定局，只是時間早晚而已。這一切當然逃不過那些察言觀色、看風使舵的術士們的眼睛。術士蕭吉向楊堅進言說，太子當不安位。太史令袁充則說得更為直接：臣觀天象，皇太子當廢。

與此同時，楊廣也沒有閒著。一方面，他派人用重金收買了楊勇的近臣姬威，讓他把楊勇的一舉一動都秘密報告給楊素，以便搜集楊勇的罪狀；另一方面，他也做好了最壞的打算。洪州（今江西南昌）總管郭衍是楊廣當年出鎮揚州時的心腹下屬，楊廣派人找到他時，他的態度非常堅決：如果事成，自可為皇太子；如萬一不成，我們也可以割據江東，稱霸一方，跟南朝的梁、陳一樣，他又能拿我們怎麼樣。楊廣聞言大喜，便把郭衍召到揚州一起密謀。為防止別人懷疑，楊廣向楊堅奏稱郭衍的妻子得了癭病（**脖子上的腫塊**），晉王妃蕭氏會治這種病，請求批准郭衍帶妻子來揚州治病。

這個理由合情合理合法，楊堅自然照准。

回到洪州後，郭衍又假稱境內有俚人造反，請求出兵平叛。得到楊堅的同意後，郭衍便明目張

膽地大修甲仗，大練兵馬，隨時準備武裝奪權。

西元六〇〇年九月，楊廣覺得時機已經成熟，便讓人找到了一直潛伏在東宮的內線姬威，讓他向皇帝上書，告發楊勇心懷叵測，圖謀不軌。此時楊堅正在仁壽宮避暑，接到姬威的報告後，他一刻也沒耽擱，帶著一肚子關於楊勇的讒言，火速回到了京城長安。

在第二天的朝會上，他突然對大臣們說，我剛回到京師，照理應該開心才對，可是我怎麼感到無比苦悶呢？

大臣們都感到莫名其妙——皇帝這是什麼意思？

大家都不敢作聲。

最後還是吏部尚書牛弘打破了沉默：是臣等不稱職，所以讓陛下您擔心了。

這與他希望聽到的答案差距實在是太大了。楊堅很失望。於是他沉下臉來，把朝臣中的東宮屬官叫了出來，對他們大加斥責：仁壽宮離這裡不遠，可是我每次回京就心裡發毛，如臨大敵，連睡覺都不敢脫衣。昨晚我鬧肚子，本該住在離廁所較近的後殿，可是我擔心會出現意外，只好連夜轉移到前殿。這豈不是怕你們這些人搗鬼？

隨後他下令把太子左庶子（太子侍從官）唐令則等一批東宮屬官全部抓起來審問，同時命楊素向大臣們當場宣布楊勇的罪狀。估計楊素對楊堅的這次突然襲擊也有些準備不足，費了很大的勁才勉強說出了兩點。

一是太子曾經公然違抗皇帝的敕令。楊素說，幾年前他奉旨查辦上柱國劉昶之子劉居士的謀反案，因為懷疑有劉居士的餘黨躲藏在東宮，便專程上門核查，可是太子不但不肯配合，反而對他大聲咆哮。我是太子，家裡有什麼人，關你屁事！你是右僕射，你要查劉居士的黨羽，你自己去查好了，關我屁事！

二是太子對皇帝有怨氣。楊素說，太子曾經對他講過：當初北周末年父親謀取天下的時候，我是立了很大的功，出了很大的力，擔了很大風險的。如果事情不成的話，我這個長子肯定是在劫難逃的，肯定是要獻出自己的生命的。可是父親當上皇帝之後，卻把這些全都忘了，對我的態度遠不如幾個弟弟。我凡事都不能作主，實在是太不自由了。

吭哧吭哧地說了老半天，其實只不過是楊勇說的兩句牢騷話而已。也許楊堅也覺得楊素這回的表現實在是沒有什麼說服力，只好親自上陣。他說，我很早就覺得這個兒子不是做皇帝的料，皇后也老勸我廢掉他。只因為他是我平民時所生，又是長子，所以才隱忍至今。隨後他開始掰著手指頭，列舉楊勇的罪證。

先是說楊勇曾指著皇后的侍女說，這都是我的。——這也太迫不及待了吧！

接著又說他懷疑太子妃元氏是被楊勇毒死的，忍不住指責了楊勇幾句，楊勇居然說，是不是元孝矩（元氏的父親）向你告的狀？我一定要殺了這傢伙。——這也太無禮了吧！

他說的第三點更是貽笑大方。楊堅說，楊勇的長子剛出生的時候，因為是長孫，我和皇后想要抱養這孩子，但楊勇卻堅決不同意，不停地派人前來索要。後來我想通了，這孩子是楊勇和雲氏在外面私通而生的，究竟是不是楊勇的骨肉，我還有所懷疑呢！以前晉武帝的太子司馬衷娶屠夫之女謝氏，生的兒子司馬遹就喜歡幹屠宰之事。雲氏這種出身，和我們皇室根本不是一類人。這樣的人所生的孩子必然會亂了我的宗族。

最後他清楚地表明了自己的態度：我雖然沒有堯舜那麼高的德行，也絕不能把天下百姓交給楊勇這樣的不肖子。我常怕他加害，如防大敵，今天我就要廢掉他，以安天下。

如果說楊素說的那些理由可以稱之為牽強的話，楊堅說的根本就是為挑刺而挑刺，為找理由而找理由。他說來說去，說的都不過是些無關痛癢的家庭瑣事，至於他說孫子是野種什麼的，則更是口不擇言，大失人君的風度。

誰都聽得出來，這些所謂的太子罪證根本就站不住腳，因此朝臣們全都一動不動，一聲不吭。朝堂上一片寂靜。死一般的寂靜。

最後，還是左衛大將軍元旻站了出來，犯顏進諫：廢立是大事，詔旨頒布施行後，後悔就來不及了。望陛下明察。

這樣的局面大出楊堅的意料。原本他聽了楊素和獨孤皇后的話，以為朝臣們對楊勇的胡作非為早就怨聲載道，他只要提出廢太子，就馬上能一呼百應。沒想到竟然完全不是這樣。然而，開弓沒有回頭箭，如今他和楊勇的矛盾已經徹底公開化了，無論如何他都不可能再回頭。於是楊堅根本沒有搭理元旻，接著又召東宮屬官姬威上來，命他揭發楊勇的罪行。

姬威所講的依然無非是太子楊勇說過的一些話，說楊勇揚言以後即了位要大開殺戒，大殺朝臣；又說楊勇曾給父親算命，盼著皇帝早死……

聽到這裡，楊堅趕緊打斷了姬威的發言，厲聲說道：誰非父母生，乃至於此！我最近在看北齊的史料，看到高歡縱容他的兒子，以致亡國。我絕不能讓這樣的歷史重演。

最後，楊堅一聲令下將楊勇及其諸子全都禁錮起來，同時又逮捕了一批他的黨羽。隨後他又命宰相楊素擔任專案組組長，負責調查太子的罪行。不過，通過朝臣們這一天的表現，楊堅也知道，如今朝中還有不少人對楊勇抱持著同情甚至支持的態度，對這些人，他覺得必須殺一儆百，以儆效尤。

殺誰呢？

槍打出頭鳥，當然是那個仗義執言的元旻。他身為執掌禁軍拱衛皇帝的左衛大將軍，以如此敏感的身分，在如此敏感的時間，說如此敏感的話，不殺他還殺誰！如果元旻倒向楊勇，萬一鋌而走險發動兵變的話，後果將不堪設想。數天後，在楊素的授意下，有人向楊堅舉報說元旻和楊勇有非正常的密切交往，經常給楊勇通風報信。

楊堅裝出一副恍然大悟的樣子：怪不得呢，我在仁壽宮，無論什麼小事東宮都知道。

他馬上下令將此時正率禁衛兵在外執勤的元旻拿下，不久就將其誅殺。從此，朝中幾乎沒人敢為楊勇說話了。

當然，要想讓朝廷上下都心服口服，顯然還必須要找到令人信服的證據。楊素堅信，證據只要努力去找總歸是有的。他派人對東宮進行了多次地毯式的搜查，終於有了收穫。他發現在東宮的庫房中有火燧（古時用於引火的樹枝）數千枚，艾絨（艾葉製成，易燃，古時用於點火）數斛。

這是怎麼回事呢？

原來，幾天前楊勇曾經去仁壽宮拜見父皇，在回來的路上，他看見了一棵枯死的大槐樹，這樹的樹幹竟然要五六個人才能合抱。楊勇一直居於深宮，從來都沒見到這麼大的樹，對此非常好奇，便問隨從：這枯樹有什麼用？

隨從中有人回答：這種樹做火燧是好材料。

楊勇便讓人砍掉了這棵枯樹，將其製成了數千枚火燧，準備分發給屬下作為福利，此時正好還沒發下去。

看見火燧後，楊素問姬威：太子要這麼多火燧幹什麼？

作為東宮的叛徒，姬威比任何人都更希望太子倒楣，更希望太子永遠不得翻身，因為如果太子緩過氣來，第一個倒楣的肯定是他。於是他污蔑楊勇說，其實太子藏這些東西是別有用心的，他還養了一千多匹馬。從這裡到仁壽宮，快馬只要一晚上就可以到達了，他打算在夜裡用這些火燧點上火把照明，星夜兼程，包圍仁壽宮，把皇帝困死在那裡。

楊素如獲至寶，立刻找到了楊勇：人證物證俱在，你還有什麼話說？

楊勇哪裡肯服：哼！我貴為太子，有一千匹馬你就說我要造反，那你家裡養了上萬匹馬又怎麼說？

然而，現在他說什麼都沒有用了，即使他講的再有理，也根本沒人理。西元六〇〇年十月九日，楊堅派使者帶人找到了楊勇，要他馬上前往武德殿，聽候發落。

楊勇頓時大驚失色：這，這，這……該不是要殺我吧？

武德殿和東宮相鄰，很快就到了。只見殿外是全副武裝的士兵，殿內百官和皇室宗族分列兩邊，楊堅一身戎裝，一臉怒氣地在殿中央就座。肅殺的氣氛，讓楊勇的心情更是無比緊張。他冷汗直流，兩腿直抖，就像犯下重罪被帶到法庭的嫌犯，忐忑不安地等待著最後的判決。

楊堅讓內史侍郎薛道衡宣讀廢太子詔書。在這封詔書中，楊堅譴責楊勇：「性識庸暗，仁孝無聞，昵近小人，委任奸佞，前後愆釁，難以具紀……」最後宣布的決定是：楊勇及其子女，全都廢為庶人。

到了這個地步，楊勇哪裡還有什麼可說的，只好淚流滿面地拜謝皇帝不殺之恩。

十一月三日，晉王楊廣被正式冊立為太子，熟知父親秉性的他提出了兩個要求：一是降低太子的服裝檔次，二是東宮屬官不向太子稱臣。

楊堅對此非常滿意。

長達近十年的太子之爭就此塵埃落定。

這一事件在後世引起了很大的爭議。很多人認為，楊堅廢長立幼是犯了大錯，也是導致隋朝短命的重要原因——因為新立的太子楊廣就是後來大名鼎鼎的亡國之君隋煬帝。這種說法從現在來看當然是有道理的，所謂實踐是檢驗道理的唯一標準——敗家聖手楊廣繼位後，短短十幾年的時間就把父親辛辛苦苦締造的強大的隋朝徹底敗光了，如果換成是楊勇的話，至少不會比他更差。

然而，歷史是不能假設的。在當時的楊堅看來，長子楊勇貪圖享樂、任意妄為，而次子楊廣則是謙虛謹慎、節儉自制，兩相對比，選擇楊廣也並非不合理。

太子的廢立對隋朝的朝政影響很大。很多朝臣都或主動或被動地捲入了這個政治漩渦，本該同心協力的兩個宰相高熲和楊素，因為一個支持太子、一個支持楊廣而成了針鋒相對的對手，其他大臣也不得不選邊站隊，讓朝臣們從此變得離心離德，人心渙散。

更重要的是，廢長立幼其實是有違當時的政治原則和政治傳統的，因而支持楊廣的大多是不講原則只講利益的投機份子或野心家。這些人的得勢對朝政的傷害無疑是非常明顯的。如果一個國家，大家都不堅持正義只注重利益，不敬畏規則只屈從淫威，那麼，這個國家的命運自然可想而知。

唐太宗李世民就持這樣的觀點，《貞觀政要》中記錄了他說的這麼一段話：隋太子勇撫軍監國凡二十年，早有定分。楊素欺主罔上，賊害良民，使父子之道一朝滅於天性。逆亂之源，自此開矣。

實際上，在當時也有人有相似的看法。太子洗馬（太子的侍從官）李綱就是其中一個。在楊勇被廢後，楊堅對東宮的官員大加指責。官員們大多誠惶誠恐，戰戰兢兢，頭不敢抬，話更不敢說。李綱卻站了出來：太子本是中人之資，如果有賢明之士輔佐他，足以繼承大業。奈何他身邊的多是唐令則等聲色犬馬之徒，此乃陛下訓導之不足，豈太子罪耶！

楊堅沉默了很久才說：李綱啊，你說的也不是沒有道理。不過，你只知其一，不知其二，我讓你做東宮屬臣，可楊勇卻根本不信任你，就是再正直的人又有什麼用呢？

李綱答道，臣之所以不被信任，是因為奸人在太子身邊，倘若陛下將唐令則等佞臣斬首，另選賢才輔之，臣自然就不會被疏遠了。

楊堅面露不悅，左右都為李綱捏了一把汗。然而，事後李綱卻不但沒被問罪，反而被擢升為尚書右丞。

被廢後，楊勇依然被安置在東宮，只不過和以前相比，他從東宮的主人變成了犯人。楊勇這樣一個曾經盡情享受過權力和富貴滋味的人如今失去了自由，可想而知，他會比一般的平民失去自由更失落更痛苦。

他實在難以忍受這樣的生活，越想越覺得自己冤，越想越覺得是無辜被廢，便頻頻上書求見父皇，但每次都毫無例外地被楊廣壓下，石沉大海。萬般無奈，他只好不顧一切地爬到樹上，對著皇宮的方向聲嘶力竭地大聲呼叫，希望裡面的父親能夠聽到。

楊堅的聽力還算不錯，他真的聽到了楊勇的聲音，可是畢竟離得實在太遠，聽不清楊勇在說什麼。事有湊巧，此時楊素正在楊堅旁邊，他便問楊素：楊勇這是在幹什麼呢？

楊素立刻就做出了反應：楊勇最近瘋了，神志不清，鬼魅附體，沒事就喜歡爬到樹上亂喊亂叫，他已經不可救藥了。

楊堅信以為真。

此後楊廣對楊勇看管得更嚴，終其一生，他再也沒有機會爬到樹上，當然也再沒有機會見到自己的父親。

相煎何太急

楊勇的遭遇，對於隋朝皇家來說自然是一齣家庭悲劇，但這並不是唯一的悲劇。楊勇的三弟秦王楊俊比他更早就遭到了這樣的厄運。

按照《隋書》的說法，楊俊從小就「仁恕慈愛」，是個性情溫和的人，也許是受父母的影響，他對佛道特別虔誠，甚至還多次向父母表示自己想要出家當和尚。楊堅當然不允許，正所謂上陣父子兵，兒子是要派大用場的。

他認為當初自己之所以能夠如此輕易地奪取北周政權，很大程度上是因為北周宗室的力量實在太弱小了，為吸取這個教訓，他對自己的兒子全都寄予厚望，給予重權，要他們出鎮各地，以拱衛

朝廷。隋朝建立的第二年，年僅十二歲的楊俊就被任命為河南道（治所今河南洛陽）行台尚書令、洛州刺史，負責鎮守關東要地洛陽，接著又轉任山南道（治所今湖北襄陽）行台尚書令，平陳的時候他出任山南道行軍元帥，長江中上游的十餘萬隋軍都受其指揮，戰後不久他調到了并州（治所今山西太原），之後一直擔任并州總管。

隨著國家的日益富強和權力的日益增大，并州任上的楊俊也日益變得注重享受，奢靡無比，揮霍無度。花得多了，手頭自然有點緊，為了弄錢，他不惜違反制度，挪用公款對外放高利貸，後來被人告發，楊堅狠狠地責備了他，還抓了一百多個人。

但楊俊對此卻並不在意，依然我行我素。他喜歡大修宮室，而且這些宮殿大多是他親自設計和參與建造的。其中最豪華的是一座建在湖中的水殿，在水殿的格局和工藝上，他都力求創新。他別出心裁地用香料當塗料，把牆壁塗得香噴噴的；用玉石當大理石，把台階鋪得亮閃閃的；又用珠寶和銅鏡當背景，把樑柱之間裝飾得金燦燦的，真可謂窮極奢華。

楊俊喜好女色，經常在水殿召集大批美女，大開各種派對。水殿中幾乎夜夜笙歌，楊俊彷彿生活在天上人間。秦王妃崔氏看不下去了。崔氏是上柱國崔弘度的妹妹，和她哥哥一樣，崔氏也是個火爆脾氣，眼見楊俊成天與一群美女鬼混在一起，她忍不住醋意大發，芳心大怒。

崔氏很生氣，後果很嚴重，她竟然偷偷在楊俊吃的瓜中下毒。楊俊還算命大，沒死，卻從此一病不起。皇子得了重病，自然要回京城找太醫診治。經過會診，太醫迅速找到了病因，原來秦王是中了毒。

這還了得！

楊堅馬上派人追查，很快就真相大白。崔氏謀殺親夫，自然是罪無可赦，楊堅當即下詔廢除其王妃的名分，並將她賜死於家。崔氏的這次行動也讓楊俊的奢侈放縱徹底暴露在了楊堅面前。楊堅盛怒之下，他下令免去楊俊一切官職，以王爺的身分回家，閉門思過。

宰相楊素覺得楊堅這樣處理有些過了，楊俊畢竟沒犯什麼大錯，況且他被妻子下毒差點丟了命，也挺可憐的，如果沒等他病好就治他的罪，實在是太不近人情了。因此楊素勸諫說，秦王確實有錯，但罪不至此。望陛下再好好斟酌。

楊堅卻絲毫不為所動，斬釘截鐵地說，我不僅是五個兒子的父親，更是天下百姓的君父。如果因為楊俊是我的兒子就從輕發落的話，那麼你們當初制定《開皇律》的時候何不專門制定一份有關天子之兒的法律？以周公之賢，尚且誅殺了自己的弟弟管叔、蔡叔，我怎麼能不這麼做呢？

楊俊性格柔弱，對於父親的處罰當然不敢違逆，只是由於自己尚在病中，無法起床，便遣使向父親請罪，表示悔過認錯，乞求原諒。結果卻碰了一鼻子灰。楊堅讓使者給楊俊傳過去了這樣一句話：我費盡辛苦，好不容易才創下這份基業，還指望能千秋萬代地永遠傳下去。沒想到你作為我的兒子，卻如此敗家，我真不知該怎樣收拾你。

楊俊本來就病得不輕，現在又被嚇壞了，擔心極了，從此他一直惶恐不安、茶飯不思、噩夢不斷，病情自然也就日漸沉重。在床上整整躺了兩年多後，西元六〇〇年六月，楊俊終告不治，撒手人寰，死時年僅三十歲。

那段時間，楊堅正準備要廢太子，事情很多，腦子很亂，心情很煩，對早已失寵的楊俊的死似乎根本就沒放在心上，只是攙獨孤皇后前去探視了一下，稍微哭了幾聲而已。他甚至連秦王府屬官請求為楊俊立碑這樣一個小小的要求都拒絕了。

他說：想追求好名聲，一卷史書就夠了，立什麼碑呢？

看到皇帝對楊俊這麼絕情，自然就有人來往傷口上撒鹽，往亡者身上補刀。有官員上表說，母以子貴，子也應以母貴。秦王雖然有兒子，然而其母（崔氏）卻有罪被廢，作為罪人的兒子，不應襲爵。楊堅深以為然。於是楊俊的兩個兒子不僅被剝奪了繼承秦王爵位的權利，而且連楊俊的葬禮也不允許他們主持，主喪的竟然是秦王府的下屬。可憐這個生前風流倜儻的皇子，身後事卻如無家可歸的野狗一般淒涼。

楊俊死後不久，太子楊勇就被廢了，之後僅僅一年多，蜀王楊秀也步了他們的後塵。楊秀是楊堅的第四子，隋朝建立後他被封為蜀王，之後先後擔任益州（治所今四川成都）總管、西南道行台尚書令等職，一直鎮守蜀地。他不僅長得身材魁偉，相貌堂堂，而且膽氣過人，愛好武藝，頗有其祖父楊忠的風采。然而楊堅卻認為楊秀性情剛猛、桀驁不馴，並不喜歡他。他很早就對獨孤皇后說過：楊秀將來一定難以善終，我活著的時候應該沒什麼問題。但將來他兄弟掌握了天下，他必然會造反。

楊秀在益州剛開始幹得還不錯，但後來就逐漸變得越來越驕橫，越來越奢侈，甚至其車馬被服都是按照皇帝的標準來製作的。楊廣成為太子後，楊秀很不服氣，在他看來，大哥楊勇當太子倒也罷了，畢竟他是嫡長子，按照禮法這個位子就是他的，但楊廣，他憑什麼？

而對這個有野心有膽量有實力有號召力的弟弟，楊廣也非常忌憚。他知道以楊秀的個性，一定不會屈從於自己，對他是個巨大的威脅。經過再三考慮，他決心先下手為強，提前解除這個威脅。

可是，怎麼才能扳倒楊秀呢？

楊廣有辦法。

要論武功，楊廣也許不如楊秀，論陰謀，楊廣就比楊秀強太多了。在楊廣的授意下，楊素羅織了一大堆楊秀的黑材料，向楊堅實名舉報。楊堅對楊秀本就不太放心，看了楊素的報告後更是勃然大怒，立即下詔徵召楊秀回長安。也許是預感到了什麼，楊秀有些猶豫，想稱病不去，不過後來在下屬的勸說下，他還是踏上了回京的不歸路。

到了京城，首先自然要覲見父皇。楊堅雖然見了他，卻一直都板著臉，一言不發。相顧無言，唯有楊秀的心在狂跳。他不明白父親為什麼會這樣對他。

第二天在朝堂上，楊堅終於打破了沉默，他派使者對楊秀嚴加斥責。楊秀知道大事不妙，趕緊不停地磕頭請罪。一旁的楊廣也貓哭耗子一般流著眼淚，請求父親赦免四弟。楊堅的態度卻非常堅決：當初秦王楊俊浪費錢財，我用家法來訓斥他；如今你楊秀殘害百姓，我要用國法來制裁你。

大臣慶整實在看不過去，勸諫說，陛下，如今您的長子被廢了，秦王去世了，您的兒子已經不多了，希望您手下留情。何況蜀王性情剛直，遭此重責，恐怕會受不了……

他這麼一說，楊堅反而更加惱火——你這是什麼意思？難道我是那種徇私枉法的人嗎？他揚言要割掉慶整的舌頭。這下，群臣再也沒人敢說話了。

隨後楊堅當眾撂下了一句狠話：我一定要斬楊秀於鬧市，以謝百姓。

接著他立即下令將楊秀抓起來治罪，由宰相楊素擔任專案組組長。這當然正中楊廣的下懷。他知道楊堅向來迷信，最痛恨的就是厭勝（古代巫術，用以詛咒別人），用這個來給楊秀栽贓，實在是再合適不過了。他讓人製作了兩個小木偶，又用繩子把木偶的手腳捆上，用釘子把木偶的胸部釘

穿，在木偶上分別寫下楊堅和漢王楊諒（楊堅幼子）的名字，同時還做了一塊木牌，上寫：請西岳慈父聖母收楊堅、楊諒神魂，勿令散蕩——請西岳華山的山神收去楊堅和楊諒的魂魄，不要讓他們逃出來。

然後楊廣派人把木偶和木牌都偷偷埋在了華山下。

要打倒楊秀，其實這一條罪狀已經足夠了。但楊廣要的是萬無一失。他讓人臨摹楊秀的筆跡，仿照楊秀的語氣，寫了一篇檄文，說皇帝被亂臣賊子所蒙蔽，自己要統帥雄兵，指期問罪……皇帝還在，你就要去清君側，這不是造反是什麼？

楊廣命人將這篇檄文夾在了楊秀府邸裡書房的文集中。毫無懸念的，檄文和木偶都被楊素發現了，很快就被送到了楊堅的面前。可能是楊廣和楊素偽造的證據實在太過逼真，可能是楊堅本來就想幫未來的太子掃除楊秀這個刺頭，也可能是兩者兼而有之，總之楊堅看到這些後馬上大發雷霆：天下竟然有這種人！

隨後他立即宣布，將楊秀廢為庶人，並拘禁於內侍省，不讓他與妻子兒女見面。可憐的楊秀還被蒙在鼓裡，根本就不知道自己到底犯了什麼大罪，只知道上表謝罪說：九歲榮貴，唯知富樂，未嘗憂懼。輕恣愚心，陷茲刑網……——我九歲開始就盡享榮華富貴，不知道擔憂害怕。是輕狂愚昧，讓我受到了國法制裁……

這與楊素控告他的罪名實在是差距太大了。在楊堅看來，楊秀完全是避重就輕、不知悔改，於是他再次下詔，對楊秀痛加指責，說他逆天理，滅人倫，簡直是人神共憤，十惡不赦！

從此，楊秀再也沒有獲得自由，直到十六年後被宇文化及所殺。

第十二章

巨星隕落，迷霧重重

猛將之死

很顯然，楊秀之所以被廢，很大程度上是遭到了楊廣和楊素的陷害。倒在楊素這一手段下的，還有隋初四大名將之一的史萬歲。

前面說過，西元六〇〇年四月，隋軍曾由楊素和史萬歲分任主帥，兵分兩路，大舉反擊突厥。此役史萬歲大放異彩，他率軍在大斤山（今內蒙古大青山）大破突厥軍，並深入大漠數百里，將突厥達頭可汗驅逐到了漠北。楊素不願史萬歲的功勞蓋過自己，便搶在史萬歲之前對楊堅彙報說，突厥人本來已經被我打敗投降了，在塞外放牧。史萬歲只不過是撿了個便宜，冒領戰功而已。此時的楊堅對楊素言聽計從，當然不會不信。

史萬歲不服，便屢次上表，自陳戰功。然而，那段時間楊堅正準備廢太子，忙得焦頭爛額，對這種事情根本就顧不上，史萬歲的上表自然是石沉大海。就這樣，史萬歲的部下沒有得到任何封賞，將士們全都群情激憤。

史萬歲向來愛兵如子，便拍著胸脯對他們說，大家放心，我會為你們在皇帝面前把事說清楚，問題一定會解決的。他立即進京，請求面見皇帝。

可是，他選的時間實在是太巧了，或者說實在是太不巧了。這一天，正好是楊堅對群臣宣布廢黜太子楊勇的時候。此時楊堅正在氣頭上，心情煩躁，聽說史萬歲求見，便很不耐煩地問，史萬歲人在哪呢？

其實當時史萬歲就在朝堂下面候著呢，但楊素卻說，史萬歲去東宮見太子去了。哪壺不開偏要提哪壺，哪個不受待見偏要見哪個。這傢伙，實在是太不識時務太不知好歹、太不可饒恕了。楊堅對史萬歲更加不滿。

當然，那天史萬歲後來還是見到了楊堅。他不明就裡，一上來就大發牢騷，痛陳將士們有大功，卻被朝廷忽視。在那個廢太子的關鍵時刻，楊堅哪裡有心思聽他講這些東西？

楊堅忍不住朝史萬歲翻了兩個白眼，臉色也越來越難看。可惜史萬歲是個大老粗，根本不懂什麼察言觀色。

見楊堅沒有答應他的請求，他急了。他不肯就這樣甘休，依然喋喋不休，言辭越來越憤慨，情緒越來越激動，說話也難免越來越衝。

楊堅終於被激怒了。他當即命令，把史萬歲拉下去痛打。可憐一代傳奇名將，竟然當場被活活打死！

事後，楊堅也有些後悔，但礙於面子又不願認錯，便乾脆將錯就錯，完全按照楊素的說辭，下詔宣布史萬歲的罪狀，稱其：……懷反覆之方，弄國家之法。懷詐要功，便是國賊，朝憲難虧，不可再捨。

然而，人民的眼睛是雪亮的，史萬歲的罪名根本就沒人相信，當時幾乎所有人都認為史萬歲是冤死的，按照《隋書》的說法就是：天下士庶聞者，識與不識，莫不冤惜。

痛失愛妻

不過，在楊堅當時的眼裡，史萬歲之死只是一點微不足道的雜音而已，他關注的主旋律依然是廢立太子。等到廢立的事終於辦完了，他也早已是心力交瘁，疲憊不堪。

好在太史令袁充的上表給了他些許安慰。袁充振振有詞地奏稱，自從隋朝興起之後，白天變得越來越長。以冬至那天為例，現在的日影比二十年前短了三寸七分，證明白晝變長了。這種情況堪稱自古少有，按照古代曆書的記載，這是大吉之兆，說明咱們大隋啟動了天運，感應了上天。楊堅向來迷信，聽了自然大喜過望，便對群臣說，影短日長，乃天佑我大隋。如今又逢太子新立，辭舊迎新，應當改元。

究竟會改什麼樣的年號呢？

西元六〇一年的正月初一，楊堅宣布大赦天下，改年號為仁壽。「仁壽」大概是楊堅晚年最鍾愛的詞語了，幾年前他就以此來命名他新建的行宮，現在他又將它作為自己的年號。這也充分反映了楊堅此時的心態。

如果說此前用了整整二十年的「開皇」顯示了他初登皇位時那種銳意進取的遠大抱負，那麼如今「仁壽」這個年號則多少顯得有些暮氣沉沉，有一種自我陶醉、功成享福的味道。

他老了。人老了，心也老了。現在老皇帝最感興趣的，是那些宗教祥瑞之類的東西。這年六月，他宣布向全國各州頒送舍利。他祈望這能給他和他的國家帶來「仁壽」的好運。

與此同時，他處理政事卻越來越隨意，越來越任性，越來越急功近利。他以學校教育見效緩慢為由，悍然下詔，宣布廢除太學及各州縣的所有學校，只保留國子學的七十個學生。這與他早年崇儒重教的行為完全是背道而馳。

他也越來越注重生活享受。自從開皇後期以來，他幾乎每年都要到豪華舒適而又風景秀麗的仁壽宮度假避暑，經常是一開春就去，至深秋才回京，一住就是大半年。

西元六〇二年三月，楊堅和獨孤皇后又再次來到了仁壽宮。然而這一次，獨孤皇后卻沒有能夠活著回到京城。就在這年的八月，她因病醫治無效，不幸去世，享年五十九歲。死後自然是備極哀榮。首席宰相楊素擔任治喪委員會主任，全權負責葬禮事宜，同時楊堅欽點著名術士蕭吉（曾經深獲楊堅信任的術士韋鼎此時已經去世了）為皇后卜擇葬地。

太子楊廣聞訊，偷偷派人找到了蕭吉，請他幫忙選一塊能保佑其早日登基的風水寶地，蕭吉自然一口答應。

十月二十八日，獨孤皇后的葬禮正式舉行，她的遺體被葬於太陵（今陝西咸陽楊陵區）。楊堅不顧蕭吉的反對，堅持親自出席了葬禮，與自己相濡以沫的愛妻道別。

皇后的去世，對楊堅的影響很大。因為，獨孤皇后不僅是他相依相守四十多年的生活伴侶，還是他風雨同舟四十多年的親密戰友，更是他無話不談四十多年唯一的知音。那個愛他懂他疼他護他的好老婆，就這樣走了。那個關心他照顧他幫助他提醒他的賢內助，就這樣永遠地離開了。

伊人已去，便縱有千種心緒，更與何人說！

楊、柳之爭

缺少了皇后的陪伴，楊堅的心裡空落落的。缺少了皇后的約束，楊堅開始沉迷於女色。其中最得寵的，是宣華夫人陳氏和容華夫人蔡氏兩人。

宣華夫人陳氏是陳宣帝之女、陳後主之妹，陳亡後，她被配入掖庭，後又被選送入宮。她不僅天生麗質、才貌無雙，而且特別溫柔體貼、善解人意，極其討人喜歡。以至於她不僅輕鬆地征服了楊堅，就連生性妒忌的獨孤皇后也被她征服了——獨孤皇后不准宮裡其他任何女人接近楊堅，卻唯獨對她網開一面，特許她侍奉楊堅。

楊廣謀求太子之位的時候，看中了她的特殊地位，給她送了不少禮物，她也為楊廣說了不少好話，為楊廣的上位出了不少力。獨孤皇后去世後，她很自然地成了後宮中的主宰。

容華夫人蔡氏也來自江南，隋朝統一後她被選入後宮，據說楊堅很早就看中了她的花容月貌，只是礙於獨孤皇后的壓力，心動卻不敢行動。皇后死後，楊堅如掙脫樊籠的鳥兒，無拘無束，自由飛揚，馬上就飛到了蔡氏的身上。很快，蔡氏就成了楊堅的寵兒，其鋒頭甚至一度蓋過了陳氏。

在陳氏、蔡氏這兩個絕色麗人的陪伴下，楊堅在花甲的年紀又有了花季的心，不由自主地沉浸在溫柔鄉中，幾乎無法自拔。對於國事，他似乎越來越不關心。

實際上，這幾年天下並不太平，尤其是南方各地。自仁壽初年起，資州（今四川資中）、嘉州（今四川樂山）、潮州（今廣東潮州）、成州（今廣東封開）、交州（今越南河內）等地都先後發生叛亂，此起彼伏，前仆後繼，楊堅先後派出多位得力將領四處出征，好不容易才勉強掃平了這些叛軍。

政壇高層內部同樣也是暗流湧動，矛盾重重。當時的宰相群體是這樣的：楊素任首席宰相尚書左僕射，右僕射則是老臣蘇威，內史令是晉王楊昭（太子楊廣的長子），納言則由楊達（楊堅的堂侄，楊雄之弟，武則天的外祖父）擔任。

這四個人中，無論是資歷、能力、魄力還是權力，楊素都是首屈一指的，是當之無愧的第一宰相。實際上，自從開皇末年高熲罷相以來，楊素就成了朝中權勢最大的人，在太子楊勇和蜀王楊秀被廢黜以後，他更是一手遮天、權傾朝野。當時包括他的弟弟楊約在內，他的家族中有多人出任尚書以上的高官，其親朋故舊遍布朝野，朝中大臣要麼依附於他，要麼敢怒不敢言。

楊堅對楊素也是極為信任，因為楊素辦的事，事事都能順他的心。遠的不說，就說這次獨孤皇后的葬禮，楊堅就非常滿意，事後他還專門下詔表彰楊素：楊素經營葬事，勤求吉地，論素此心，事極誠孝，豈與夫平戎定寇比其功業——楊素經辦喪事，不辭辛苦地尋找風水寶地，他的心可謂至誠至孝，這樣的功勞哪裡是平定賊寇所能比的。

然而，月亮不可能一直圓，人當然也不可能一直得寵。此後不久，楊素就逐漸失寵了。這緣於大理寺卿梁毗上的一封密表。在上表中，他先是指責楊素作威作福、專權亂政，後面乾脆直言不諱地說，陛下若以素為阿衡（商代著名賢相伊尹的小名），臣恐其心未必伊尹也——陛下如果把楊素當成是伊尹，我恐怕他的內心未必是伊尹。

楊堅看到後不由大怒，立即將梁毗抓了起來，並親自審問。梁毗早有準備，侃侃而談：太子、蜀王被廢的時候，看到陛下家中出了這樣令人難過的事情，朝中大臣無不感到震驚和悲傷，然而楊

素卻眉飛色舞，喜形於色，顯然他是把國家的不幸、皇家的不幸，視為自己攀升的幸事。這難道是一個忠臣該有的表現嗎？

憑藉簡簡單單的一句話，梁毗準確無誤、精確無比地擊中了楊堅身上那個最脆弱的阿基里斯腱！

楊堅沉默了。

是呀，以前一直以為楊素是在為自己辦事，現在才發現他根本就是在利用自己。以前一直以為楊素是滿懷忠心，現在才發現他是包藏禍心。

良久之後，他長歎了一口氣，隨後下令釋放梁毗。

很快，他就下了一道詔令：尚書僕射乃是國家的宰輔，要抓大方向，怎麼可以被細微小事耗費精力呢？從今以後，尚書省一般的日常事務都不需要再去麻煩僕射，僕射只要每隔三五天去一次尚書省看看就行了。

很顯然，這表面上是對楊素的尊崇和關心，實際上卻是把楊素給架空了。與此同時，楊素的弟弟——時任太子左庶子的楊約也被外放為伊州（今河南汝州）刺史，離開了中樞。從此之後，楊素的權力和影響力就大不如前了。

與之相對應的，是吏部尚書柳述以火箭般的速度迅速崛起。

柳述出身於官宦世家河東柳氏，是楊堅的女婿——蘭陵公主的丈夫。蘭陵公主是楊堅五個女兒中最小的一個，也是楊堅夫婦最喜歡的一個。她不僅人長得非常漂亮，而且知書達禮，溫婉柔順。不過她的經歷卻頗為坎坷。很小的時候，她就由楊堅作主，嫁給了上柱國王誼的兒子王奉孝。可是婚後不久，老公王奉孝就因病去世，沒過幾年公公王誼又被楊堅賜死，王家從此就敗落了。蘭陵公主也不得不從王家回到了皇家，回到了父母的身旁。

自己一手造成了愛女在婚姻上的不幸，這讓楊堅感到無比愧疚，為了補償她，他下決心要為她再找一個好夫婿。最初的人選是當時的後梁國主蕭巋之子蕭瑒。蕭瑒是南梁皇族後裔，門第高貴，長得一表人才，年齡也與公主相當，加上他的姐姐又是晉王楊廣的王妃，因此楊廣就極力推薦蕭瑒。

楊堅同意了。

眼看好事將近，沒想到此時蕭瑒的父親蕭巋卻突然去世了，按照當時的禮制，蕭瑒必須要守喪三年，蘭陵公主的婚事也就不得不擱置下來了。

事情擱置久了會變化。三年後，除了蕭瑒，楊堅的手頭又多了一個準女婿的人選——建安郡公柳機的兒子柳述。蕭瑒和柳述，這兩人都是貴公子一個，都是才華一身，都是風度一流，條件相當。

到底選哪個呢？

楊堅有些拿不定主意，便徵求他當時最信任的術士韋鼎的意見。

韋鼎的回答是：蕭瑒將來會封侯，但是，看他的相貌，他恐怕命中不應該有貴妻。

命中無貴妻，這一句話等於把蕭瑒給徹底否決了。

楊堅又問，那麼，柳述呢？

韋鼎說，柳述也會顯貴，但是，恐怕他官位做不到頭。

楊堅笑了：這根本就不是問題。官位能不能做到頭，還不是我一句話。

就這樣，柳述後來居上，成了蘭陵公主的丈夫。娶了楊堅最寵愛的女兒，柳述自然也就成了楊堅最寵愛的女婿，加之他人也非常精明強幹，故而很快就飛黃騰達，先後擔任了內史侍郎、黃門侍

郎、吏部尚書等要職。在楊素靠邊站後，柳述更獲重用，他不僅身兼吏部尚書和兵部尚書兩大要職於一身，同時還參掌機密，相當於楊堅的貼身助理。

這兩年，楊堅沉迷酒色，深居簡出，所有的命令幾乎都要靠柳述來傳達，朝中所有的動向幾乎都要靠柳述來彙報，柳述也因此成了朝中的第一紅人。柳述的走紅，對楊素來說，顯然不是個好消息——因為他們兩人一直不和。

據說，他們之間的過節要追溯到柳述的父親柳機。

在北周末年的時候，柳機和其族人柳昂兩人都官位顯赫，遠在楊素之上。然而，風水輪流轉，到了隋朝，柳機、柳昂都被外放到了地方擔任刺史，地位大不如前，而楊素卻步步高升，成了手握重權的朝廷重臣。

在一次酒宴上，春風得意的楊素當著很多人的面，揚揚得意地諷刺柳機說，二柳俱摧，孤楊獨聳。——你們兩棵柳樹都倒了，只有我這棵楊樹高聳入雲。周圍的人全都哄堂大笑，柳機卻無比尷尬，坐也不是，站也不是，臉上紅一塊白一塊的。從此，柳機就恨透了楊素。可能是受父親的影響，柳述對楊素也沒有好感。

仁壽年間，柳述出任吏部尚書，是尚書左僕射楊素的下屬。按照常理，他應該接受楊素的領導，但年輕氣盛的柳述卻偏偏要和楊素對著幹。楊素說的話，他都不聽；楊素安排的事，他都不做；楊素講的段子，他都不笑……

鑒於他的意見老是和楊素不一致，作為領導，楊素當然要求他改正，但他卻直截了當地對楊素派來的使者說，你去跟僕射大人講，就說尚書我不同意。

總之，楊素強勢，他比楊素更強勢；楊素驕狂，他比楊素更驕狂。我就要讓你明白，出來混，遲早是要還的。你說什麼「二柳俱摧，孤楊獨聳」，我現在就要讓你看看，什麼是「二楊（楊素、楊約）俱摧，孤柳獨聳」。儘管柳述如此任性，楊素卻只能認命，拿他毫無辦法。誰讓柳述是皇帝的乘龍快婿呢。

而柳述和楊廣也有很大的矛盾。當初在蘭陵公主選夫的時候，楊廣出於私心，一直是不遺餘力地為自己的小舅子蕭瑒搖旗吶喊，有時候為了抬高蕭瑒也難免要貶低柳述。柳述對此心知肚明，因此對楊廣也有一肚皮的意見，關係當然也就好不到哪去。不過，礙於楊堅的面子，兩人表面上還是要維持和諧的樣子，但實際上彼此卻是恨之入骨。

相比之下，柳述和廢太子楊勇卻有著多年的老交情，因為他在成為駙馬之前曾長期擔任太子親衛，與楊勇朝夕相處，過從甚密。如今柳述成天跟在楊堅身邊，無疑讓楊廣感到很是不安。更令他不安的是，他發現，隨著時間的推移，楊堅對楊勇的態度似乎也有了微妙的變化。

西元六〇二年年底，貝州（今河北清河）長史裴肅給楊堅上書說，希望能給楊勇和楊秀這兩個庶人改過自新的機會。可以想像，裴肅如果敢在楊勇剛被廢的時候說這種話，他一定沒有好果子吃。可是現在楊堅的反應卻大不一樣：裴肅憂我家事，此亦至誠也。同時他還徵裴肅入朝，詳細地解釋了他之所以要廢掉楊勇的原因。

雖然只是一場虛驚，但這件事還是讓楊廣嚇得不輕——難道父皇的態度變了？難道楊勇還會死灰復燃？他清楚地知道他之所以能夠逆襲當上太子，最重要的支持者是獨孤皇后和楊素。如今皇后已經去世了，楊素也被架空了。更何況他的太子地位本來就並不穩固，廢立的理由根本就難以服

眾，而且他當上太子也僅僅才兩年時間。從此，他做事更加謹慎小心，如履薄冰。

好在，對楊廣來說，這段提心吊膽的日子並不長。

曙光已經近在眼前。

因為，楊堅的生命已經進入了倒數計時。

仁壽宮變之謎

對楊堅來說，西元六〇三年（也就是獨孤皇后去世的第二年）也許是他當上皇帝以來過得最平靜最輕鬆最清閒的一年。除了在七月的時候下了一個求賢詔，整整一年的時間，他在處理政務上似乎都沒什麼大的動作。他把主要的精力都放在了後宮的美女們身上。也許是前些年獨孤皇后對楊堅管得實在是太緊，他已經征服了世界，現在他想要征服女人。然而，畢竟已是風燭殘年的老人，如此瘋狂，如此縱欲，身體如何能吃得消？很快，他的健康狀況就出了問題。

且看《隋書．高祖紀》的相關記載：西元六〇四年正月二十七日，楊堅又如往年一樣，前往仁壽宮度假。次日，他下詔宣布將所有的軍政事務都交給太子楊廣處理。這樣的詔令，在他二十多年的皇帝生涯裡還是第一次，難道他已經有了某種不詳的預感？

四月，他在仁壽宮一病不起，隨之召尚書左僕射楊素、兵部尚書柳述、黃門侍郎元岩等人入宮侍疾。太子楊廣則入居仁壽宮內的大寶殿，以備不測。

六月六日，他宣布大赦天下——顯然此時他已經病入膏肓，想以此來為自己祈福延壽。然而事與願違，他的病勢還是在日漸加重。

七月十日，他知道自己已經不久於人世，便躺在病床上接見了文武百官，與他們一一握手，唏噓流淚，做最後的告別。

七月十三日，楊堅病逝於仁壽宮，享年六十四歲。

七月二十一日，太子楊廣正式為楊堅發喪，同時即皇帝位。

從這段記載來看，楊堅無疑是正常死亡。他從四月開始得病，三個月後因病醫治無效而去世，臨死前他還與大臣們一一訣別，一切都那麼有條不紊，一切都是那麼按部就班。

可是，同樣是這本《隋書》的另一些地方，對此卻有著截然不同的說法。

在《隋書．后妃傳》中，記載了這麼一件事：當時，楊堅晚年最寵愛的妃子宣華夫人陳氏和太子楊廣都在仁壽宮侍疾。七月十三日清晨，在去洗手間的途中，陳夫人遭到了楊廣的非禮。

幸虧她堅貞不屈，堅決反抗，楊廣才沒有得手。隨後，陳夫人慌忙逃回了楊堅的病床邊。看到她衣衫不整，神色異常，楊堅連忙問道，愛妃，你這是怎麼啦？

陳夫人哭著回答說，太子無禮。

楊堅聽了大怒，一邊用手拍著床，一邊說：畜生何足付大事，獨孤誡誤我！——楊廣真是個畜生，怎麼可以託付大事！獨孤皇后，你真是害了我！

接著他立即把柳述、元岩這兩個心腹召到寢宮，對他們說，快，去把我兒子叫過來。柳述、元岩以為是去叫太子楊廣，楊堅又趕緊糾正說，是楊勇，千萬不要搞錯。

隨後，柳述、元岩立即起草了敕書，起草完後又給楊素看。楊素看了大吃一驚，連忙將此事告知楊廣。之後楊廣與楊素合謀，馬上矯詔逮捕了柳述、元岩二人，撤換了宮中的衛士，又派心腹張衡入宮，直接控制了楊堅的寢宮，切斷了他與外界的一切聯繫。陳夫人等服侍楊堅的後宮女子也全部被趕出了寢宮，軟禁起來。

沒過多久，陳夫人和其他的宮人就得到了消息：皇帝駕崩，太子秘不發喪。

宮人們全都相顧失色：事變矣！

除此以外，在《隋書．楊素傳》中，還記錄了另一個「密信誤傳」事件。

看到楊堅已經處於彌留狀態，楊廣的心情也非常緊張。他知道，政權在交接時是最危險的。預則立，不預則廢，他覺得自己應該提前做好準備，免得等父親死了措手不及。於是他寫了一封密信，派人交給楊素，在信中他列舉了很多楊堅死後可能會發生的問題，詢問應對策略。楊素不敢怠慢，連夜就逐條做了詳細的回覆，隨後派宮人送給楊廣。

沒想到，這個宮人卻送錯了對象，居然把這封密信送到了楊堅的手裡。楊堅看了不由大怒——你們實在是太過分了！我還沒死呢，你們就已經在幫我安排後事了。

正好此時陳夫人又來告狀，說楊廣調戲她。楊堅聽了更加惱火，便打算重新召楊勇來。沒想到消息被楊廣知道了，他連忙與楊素合謀，立即發動政變。矯詔用東宮的士兵撤換了原先的衛士，由楊廣的心腹宇文述、郭衍兩人統領，控制了宮內所有出入口；同時讓另一個心腹張衡入宮，監控楊堅，禁止他和任何外人接觸。就在當天，楊堅就去世了。

《隋書．楊素傳》在這個故事的最後，還寫了這麼一句意味深長的話：由是頗有異論。——因此朝野上下有很多不同的說法。

從《隋書．后妃傳》和《隋書．楊素傳》記錄的「陳夫人被非禮」和「密信誤傳」這兩件事來看，在楊堅臨死前，在仁壽宮顯然發生了一次宮廷政變。這樣看來，楊堅的死因也就非常值得懷疑了。

一些野史的記載都言之鑿鑿地說是楊廣弒父。在隋末唐初趙毅所著的《大業略記》中，楊堅是被毒死的。

書中是這麼寫的：高祖（楊堅）在仁壽宮，病甚，追帝（楊廣）侍疾，而高祖美人尤嬖幸者，唯陳、蔡二人而已。帝乃召蔡於別室，既還，面傷而髮亂，高祖問之，蔡泣曰：「皇太子為非禮。」高祖大怒，齧指出血，召兵部尚書柳述、黃門侍郎元岩等令發詔追庶人勇，即令廢立。帝事迫，召左僕射楊素、左庶子張衡進毒藥。素等既入，而高祖暴崩。……十八日，發喪。

對於趙毅的說法，中唐時期的學者馬總表示不服。在他所著的《通曆》中，楊堅死得更慘——竟然是被活活打死的。

馬總對此的描述是……乃屏左右，令張衡入拉帝，血濺屏風，冤痛之聲聞於外，崩——（楊廣）把寢宮裡服侍楊堅的宮人全部支開，命令張衡進宮把病床上的楊堅拉起來，鮮血四濺，濺得屏風上到處都是，楊堅喊冤叫痛的慘叫聲一直傳到了外面。

不過，這兩段記錄雖然寫得繪聲繪色，如同親眼所見，但如果仔細分析的話，就會發現都有很大的問題。

先看《大業略記》。

遭到楊廣調戲的妃子，一般都認為是宣華夫人陳氏，它卻記成了容華夫人蔡氏；所有的正史都記載楊堅的發喪日期是二十一日，它卻寫成了十八日；張衡當時的官職是太子右庶子，它卻寫的是左庶子……僅僅百餘字的一小段，就有著如此多的錯誤，這樣的文字有多大的可信度？

如果說《大業略記》寫的就像假話，那麼《通曆》的說法則更像是笑話。因為就算楊廣真的要弒父，肯定也是悄悄地進行，怎麼會這樣大張旗鼓，盡人皆知？既然都已經「屏左右」了——「屏左右」的目的顯然就是要掩人耳目，怎麼可能還會搞得「血濺屏風，冤痛之聲聞於外」？毫無疑問，《通曆》的這種說法要麼是侮辱了楊廣的智商，要麼是侮辱了讀者的智商。當然，也反映了作者的智商。

除此以外，提及楊廣弒父的還有隋末祖君彥為瓦崗軍首領李密寫的檄文《為李密檄洛州文》：先皇大漸，侍疾禁中，遂為梟獍，便行鴆毒……然而，檄文只是攻擊對手的宣傳武器，根本無法作為證據。更何況，隋朝末年天下大亂，起義浪潮風起雲湧，全國上下到處都在對隋煬帝楊廣的罪行進行口誅筆伐。但指出楊廣弒父這一極富鼓動力罪行的，卻只有這一篇祖君彥的檄文。這也間接說明了在當時「楊廣弒父」這一說法並不流行。否則的話，各地的義軍都會拿此大做文章。

總之，這些野史和檄文的可信度不高。從目前的史料來看，指責楊廣弒父顯然並沒有充分的依據。那麼，《隋書．后妃傳》中記錄的「陳夫人被非禮」和《隋書．楊素傳》裡寫的「密信誤傳」事件是否是真的呢？

先看「陳夫人被非禮」一事。這裡主要涉及兩個人——楊廣和陳夫人。不少學者認為，楊廣多年來一直保持著不近女色的形象，自控能力極強，既然都已經忍了這麼多年了，如今父親已經時日無多，自己即將大功告成，應該不可能在這個關鍵時刻掉鏈子，因小失大。

而陳夫人呢，從史書的記載來看，她並不是那種堅貞不屈的烈女，而是八面玲瓏、頗有頭腦，且她和楊廣之間早有瓜葛，收過楊廣的好處，為楊廣當上太子出過不少力。這樣的一個女人，即使楊廣真的對她動手動腳，為自己以後考慮，她也不太可能拼死不從，最多只會象徵性地抵抗一下，而在楊堅面前告發楊廣無禮，就更不可能了。

因此，這個故事顯得有些不合常理。但也有人認為，不合常理的事並非不可能發生。設想一下以下的場景：當時楊廣在仁壽宮侍疾已有三個月，面對的是一個垂死的病人，整天遞水送飯，端屎端尿，那麼長的日子心情能不鬱悶？他又不是太監，這麼長的日子能不感到壓抑？而此時陳夫人和他同在一起侍疾，當時又正值盛夏，衣服穿得也少。這對禁欲已久的楊廣來說，絕對是擋不住的誘惑。

更何況，楊廣自認為和陳夫人之前曾多有往來，如今又即將擁有天下，陳夫人應該不會抗拒。因此他一時衝動，把持不住也是可能的。沒想到由於他平時偽裝得太好，陳夫人壓根沒想到他會來這一手，倉促之間難免本能地抗拒，逃回到楊堅身邊。面對楊堅的逼問，陳夫人一時慌張，說出真相也在情理之中。

究竟這件事孰真孰假，相信每個人都有自己的判斷。

在我看來，在《隋書．后妃傳》的這個故事當中，最不可信的是這麼一句話：述、岩出閣為敕書訖，示左僕射楊素——柳述、元岩寫好敕書後，給左僕射楊素看。

柳述和楊素向來勢同水火；而元岩這個人史書上記載不詳，只知道他是華陽王楊楷的王妃之父，時任黃門侍郎，和柳述是一派的，兩人都是楊堅晚年的親信。可以肯定，如果他們沒吃錯藥的話，絕對不可能主動把召回楊勇的敕書給自己的死對頭楊素看。更何況，楊素還是當初廢黜楊勇的元凶。

再看「密信誤傳」事件。此事同樣有些蹊蹺。

按《隋書．楊素傳》的記載，在楊廣和楊素之間傳遞密信的是宮人，既然是密信，為什麼要讓一個普通宮人而不是親信來做這麼重要的事？而且從史書來看，楊廣和楊素要見面似乎很容易，為什麼他們不當面說清楚而偏要用送信的方式給人留下把柄？

除此以外，在這兩個故事中，還有個很大的問題。那就是楊堅的表現。

回顧四年前楊堅廢太子楊勇的過程，何等複雜，何等艱辛，牽涉又何等的廣泛。甚至還不得不對高熲等重臣進行清洗。而如今楊廣已經奉命處理朝政，大權在握，要想在現在廢黜他，其難度恐怕比當初廢楊勇還要大得多，根本不是一紙詔書所能決定的。一向以沉穩著稱的楊堅，現在怎麼可能如此草率地行動呢？

諸多的疑問，讓楊堅的死顯得迷霧重重。

七月十三日那天，究竟發生了什麼？

他到底是正常死亡還是非正常死亡？

他死前到底有沒有發生過宮廷政變？

這些問題，至今依然撲朔迷離，眾說紛紜。

說法一：楊堅是正常病死，楊廣是正常繼位，那一天其實根本沒有發生什麼宮廷政變。

之所以《隋書》的本紀和列傳中出現互相矛盾的記載，主要是因為楊廣繼位後僅僅十多年的時間就把好端端的一個國家搞垮了，極其不得人心，民間由此對他進行不斷醜化，把好色、奢侈、暴虐、篡位甚至弒父等各種存在或不存在的罪行全部加在他身上，將他描述為千古暴君。

這種傳聞也影響到了史學界，由於缺乏確鑿的證據，所以史學家沒有將其寫入本紀，而是記載在列傳中。也正因為「陳夫人被非禮」、「密信誤傳」等事件都只是傳聞，所以才顯得漏洞百出。

說法二：楊堅去世那天，的確發生了宮廷政變，只不過政變的發起者不是楊廣和楊素，而是柳述和元岩這兩個楊堅晚年的寵臣。

柳述和楊廣、楊素兩人的關係都不佳，他知道如果讓楊廣順利繼位，自己肯定沒有好果子吃。

怎麼辦？

柳述決心鋌而走險，發動政變，重新擁立自己的老朋友楊勇——這和北周末年劉昉、鄭譯的想法有些相似。

在取得元岩的支持後，柳述開始行動了。他們首先模仿楊素的筆跡，寫了一封和楊廣討論楊堅後事的信，言語中多有不敬，故意「一不小心」送到了楊堅手上；接著又收買了一個妃子（**也許是容華夫人蔡氏，史書中誤寫成宣華夫人陳氏**），讓她到楊堅面前告狀，以激怒楊堅。

楊堅當時已經病危，頭腦糊塗，於是柳述他們如願得到了擬定詔書召入楊勇的機會。然而，這一切被楊素知道了，馬上告知楊廣。接著楊廣馬上派兵控制了仁壽宮，逮捕柳述、元岩，並且成功地隔離了楊堅，不讓他和任何人接觸。而楊堅本已處在彌留之際，又受此驚嚇，因此很快就一命歸天。

說法三：事實上，根本不存在「陳夫人被非禮」事件，其實楊廣和陳夫人關係密切，兩人早就

有了不正當的男女關係，只不過在楊堅臨終前，兩人私下調情，被楊堅發現了。楊堅因此大怒，柳述、元岩趁機火上澆油，力勸楊堅重新召回楊勇，試圖奪取朝政。可是他們只是狐假虎威，要跟楊廣、楊素鬥，根本就是自不量力。很快，楊廣就鎮壓了這次政變，控制住了局面。

說法四：楊廣在得知楊堅已經病入膏肓後，得意忘形，忍不住調戲了陳夫人。面對隋文帝的追問，陳夫人驚慌失措，供出了楊廣的醜行，恰巧此時又發生了誤送密信一事。於是楊堅大發雷霆，急召柳述、元岩入宮。楊廣擔心情況有變，自己的太子地位會受到威脅，便聯手楊素發動了政變。

說法五：「陳夫人被非禮」事件是假的，但「密信誤傳」事件是真的，楊堅因此大怒，柳述、元岩一看有機可乘，便力勸楊堅召回楊勇，隨後起草詔書。但他們的密謀還沒有發動就被楊廣知道了，隨後楊廣和楊素迅速發動了政變。

以上五種說法，究竟哪一種更接近事實真相？

對不起，我也不能確定。

我只能提供幾個相關當事人的結局，以便於大家判斷。

陳夫人：楊堅去世後，作為先帝的后妃，按慣例她被要求搬出皇宮幽居。不久她就被楊廣再次接入宮內，一年多後去世，時年二十九歲。楊廣非常傷心，還專門寫了本《神傷賦》來懷念她。

柳述：楊廣即位後，柳述被強令與公主離婚，流放到嶺南，不久染上瘴癘而死。

楊勇：楊堅死後的第一時間，楊廣就偽造楊堅的詔書，將楊勇賜死。他的兒子們在數年後也全部被殺。

【後記】千古一帝

當然了，不管事件的真相如何，有一點是可以肯定的——楊堅跌宕起伏、波瀾壯闊的一生，至此落下了帷幕。

我覺得，如果他早死十年，他將是一個無比完美的皇帝。他後期的表現和前期的反差實在太大了。可惜，歷史是不能假設的。

在我的印象中，楊堅是一個這樣的人：他沒有劉邦的灑脫，沒有曹操的魅力，沒有李世民的英武，沒有趙匡胤的功夫，也沒有朱元璋的霸氣。他有的是努力的耕耘，是精心的準備，是冷靜的頭腦，是堅強的意志，是精準的遠見，是無懈可擊的戰略，是高手如林的團隊。

他節儉，不必要的物質，不浪費絲毫。

他勤奮，不必要的時間，不耽誤一秒。

他穩健，沒足夠的把握，不輕易出手。

他貌不驚人、卻腳踏實地、無比努力，看上去毫不起眼，卻取得了非凡的成就，而且一切都顯得那麼輕而易舉。

取得天下，他只用了九個月的時間；

統一全國，他只用了不到三個月的時間；

海內大治，他只用了十多年的時間。

這樣的成績，在中國五千年的歷史上，除了楊堅，還有誰能做到？

然而，一個看起來毫不起眼的人，卻如此順利地取得了如此大的成就，總是會有人不服。所以，儘管他取得了這樣的成就，有人卻依然對他不以為然，說他只是運氣好。所以，儘管他取得了這樣的成就，可是在如今很多人的印象中，他卻依然平平淡淡。

但我們只看見楊堅的毫不費力，卻沒看見他付出了遠遠超過別人的努力。我為楊堅感到不平。

不過，也許楊堅本人根本不會在乎這些。因為時隔近三百年再次統一了中國，建立了影響後世千餘年的一系列制度，開創了一個嶄新的時代，你還想要怎樣一個更偉大的人生？

被低估的聖王：楊堅 / 雲淡心遠著. -- 一版.-- 臺
北市：大地, 2017.07
面：　公分. --（History：96）

ISBN 978-986-402-203-8（平裝）

1.隋文帝　2.傳記

623.74　　106008624

被低估的聖王：楊堅

HISTORY 096

作　　者：雲淡心遠
發 行 人：吳錫清
主　　編：陳玟玟
出 版 者：大地出版社
社　　址：114台北市內湖區瑞光路358巷38弄36號4樓之2
劃撥帳號：50031946（戶名：大地出版社有限公司）
電　　話：02-26277749
傳　　眞：02-26270895
E - mail：vastplai@ms45.hinet.net
網　　址：www.vastplain.com.tw
美術設計：普林特斯資訊股份有限公司
印 刷 者：普林特斯資訊股份有限公司
一版一刷：2017年7月

定　　價：300元